レヴィナスのユダヤ性

渡名喜庸哲

keiso shobo

レヴィナスのユダヤ性

目次

凡例

一、引用は基本的に拙訳である。日本語訳がある場合はできるかぎり該当する頁数を記したが、訳語については、文脈の都合上、必ずしも既訳に従っていない場合もある。

一、主要な著作からの引用には略号を用い、本文中に頁数を記した。日本語訳がある場合には、［略号、原書頁数（アラビア数字）／日本語訳頁数（漢数字）］と表記した。略号については、巻末の一覧を参照のこと。

一、その他の引用文献や参照文献については、巻末の文献表に基づき、基本的に［著者名（姓）、公刊年］と表記した。頁数を指定する場合には、公刊年に続きアラビア数字（日本語文献の場合は漢数字）で、外国語文献で日本語訳がある場合には／に続き漢数字で表記した。

一、原文で術語として用いられ大文字から始まる語は〈　〉で示した。また、ひとまとまりの表現や文章を示すためやキーワードを強調するために〈　〉を用いた場合もある。

一、引用訳文中の〔　〕は引用者による補足であり、引用者による省略は〔…〕とした。

はじめに

後年のインタビューで「あなたはユダヤ人思想家（penseur juif）ですか」と尋ねられたレヴィナスは、いささか苛立って、自分は「哲学をするユダヤ人（un Juif qui philosophe）」ではあるけれども、「ユダヤ人哲学者（philosophe juif）」ではないと答えたという［cf. Banon 2022, 547］。「哲学」とは、「ギリシア」に端を発するとはいえ、地域的、民族的ないし時代的な個別性よりも、普遍性や合理性を旨とする知的営為だとするならば、それに「ユダヤ的」という形容をつけるのはそもそも矛盾する。哲学者本人が「ユダヤ人」ないし「ユダヤ教徒」だとしても、そのことでその人の「哲学」が「ユダヤ的」になるわけではない……レヴィナスはそう言いたかったのだろうか。

筆者は、前著『レヴィナスの企て』において、レヴィナスのある対話の言葉に導かれつつ［ポワリエ 131／一四七］、レヴィナスの哲学を「ユダヤ教の伝統とまったく無縁の人間」でも「ちゃんと読むことができる」もの、言い換えれば、ユダヤ教に関する知識があればいっそう納得しやすいかもしれないが、なくとも理解できるもの、あくまで「客観的に伝達可能な理解可能性」を有した哲学として解釈する道筋を示した［渡名喜 二〇二一、四］。その作業自体は必要なものであったと考えているが、ただし、レヴィナスの知的営みを全体として見渡したときに、そのような読みが片面的にならざるをえないことは否定できない。レヴィナスの哲学をユダヤ教に還元することは困難であるばかりか問題含みであろうが、他方で、ユダヤ教の問題を哲学者本人の単なる個人的な属性の一つにとどまるかのようにしてその哲学から切り離そうとする態度も同様に問題含みだろう。

実際、第二次世界大戦後、とりわけ『全体性と無限』公刊までのレヴィナスの活動は、哲学者のそれというよりも、東方イスラエリット師範学校というユダヤ人教員養成機関の校長のそれであって、またその立場から戦後フランスでのユダヤ思想の再興の中心的な役を演じていた。その間、この学校を傘下に収める世界イスラエリット連盟が公刊していた機関誌『世界イスラエリット連盟手帖』をはじめ、フランスのユダヤ人共同体を主な読者とする媒体において、ユダヤ教の思想の意義や現代におけるユダヤ人の状況等をめぐる論考をいくつも発表している。これらの論考は、その哲学的主著と言える『全体性と無限』の形成とまさしく同時期に書かれ、主だったものは、同書公刊の二年後の一九六三年に「ユダヤ教についての試論」という副題をもつ『困難な自由』にまとめられる。さらに、『全体性と無限』の完成と前後して、「仏語圏ユダヤ人知識人会議」と呼ばれる組織で毎年のようにタルムードに関する講演を行なうことになる。その記録が「タルムード講話」と呼ばれる一連のテクスト群である。こうした、やはり「ユダヤ人思想家」と言いたくなる姿が、「哲学者」レヴィナスのもう一つの——あるいはある時期までは第一の——顔であったことは看過しえない事実である。

他方で、レヴィナスにおいて「哲学」への志は確固たるものであったこと、つまり、「ユダヤ人」であろうとなかろうと理解可能な哲学を構築せんとしていたことも依然として確かである。この点では、よく指摘されるように、レヴィナス自身が、自らの著作の公刊先として、哲学的な著作とユダヤ教に関する著作とで意図的に出版社を使い分けているという事実はやはり重要だろう。後年の対話では、自身の「哲学的なテクストと告白的なテクストのあいだ」には「明白な区別」があったこと、「別々の解釈方法、分かたれた言語」のあいだに「分割線を引くこと」が「必要」であったと明言している［Levinas 1986, 18］。実際、表面上は、『全体性と無限』までの著作では、これら二つのテクスト群は独立を保っており、互いを架橋するような考察はほとんど見られない。これに対し『存在の彼方へ』などの後期の著作では、「我ここに」などの聖書やタルムードに由来する考えを哲学的な概念を導出するために援用するという身振りが現れてくる。二つのテクスト群の区分けと、その推移をどのように理解したらよいだろう。

もちろん、こうした区分けがどこまで徹底したものだったか、あるいはそもそも可能だったかについては、議論の余地があるだろう。厳密に区別されたかに見える二つの次元に、さまざまな共通するテーマを指摘することもできる（われわれも、以下で二つの次元を跨ぐいくつかの論点――それがほかならぬ「顔」と「倫理」である――について指摘したい）。ここからさらに、ユダヤ性を脱ぎ去ったかに見える「哲学的」テクストの諸々の鍵概念に「ヘブライの源泉」を読み取ることもできるかもしれない［Trigano 1998; Chalier 2002］。あるいは逆に、リオタールのように、レヴィナスの「倫理」を高く評価しつつ、それと聖書をはじめとする宗教的な参照から切り離そうとする見方は、むしろ今日も大勢を占めるかもしれない［Lyotard 2015; 渡名喜 二〇二四a、第一章］。

そもそも、一人の哲学者が著者として自らの名を署名したテクスト群に「分割線を引く」ことは可能なのか。すぐさまこう問うたのはジャック・デリダだった。デリダは重要なレヴィナス論「暴力と形而上学」の末尾で「われわれはユダヤ人か、ギリシア人か」という問いを発し、そもそも「ユダヤ」的なテクストと「ギリシア」的なテクストとを分けることと自体が可能かと突きつける。その角度から、あえて二つの次元を区別しようとするレヴィナスの試みに「偽装」を見ることとすらためらわない［Derrida 1967, 133／一八七］。レヴィナスが、『全体性と無限』以降、自らの哲学的著作でユダヤ教の思想への言及をまさしく明け透けに示すようになるのは、こうしたデリダの批判を意識してのものかもしれない［渡名喜 二〇二四a、第二章］。

ただし、「偽装」を指摘するまえに、レヴィナスにおける「ユダヤ」と「哲学」のそれぞれがどのような「装い」をしようとしていたのか、それぞれの「装い」がどの時期に、どのような文脈に対応して練り上げられたのかをまず確認する必要があるのではないか。仮に『全体性と無限』以降にいわゆる「転回」があったとしても、それをよりよく説明したり理解したりするためには、レヴィナスの「ユダヤ」的なテクストがどのような企図のもとで書かれ、そこではどのような「ユダヤ性」のようなものが浮かび上がってくるのかを検討する必要があるのではないか。

フィリップ・ネモとの対談『倫理と無限』において、「あなたのなかで、聖書的なものと哲学的なものという二つの思考様式はどのように合致していたのでしょうか」と尋ねられたレヴィナスは、次のように答えている。

それらは合致すべきものでしょうか。〔…〕私はそれら二つの伝統を「合致」させたり「調和」させたりしようと明白に試みたことはありません。もし合致することがあったとすれば、それはおそらくあらゆる哲学的思想が前哲学的経験に立脚しており、私のなかでは聖書の読解がこうした根源的な経験に属するものだったからでしょう。[EI 13f／一八―二〇]

ここで「聖書的なもの」と言われているものと「哲学的なもの」という、レヴィナスが身を置くこの二つの「伝統」は、「合致」でも「調和」でもないならば、どのような仕方で関わりあうのか。レヴィナスの「哲学的思想」が立脚しているとされる「前哲学的」で「根源的な経験」とはいかなるものだったか。本書は、とりわけレヴィナスの「ユダヤ性」に注目することで、この「ユダヤ」という語に結びつけられる「経験」がいかなるものだったのかを明らかにすることを目指す。それがその「哲学的思想」とどのように関連するかについては、本書でも適宜触れることにするが、この関連を包括的に論じるのには、さらなる検討が必要になるだろう。

レヴィナスの「ユダヤ性」というテーマに関してこれまで研究の蓄積がなかったわけではない。日本ではいくつかの例外を除いてほとんどまとまった研究はないが(1)、少なくとも仏語圏・英語圏では多くの研究が出されている(2)。ただし、それらは多くの場合、個別の主題を設定するものであった。具体的には、ユダヤ思想史の文脈にレヴィナスを位置づけるもの(3)、またそのタルムード読解の意義を検討するものについては多くの研究がある(4)。そのほか、ユダヤ思想史に限定されない思想史、(5) あるいはさらに社会思想史的な観点からレヴィナスの知的営みを位置づける試みもある。(6) だが、レヴィナスの思想の形成全体のなかでその「ユダヤ性」の位置あるいはその変容を包括的に検討する試みは、管見の及ぶかぎり国際的にもほとんど見られない。(7) 本書は、従来の研究の成果の上で、レヴィナスの「ユダヤ的」とされるテクスト群の解読をとおして「哲学をするユダヤ人」たるレヴィナスの「ユダヤ性」の全体像を浮き彫りにすることを目指す。このことを通じて、フランスをはじめとするヨーロッパにおけるユダヤ人の波乱に満ちた知的営みを理解するうえでも、また、現在なおも続く「イスラエル」問題を巨視的に理解するうえでも、前提となる基本的な理解枠組みが提示できればと考える。

第Ⅰ部では、レヴィナスがリトアニアからフランスに渡り、哲学的にも生活の面でも自身の立場を固めることができるようになった一九四〇年代までを追う。とりわけレヴィナスが戦後――あるいは「アウシュヴィッツの後」――のかなりの時期自らの本職としていた教育職がいかなるものであったのか、彼が校長を務めていた東方イスラエリット師範学校およびその母体であった世界イスラエリット連盟がいかなる組織であったのかを確認し、そこからレヴィナスが「ユダヤ教育」に託した基軸的な考え方として「特殊主義的普遍主義」なるものがあったことを示す。

第Ⅱ部では、主に一九六〇年代初頭までのレヴィナスのユダヤ教に関するテキストが収められた『困難な自由』を分析対象とする。同書は、戦後から六〇年代初期までの――つまりおおよそ第一の哲学的主著というべき『全体性と無限』執筆と同じ時期の――レヴィナスのユダヤ論考の第一の主著と呼ぶべきものだろう。ただし、同書について包括的に取り上げた研究は意外なことにさほど多くない。第Ⅱ部では、同書の全体に目を配りつつ、次の三点をとりわけ取り上げる。

第一に注目したいのは、一冊の本としてまとめられた同書が、その内部で見せる転調であり、ゆらぎである。同書の冒頭には、ユダヤ思想の見地から「顔」の「倫理」を提示した論考がいくつか収められている。だが、同書を仔細に見ていくと、この「顔」の「倫理」の思想は、レヴィナスの倫理思想として知られるそれと同一視しえない性格をもつことが明らかになる。レヴィナスの倫理思想が「あらゆる受動性よりも受動的」な主体によって担われる「責任」を提示するとすれば、この時期のユダヤ思想的な「顔」の「倫理」は、それとは逆に、能動的な責任主体を要請する構造になっているのだ。ここには、戦後――とりわけ「アウシュヴィッツの後」――に、イスラエルではなくヨーロッパにとどまる「ディアスポラ」のユダヤ人に向けられた、「悲壮さを超えて」（同書第I部のタイトル）をモットーとするようなメッセージがあるようにも思われる。

第二に、『困難な自由』のこうしたメッセージは、一九五〇年代前半に書かれた同書前半の論考では色濃く見られるものの、頁が進むにつれて際立った変化を見せる。すなわち、「ユダヤ的意識」の復興に向けたメッセージは、当初はキリスト教の戦争責任を断罪するようなトーンを伴っていたのだが、徐々にそのトーンは和らぎを見せ、むしろキリスト教的な思想への「開かれ」を見せるようになる。本書第II部第二章で、レヴィナスのシモーヌ・ヴェイユ論を足がかりにこうした変容をたどった後、第三章においてレヴィナスがどのようにキリスト教的な思想に接近していくかを確認する。

第三に、『困難な自由』のとりわけ後半に散見される「イスラエル」がレヴィナスの思想のなかでどのような位置を占めていたのかを明らかにする必要があろう。しばしばレヴィナスに「シオニスト」という呼称が結びつけられることがあるが、そうした呼称はむしろ二〇世紀のユダヤ人思想家たちがそれぞれの仕方でもっていた「イスラエル」に対する複雑な態度を平板化して理解することにつながりかねないように思われる。『困難な自由』および同時期のレヴィナスの「イスラエル」に関するテクストを読解することによって、レヴィナスにおける「イスラエル」の多面性が明らかになるだろう。

第Ⅲ部は、『困難な自由』以降のレヴィナスにおける「ユダヤ的なもの」の位置づけを主題とする。この観点で第一に取り上げるべきは、「タルムード講話」として知られることになるレヴィナスの実践だろう。「タルムード講話」は、哲学者レヴィナスのもう一つの顔として、戦後フランスにおけるユダヤ思想再興の一翼を担うユダヤ人思想家の姿が現れた場だったと言っても過言ではあるまい。これは、一九五七年に設立された仏語圏ユダヤ人知識人会議という学会型の組織で毎年定例的に発表されることになるものだ。ここではまずこの仏語圏ユダヤ人知識人会議がいかなるものだったかを確認した後、レヴィナスのタルムード講話全体の特徴を概観する。

ただし、同時期のレヴィナスの実践を相対的に捉えるためには、このタルムード講話にのみ注目するのでは不十分だろう。第Ⅲ部で指摘するように、レヴィナスはタルムード読解を通じて「聖書的なもの」の源泉への遡求を深めるのと並行して、キリスト教思想への接近もいっそう試みるようになるからだ。実際、フランスのカトリック知識人の会議である「カトリック知識人週間」に六八年に招かれたレヴィナスは「神人?」と題された講演を行ない、イエス・キリストの「神人」概念における「神の謙遜」概念に着目し、それを自らの「身代わり」概念へと結びつけることも辞さない。さらに、六九年からはイタリアの哲学者エンリコ・カステッリが主催するシンポジウムに参加するようになる。そこで発表された思想は、『聖句の彼方』等の著作においてタルムード講話と並んで公刊されることになる。こうした著作の内部に潜む緊張関係がいかなるものだったかを明らかにする必要があるだろう。

こうした緊張関係を理解する糸口は、『諸国民の時に』に収められた「ユダヤ教「と」キリスト教」のタイトルに強調されるように、「と」という結びつきそのものにレヴィナスが払う関心にあるだろう。ユダヤ教「と」キリスト教、あるいは聖書「と」ギリシア人といったかたちで、ユダヤ的なものがその他者たちともちうる「共生」のかたちに最終的な関心が向けられると思われるのだ。そして、ここにこそレヴィナスのユダヤ教思想のきわめて中心的な主張が宿っていると思われる。このことは、こうした「共生」の思想こそ、レヴィナスに寄せられた数々の批判の焦点になっていることからも示されるだろう。それゆえ、第Ⅳ部ではまず、レヴィナスがユダヤ教思想に基づく共生観を示したテクスト「ライシテとイスラエルの思想」を確認したい。その後、レヴィナス的な「共生」をめぐって、ベニー・レヴィらポスト・レヴィナシアンと呼びうるフランスのユダヤ人知識人たち、ジュディス・バトラー、ジャック・デリダらがそれぞれ行なう批判を検討したい。

以上の考察によって、最初期から、『困難な自由』を経て、タルムード講話にいたるまで展開されるレヴィナスの「ユダヤ性」のかたちがいかなるものであったのかが明らかになると同時に、その哲学的思想との関係を考えるための視座が得られるだろう。

第Ⅰ部　リトアニアからフランスへ——ユダヤ思想への目覚め

第1章　初期レヴィナスにおけるユダヤ性のありか

レヴィナスの出自

レヴィナスには二つの生年月日がある。一つはリトアニアのカウナスにて一九〇五年一二月三〇日に生まれたことになっている。ただし、これは当時リトアニアを併合していたロシア帝国で通用していたユリウス暦による日付である。目下日本を含む世界の多くの国で採用されているグレゴリオ暦では一九〇六年一月一二日の生まれとなる……。この生年月日をめぐる逸話にその一端が示されているように、レヴィナスは出自からして複雑だ。まず、レヴィナスの出自そのものは、リトアニアなのか、あるいはロシアというべきなのか、あるいはそのいずれでもなくユダヤというべきなのか、そこから判然としない。

レヴィナスが生まれたリトアニアは、今述べたようにロシア帝国の支配下にあったが、同時にヨーロッパでも有数のユダヤ教の伝統を有するところで、レヴィナスの生まれたカウナスにも大きなユダヤ人のコミュニティがあった。だが、ユダヤ人のコミュニティがあったからといって、事は単純に理解されるわけではない。一九世紀末から二〇世紀初頭の東欧におけるユダヤ人の境遇は、ミュージカルや映画で広く知られる『屋根の上のバイオリン弾き』に描かれそうように、伝統を重んじる共同体的な生活と押し迫る近代化の波、周囲のキリスト教世界との関係やシオニズムの勃興、反ユダヤ主義の高まりによる迫害（ポグロム）とそれを逃れるかたちでの離散、といったさまざまな問題の結節点だったとも言いうる。

レヴィナス自身にとっては、ユダヤ教との関係はどのようなものだったのか。エマニュエルの祖父の世代までは、レヴィナス家はカウナスのユダヤ人共同体に属していた。だが、その父はそこを離れ市街地に出て、ユダヤ人以外の人々の行き交う商店街にて商売を営むことを選んだ。ただしこのことは、ユダヤ共同体からの離反を意味するものでもなかった。評伝によれば、エマニュエルおよびボリス、アミナダブの三人の兄弟にはヘブライ語の家庭教師が付けられ、ユダヤ教の飲食律や安息日を守り、シナゴーグに行き、ユダヤ教の実践をそれなりに重んじる家庭であったようだ。「ユダヤ人であることは、目や耳をもつように自然」な環境だったとレヴィナス自身後年に回顧している［Levinas 1985, 30］。

他方で、レヴィナスがユダヤ教の環境に浸かっていたかというとそうとも言い切れない。両親はイディッシュ語を話し、ヘブライ語の知識もかなりあったようだが、家での会話はむしろロシア語でなされていた。リトアニアにはイェシバーと呼ばれるタルムードを学ぶ施設は多々あったが、レヴィナスは「残念ながら行っていない」［Levinas 1985, 30f］。レヴィナスが受けていたヘブライ語の授業では、解説などはロシア語でなされていたようだ。レヴィナスはプーシキン、ドストエフスキー、トルストイといったロシア文学を早くから読んでおり、青年期にはロシア語で詩を綴ることもしていた［cf. O3 chap. IV］。この限りでは、少年レヴィナスは「ロシア」で育ったと言えなくもない(1)。

第一次世界大戦の勃発とともにウクライナに亡命し、ハルキウにて高校生活を送ることになる。終戦後の二〇年にふたたびカウナスに戻り、設立されたばかりのユダヤ人高等中学校で一年間を過ごす。ただし、そこでレヴィナスが見出したのは、リトアニアで育まれてきたユダヤ教の伝統ではなく、ドイツ生まれのモシェ・シュヴァーベという教師を介した、ドイツをはじめとする「西洋」の文化だった［Levinas 1985, 30］。高校を卒業後、レヴィナスはフランスに渡り、ストラスブール大学の門を叩いたのだった。

前著の『レヴィナスの企て』では、このストラスブールの地、およびその数年後にライン側の向こうのフライブルクの地でレヴィナスが学んだものが現象学であったことに力点を置いていた。ただし、その背景にあって、リトアニアのユダヤ教はレヴィナスの思想形成に無縁ではなかった。前著では触れられなかったこの点について、もう少し確認しておこう。

リトアニアのユダヤ教

リトアニアという国は古い歴史をもっている。一三世紀に建国されたリトアニア大公国は、一五世紀にはヨーロッパ最大の領土をもつにいたる。東側のロシアよりも西側のポーランドと友好関係を保ち、一六世紀末にロシア・ツァーリ国とのあいだで生じたリヴォニア戦争を契機に、ポーランドと連合しポーランド・リトアニア共和国となる。その後、外国からの干渉や国内の内紛等によって国力が次第に衰え、一八世紀末には、プロイセン、ロシア、オーストリアによるポーランド分割にともない、ポーランドとリトアニアはロシア帝国の一部として組み込まれ、カウナスもロシア領となる。両国がふたたび独立を果たすのは、第一次世界大戦後の民族自決の波に乗ってである。

このリトアニアにおいて、ユダヤ人の存在は無視しえないものだった。一三世紀から一五世紀にわたる西欧でのユダヤ人迫害やユダヤ人追放令から逃れ、ポーランドやリトアニアをはじめ東欧に定着したユダヤ人たちはアシュケナジムと言われる。ポーランド=リトアニアのユダヤ人共同体は、一六世紀から一七世紀にかけて、法的自治権を得たり経済的にも重要な役割を担ったりするなど、政治的にも文化的にも栄え、「黄金時代」を迎えた。その後、ヨーロッパ全土に及ぶ戦争や政変の影響で、この「黄金時代」は翳りを見せたとはいえ、ポーランド=リトアニアのユダヤ人たちは「文化的にも宗教的にもきわめて団結力のある共同体」を形成したとされる［cf. Guesnet 2017］。一九一九年の段階で、リトアニア全体の二〇〇万人の人口のうち、ユダヤ人はその一割強の二五万人だったと推定される。[2]

近代以降のヨーロッパにおけるユダヤ教の特徴としては、一方では、とりわけ西欧の都市部の知識層に広まったハスカラーと呼ばれる西洋的な近代化の波に乗ったユダヤ教における啓蒙主義運動と、他方で、数々の迫害などの苦難のなかユダヤ人の宗教的なアイデンティティを確保することを目指し、東欧のユダヤ人共同体を中心に広まったハシディズムという宗教的な敬虔主義運動の二つの潮流があった。だが、リトアニアのユダヤ教はそのいずれからも距離をとり、伝統的なタルムードの学びを重視するミトナグディムと呼ばれる正統派ユダヤ教を重視したことにその特徴がある。ポール・ジョンソン『ユダヤ人の歴史』は、近代のユダヤ人の三つの原型として「激烈なタルムード学者、狂信的な神秘主義者、都会的合理主義者」を挙げているが、リトアニアのユダヤ教は、まさしくこの第一の型に当てはまる［ジョンソン　一九九九、四九二］。

こうしたリトアニアのユダヤ教を形作ったものとしては、とりわけヴィルナのガオン、ヴォロジンのラビ・ハイーム、イスラエル・サランテルの三人の名を挙げることができるだろう［cf. マルカ 34 sq／三〇以下；市川　二〇二二、第一一章］。

ヴィルナ（現在のヴィルニュス）のガオン（一七二〇～一七九七年）は一八世紀にリトアニアのユダヤ教を築き上げた中心人物である。ハシディズムにおける神との交感や熱狂を重視する姿勢に反対し、タルムードの学びや精神の鍛練を重視した。リトアニアがミトナグディムの拠点となるのは彼による。

ヴィルナのガオンの一番の弟子として知られるのがヴォロジンのラビ・ハイーム（一七五九～一八二一年）である。彼は主著である『生の魂』でハシディズムに対する返答を試みていた。ただし、この返答は論争的な告発としてのものではなかった。ハイームは、当時急速に拡大し一般のユダヤ教徒を惹きつけていたこの運動を、その意図はともかく、ユダヤ教の枠組みをはみ出し、伝統を揺るがしかねない異端とみなし、これと全力で戦わなければならないと考えた。

イスラエル・サランテル（一八〇九～一八八三年）は、ユダヤ教の宗教性を、単に精神的な側面においてのみならず、社会生活にも関係づけた。とりわけ彼が対峙したのは、一八世紀末からヨーロッパのとりわけ都市部を中心に勃興していたハスカラーと呼ばれる啓蒙主義的運動だった。サランテルは、ヘブライ語で規律や指導を意味する「ムサール」を冠したムサール運動を興し、道徳的な行動に向けた教育的な指導を重視した［Pažėraitė 2006, 83］。いずれにしても、これら三者を特筆すべき代表者とするリトアニア・ユダヤ教の特徴は、ハシディズムやハスカラーに対立し、トーラーの学びを重視することにある。神秘主義的な熱狂や近代的・啓蒙主義的な合理主義よりもタルムードの学びやそれに基づく道徳的な陶冶を重視するこの立場が、ミトナグディムの特徴である。情熱よりも認識を、感性や情念よりも知性を、熱狂や恍惚よりも厳密な学びを重視する立場である［cf. Banon 2022, chap. XV］。

このようなリトアニアのユダヤ教の特質については、レヴィナス自身も肌で感じていただろう。後年に、「文化としてのトーラーへの忠実さ、またこの文化に応じた民族的な意識は、西洋風の生活様式のなかでも、東方のユダヤ人を見分ける特徴だった」と回顧している［ADV 184／二五一］。

こうしたリトアニアのユダヤ教がレヴィナスの思想にもたらした影響関係を指摘することは十分に可能だ。

市川裕はレヴィナスのタルムード研究の特徴に関する論考で、現代のタルムード研究――たとえばイスラエルのヘブライ大学のそれ――では文献学的・歴史的なアプローチが主流になっているが、これに対しレヴィナスはそうした方策はとらず、タルムードの知恵を継承し、それを現代社会に活かそうという野心が見えると指摘しつつ、そこにリトアニアのユダヤ教の影響を見ている［市川 二〇二二、第三部］。あるいは、別の論者は、レヴィナスがユダヤ教において儀礼よりも倫理を重視する姿勢に、サランテルに顕著に見られる道徳教育に力点を置くリトアニアのユダヤ教の伝統の影響を見ている［Pažėraitė 2006; Banon 2022, chap. XV］。実際、サランテルに関しては、とりわけ、『神聖から聖潔へ』において、レヴィナスが明示的にその名を挙げ、「私の隣人が物質的に必要としているものが、私が精神的に必要としているものだ」と述べているのだが［SS 20／二三］、多くの論者が指摘するように［Saldukaityte 2021］、ここには他者の「飢え」を重視するレヴィナスの倫理思想における物質主義的な傾向が関わっていることはまちがいない。

あるいは、ヴィルナのガオンやヴォロジンのラビ・ハイームに関しても、とりわけ一九七〇年代後半以降に顕著なように、後年のレヴィナスはいっそうの関心を寄せている［cf. Chalier 2006; Kavka 2006］。『聖句の彼方』に収められた一九七八年の論考「「神の似姿」――ヴォロジンのラビ・ハイームによる」では、「ヴォロジンのラビ・ハイームとは誰か」という問いから論がはじめられ、ユダヤ教における「神の似姿」として創造された人間という観念に関しラビ・ハイームが果たした役割が強調される。この関心は一過的なものではない。一九八四年に『哲学研究』というフランスにおける哲学研究雑誌としては著名な雑誌に、「要求なき祈りについて――ユダヤ教の一様態についてのノート」という論文を書いている［Levinas 1984］。さらにラビ・ハイームの主著『生の魂』の仏訳が一九八六年に公刊された際、レヴィナスは序文を寄せるにいたる［Volozhyn 1986］。

このように、リトアニアのユダヤ教からレヴィナスが受けた影響はさまざまに指摘することが可能だろう［cf. Friedlander 1990］。だが、ここで同時に確認しておかなければならないのは、上述のように、少なくとも青年時代のレヴィナスの眼差しそのものは、必ずしもこうしたユダヤ教の豊かな伝統に向けられていたわけではないということだ。ラビ・ハイームへの関心にしてもかなり晩年になってからのものであるし、序文についても、なによりこの時期にレヴィナスは多くの著作に序文を依頼されるようになっており(3)、ラビ・ハイームへの序文もその一つだったと言えないこともない。レヴィナスにとってリトアニアのユダヤ教は、「所与のものというよりは、回顧的な「構築物」」だというジャック・ロランの指摘もあながち的外れではあるまい［Rolland 2002, 250］。少なくとも確かめられるのは、それなりのユダヤ教の教育を施されていたとはいえ、青年期の志はユダヤ教の伝統よりは、むしろドイツ、ついでフランスという「西洋」の哲学、なかんずく「現象学」に向けられていたということだ。

とはいえ、同時に認めざるをえないのは、その後、現象学思想の深化と並行してレヴィナスがユダヤ教に関心を寄せるとき、リトアニア・ユダヤ教を特徴づける諸要素、とりわけハシディズム的な熱狂の拒否とタルムードの学びの重視という姿勢はその後も一貫して保たれていたことだ。レヴィナスがタルムードの意義を決定的に体得するのは、後述のように、戦後に出会うことになるシュシャーニからの教えを待つ必要があっただろうが、ある意味では、レヴィナスはリトアニア・ユダヤ教的な思想の風土から離れていったことは一度もないとも言いうる。この点でレヴィナスは、「二〇世紀ユダヤ思想家」のなかでも、ハシディズム（ブーバー）でも、カバラー神秘主義（ショーレム）でも、中世ユダヤ哲学（シュトラウス）でも、マルクス主義的メシアニズム（ブロッホ）でも、はたまた伝統そのものの断絶を重視する（ベンヤミン／アーレント）のでもない、特異な位置にいたと言えるだろう［Bouretz 2003］。

レヴィナスが、リトアニア・ユダヤ教を一つの背景としつつ、その後西欧において、さまざまな経験や試練を経て、自らの哲学を構築していくなかで、その「ユダヤ性」はいかなる姿をとっていくのか。それを以下で見ていこう。

一九三〇年代の転機――『平和と権利』をめぐって

上述のようなリトアニア・ユダヤ教の影響がどの程度のものであったかはともかく、レヴィナス自身が明示的にユダヤ教の思想に関心を寄せるようになったきっかけが、一九三〇年代にあったことは確かだと思われる。

少なくとも執筆活動から見ると、若きレヴィナスが志していたのは西洋哲学、とりわけ現象学であったことはまちがいない。フライブルク大学に留学し、フッサール、そしてハイデガーの薫陶を受けたレヴィナスは、第三課程博士論文として『フッサール現象学における直観理論』を提出し、その後は今度はハイデガー研究をまとめるべく、「マルティン・ハイデガーの存在論」をはじめとした学術論文を準備していた［渡名喜 二〇二一、第I部］。

しかし、一九三〇年代のナチズムの台頭は、ユダヤ教から逃れ西洋へと同化しようとすればするほど自らのユダヤ性に否応なく気づかされるというジレンマを課すものであって、レヴィナスもその例外ではなかった。一九三四年の「ヒトラー主義の哲学についての若干の考察」やその翌年の「逃走について」において顕著なように、レヴィナスの独自の思索の端緒には、「ヒトラー主義」が課した「ユダヤ教への釘付け」という状況が「存在への釘付け」というかたちで哲学的考察の主題と重なるという事態があった。さらにレヴィナスは、一時的とはいえ、「ユダヤ的存在」なる概念を、ハイデガーの「現存在」にとってかわる新たな哲学の出発点としようとした形跡さえ見られる［渡名喜 二〇二一、第Ⅱ部］。

ただし、ナチスの台頭という社会情勢への反応という点だけで、レヴィナスのユダヤ性への開眼なるものを見出そうとするのは牽強だろう。一九三〇年代初頭からナチズムの台頭を単なる一過的な政治現象ではなく、思想的に検討すべき出来事と捉えていた思想家は、ユダヤ系であるか否かにかかわらず少なからずいた。フランスではジョルジュ・バタイユや、雑誌『エスプリ』のもとに集った人格主義の思想家たち、ジャック・マリタンのようなカトリックの思想家を挙げることもできるだろう。

またユダヤ系だからといって、ナチズムの反ユダヤ主義に対する対決が、当人のユダヤ性やユダヤ思想への関与を示すわけではない。エルンスト・ブロッホ、ヘルベルト・マルクーゼ、ハンナ・アーレント、シモーヌ・ヴェイユの名前を挙げるだけで、その対決の仕方の多様性が垣間見られるだろう。

ただ、レヴィナスには彼らに比して特徴的な点がある。その一つは、世界イスラエリット連盟というユダヤ人団体へと就職したことにある。この団体は、後述のように、一八六〇年にフランスに設立された団体で、フランスのみならず、とりわけ中東から北アフリカに及ぶ地域のユダヤ人の社会的支援を目的とした団体である。この団体に所属することで、実際にレヴィナスはユダヤ思想に接近し、かつ同団体の機関誌『平和と権利』にユダヤ思想やユダヤ人問題に関わる論考を執筆することになるのである。

そこで以下ではこの『平和と権利』に書かれたレヴィナスの論考を掲載順に従って見ていき、そこからレヴィナスにおける「ユダヤ性への目覚め」がどのようなものだったのかを確認したい。

『平和と権利』に掲載された論考をまとめると表のようになる。いずれも日本語に訳されているが、『超越・外傷・神曲』と『現代思想』（二〇一二年三月臨時増刊号）に分かれている。

（1）「マイモニデスの現代性」(L'actualité de Maimonide)、『平和と権利』第一五巻四号、一九三五年〔『超越・外傷・神曲』後に『レヴィナス・コレクション』所収。邦訳頁数は後者を指す〕
（2）「連盟の宗教的霊感」(L'inspiration religieuse de l'Alliance)、『平和と権利』第一五巻八号、一九三五年〔『超越・外傷・神曲』所収〕
（3）「東方イスラエリット師範学校史」(Une histoire de l'Ecole Normale Israelite Orientale)、『平和と権利』第一六巻三号、一九三六年〔『現代思想』所収〕
（4）「改宗することなく友愛を結ぶこと」(Fraterniser sans se convertir)、『平和と権利』第一六巻八号、一九三六年〔『現代思想』所収〕
（5）「ジャック・マリタンによる反ユダヤ主義の精神的本質」(L'essence spirituelle de l'antisémitisme d'après Jacques Maritain)、『平和と権利』第一八巻五号、一九三八年〔『超越・外傷・神曲』所収〕
（6）「ピウス一一世の死について」(A propos de la mort du Pie XI)、『平和と権利』第一九巻三号、一九三九年〔『現代思想』所収〕

まず、第一の論考「マイモニデスの現代性」はそのタイトルからして注目に値する。

第一にそれは、マイモニデスの思想がもちうる現代的意義と理解できる。マイモニデスは中世のユダヤ思想を代表する哲学者だが、レヴィナスはそこに、アリストテレスに由来する合理的な哲学的伝統と、創造神への信を前提とする聖書的伝統との「和解」の可能性に専心した思想家の姿を見る。とりわけレヴィナスは、この二つの考えに関してマイモニデスがもたらした「解決」を強調する。それは、「アリストテレスの反論しえない論理に従った、すでに創造された世界」と「そこ〔その論理〕から逃れる世界の創造そのもの」の二つを、統合するのではなく異なるものとして分割したことにある［Herne 143／一四〇］。このことでマイモニデスは、「世界」の内部にとどまる思想と、「世界の彼岸」を目指す思想を峻別したというのだ。「彼岸」といっても来世のことではない。カントの『純粋理性批判』が示唆されているが、マイモニデスは、「世界の諸条件」、内部では法則性を有するこの世界のいわば超越論的条件を、ユダヤ的・聖書的伝統を基盤にして問おうとしたというのである。

だが、こうした試みがどのように「現代性」を有するのか。まずは、これが書かれた時期に注目する必要がある。レヴィナスの言葉では「ヨーロッパの只中に巣くった傲慢な野蛮」によって、「ユダヤ人としての、人間としてのわれわれの存在の本質そのもの」が動揺するような時代である［Herne 142／一三六］。この観点では、「世界の内部」と「世界の彼岸」をめぐる上の区別は、思想史的な意義を有するものにとどまることなく、当時に状況下における「ユダヤ教の使命」に関わっていく。この時期のレヴィナスは、「ヒトラー主義」の特徴を、人間の本質を世界への土着性に見るような「異教（paganisme）」として捉えているが［馬場 二〇一二；藤岡 二〇一四］、この論考では、「異教」とは「世界から脱出することの根底的な無力」であり、「自己の上で閉ざされ、自分自身に自足したこの世界」に閉じ込められていることだと明言されている。それに対して「ユダヤ人は、世界のうちに、異教のような決定的な台座を有していない」［Herne 144／一四一―二］。ヒトラー主義が世界への「繋縛」を強いるのに対し、ユダヤ教はその外部へと「脱出」する力を秘めているというのだ。この意味で、「世界」の内部にとどまる思想と「世界の彼岸」をめざす思想を峻別したマイモニデスはまさしく「現代性」を有する、というのである。

この限り、「マイモニデスの現代性」は、一九三〇年代のレヴィナスにおけるヒトラー主義とユダヤ性の問題を考える上で欠かせない論考である。ただし、この論考でもって、レヴィナスが意識的にユダヤ思想の伝統への回帰を志向したかと言えば、そう断定しにくい事情がある。マイモニデスの現代性をめぐるこの論考は、レヴィナスの独創というよりは、その前年にヤーコプ・ゴルディンが書いた同名の論文に明らかに呼応するものである［Gordin 1934. cf. Baba 2011; Trautmann-Waller 2013］。ゴルディンは、一八九六年に現在のラトヴィアのダウガフピルス（当時はロシア帝国領）に生まれた思想家で、ドイツ（マールブルクおよびベルリン）を経て、一九三三年にフランスに渡った人物である。ヘルマン・コーエンのもとで新カント派の哲学を学び、ベルリンでフランツ・ローゼンツヴァイクが構想に立ち会ったユダヤ教学アカデミーに在籍した。ナチスの台頭によりフランスに渡ったが、ユリウス・グットマンの紹介状をもって職を探すも難しく、レヴィナスがすでにいた世界イスラエリット連盟の図書館にようやく職を得ることになる。おそらく、コーエン、ローゼンツヴァイクをはじめとするドイツの最新のユダヤ思想研究の状況をレヴィナスに伝えたのは彼だったろう。

実のところ、一九三五年は折しもマイモニデス生誕八〇〇周年にあたり、フランスばかりでなくヨーロッパのユダヤ人社会がこれを一大行事として祝っていた。ゴルディンもまた三五年に『ユダヤ雑誌』にてマイモニデスを特集する号を準備したのである。つまり、レヴィナスのこの論考は、レヴィナス自身があえて中世最大のユダヤ人哲学者マイモニデスに注目したというよりは、こうした状況を受けたものとみなすこともできる。

むしろ注目すべきは、先に指摘したように、レヴィナスのまなざしが、中世ユダヤ思想の再評価よりは、自らが置かれていた「現代性」に注がれていたことだ。同年の「連盟の宗教的霊感」でもそのことが顕著である。

ここでは冒頭から「ヒトラー主義は、ユダヤ教が経由しなければならない最大の試練――比類なき試練である」とはじめられる。そのすぐ後には「ユダヤ人であるという悲壮な運命は宿命となった。われわれはそこから逃れることはできない。ユダヤ人は自らのユダヤ教に抗いがたく釘付けにされたのだ」という発言が見られる［Herne 144／四二］。ここには、他所ですでに指摘したように［渡名喜 二〇二一、第Ⅰ部第三章］、同年に公刊された哲学論文「逃走論」において「存在への釘付け」というかたちでいわば存在論的な次元で捉えられていた問題が、「ユダヤ人であること＝ユダヤ的存在（être juif）」という次元に置き直されていると捉えることもできるだろう。

ところで、「連盟の宗教的霊感」と題されたこの論考で「連盟」と言われるのはレヴィナスが所属していた世界イスラエリット連盟のことだが、こうした時代にあって、この「連盟」の「宗教的霊感（inspiration）」が、この「ユダヤ教への釘付け」という点から問い直されるわけだ。

本書第Ⅰ部第2章で確認するように、世界イスラエリット連盟は、宗教的な伝統の継承を第一に掲げる保守的な宗教組織ではないし、またユダヤ民族の政治的独立を謳うシオニズム組織でもない。フランスを本拠地としヨーロッパから中東、北アフリカにかけてのユダヤ人への援助を主眼とする社会的・文化的な組織であった。実質的には近代ヨーロッパ社会への同化ないし統合を促進してきたこの組織の活動は、レヴィナスも述べるように、むしろ「ユダヤ教ナショナリズムからは裏切りと、反ユダヤ主義者からは見せかけと」非難されてきたのだった。

したがって、課題は、「ヒトラー主義」の台頭という状況のなか、「ユダヤ教ナショナリズム」と「反ユダヤ主義」の双方からの批判をかわしながら、とはいえ単純な「同化」でもないかたちで、「ユダヤ人であるという事実の重み」をいかに引き受けることができるかにある。

鍵は、「ディアスポラ」という状況をどのように評価するかにある。「ディアスポラ」は「離散」とも訳されるが、イスラエルの地からユダヤ人が各地に離散し、イスラエルへの回帰の展望が絶たれたなか、各々が異なる民族とともに共生する状況を指す。レヴィナスはこれを「能動的に甘受」すべきものとするのだ。つまり、こうした状況に対し、

「ユダヤ的ナショナリズム」のようにユダヤ教になんらかの「政治的な運命」「地上の運命」を仮託するのではなく、ディアスポラの状況であっても共通に保つことのできるようなユダヤ教の伝統を宗教性の次元において引き受けることだ。このように、社会的・政治的な次元ではなく、宗教的なものの次元においてこそ「ユダヤ教のいっそう古くからの使命」が宿るというのである。このように「ディアスポラ」の立場をむしろ肯定するこの「使命」にこそ「連盟の宗教的霊感」が宿るというのである［Herne 146／四七］。後に見るように、この立場は以降のレヴィナス自身の思想においても保たれるだろう。

三つ目の「東方イスラエリット師範学校史」は、アブラハム（アルベール）・ハイム・ナヴォンが一九三五年に公刊した『東方イスラエリット師範学校史』のいわば書評である。ナヴォンは一八六四年にトルコのエディルネに生まれた人物で（一九五二年にパリで没）、一九一一年から三五年まで同校の校長を務め、自身でもヘブライ語の教科書や小説も執筆している。書評であるだけに、レヴィナスが時事的な話題に触れることはない。基本的にナヴォンの記述を追うかたちで、中東から北アフリカにいたる地域でのユダヤ人学校の教師を育成するという同校の目的が確認される。

四つ目の「改宗することなく友愛を結ぶこと」もまた、ジョゼフ・ボンシルヴァンの著作『ユダヤ教徒とキリスト教徒』の書評である。ジョゼフ・ボンシルヴァンは、一八八〇年生まれのキリスト教（イエズス会）の神父であり、キリスト教内の親ユダヤの立場からユダヤ教研究に関心を寄せていた。レヴィナスがここで取り上げているのは一九三六年の著作だが、そのほかにも『イエス・キリストの時代のパレスチナ・ユダヤ教』（一九三四年）、『ユダヤ人たちとイエス』（一九三七年）などがある。レヴィナスは同書の第Ⅲ部でボンシルヴァンがとりわけキリスト教徒に向けてユダヤ人とキリスト教とのあいだの「友愛」関係の意義を語り、とくにユダヤ人の統合を進めるかたちでの協働を重視していることは評価する一方で、同書の第一部および第二部においてはユダヤ教徒のキリスト教への改宗の誘いが説かれているのを見逃すことはない。

ただし、レヴィナスの意図は、ボンシルヴァンの誘いを批判することにはない。というのは、ユダヤ教徒の最終的な改宗を目指すことがカトリック教会の伝統的な教義だったとしても、近代以降のユダヤ教はその共犯者だったかもしれないからだ。すなわち、ユダヤ教自身の独自性を忘却し、自由主義の名のもとに近代社会への同化を促進するとき、ユダヤ教は、キリスト教のおかげでその「余生」を生きるような宗教に、レヴィナスの表現では「キリスト教に牽引されたユダヤ教」、「自らへの信頼を失った宗教」に変質しているかもしれないということだ［Herne 149／六四］。レヴィナスの関心ないし懸念は、こうした同時代的な状況に対して何をなすべきか、あるいは、何をせざるをえないかにある。「ここ数年の試練が、すべてを変えてしまった。それによって、ユダヤ教の独自性についての感情、学びへの関心、ユダヤ的生の必要性に目覚めたのだ」［Herne 149／六四］。この「ユダヤ的生」への目覚めがどのようなかたちをとるかについては、追って確認しよう。

五つ目の「ジャック・マリタンによる反ユダヤ主義の精神的本質」はきわめて重要である。ジャック・マリタンはカトリックの哲学者で、当時全体主義・反ユダヤ主義双方に対して果敢な論陣を張っていた。すでに指摘したように［渡名喜 二〇二一、八二］、マリタンはレヴィナスの「ヒトラー主義の哲学に関する若干の考察」や「逃走について」とほとんど同じ語を用いて、ナチズムへの批判を行なっていた。「それは、今日人々を襲うあらゆるかたちの野蛮のなかでも、もっとも非人間的でもっとも絶望的な、それ自体として野蛮であるような形態をもたらす。というのも、それは、人々が自らの自由をどのようなかたちであれ行使したとしても逃れることのできないような――生物学的な――カテゴリーおよび宿命に人々を釘付けにする（rive）からである」［Maritain 1994, 117］。こうしたマリタンの議論は、レヴィナスにとっては心強い加勢と映ったに違いない。戦後になされる強烈なキリスト教批判とは異なり、一九三〇年代のレヴィナスはユダヤ教とキリスト教に「共通の使命」を読み取る。「イスラエルと教会とは、世界のなかに存在しつつも、世界に対して異質であり、世界をつねに作動させ、問いに付す」［Herne 150／一〇九］。ここでもまた「マイモニデスの現在性」で垣間見られたように、この「使命」が、内在的な世界に対する異質性にあることは興味深い。生物学的なカテゴリーを用いて、人間を不可避的に条件づけようと「釘付け」にする力に対し、その外部に赴こうとする活力にこそ、レヴィナスはユダヤ教とキリスト教に共通のものを見て取っていた。「結局のところ、ユダヤ‐キリスト教を異教（paganisme）から切り離すのは、〔…〕世界が偶然的であること、不安定であることの直接的な感情、我が家にはいないという不安感、そこから脱出しようとする力にある」[Herne 150／一一〇]。

六つ目の「ピウス一一世の死について」は、ローマ教皇ピウス一一世の逝去に寄せたものだ。この教皇に対しレヴィナスは以下のように最大級の賛辞を送っている。「ピウス一一世の逝去に接しユダヤ人世界が抱いた偽りのない感情は、このお亡くなりになった教皇の偉大な人柄に対するわれわれの感嘆からのみ来るのではない。彼は「人間の良心の一契機」であった」[Herne 151／六五]。こうした賛辞にはさまざまな要因があるだろうが、『平和と権利』に収められた一連の論考を見ていくと、その原因は、すぐ上で見た、「ユダヤ‐キリスト教」と「異教」の対置に関わっているだろう。ピウス一一世は一九三七年三月一四日の回勅「深き憂慮に満たされて（Mit brennender Sorge）」において、ナチス・ドイツを公然と非難し、そこで教皇自身が「攻撃的な新パガニスム」という表現を用いているのである。ナチズムを「異教／パガニズム」、あるいは「新パガニズム」と呼ぶ傾向は、ドイツのキリスト教のなかでナチズムを支持する「ドイツ・キリスト者」をはじめ明示的に見られるものであり、かつてもパウル・ティリッヒのように、その点に批判を向ける論者もいた[4]。ただし、レヴィナスが「異教（paganisme）」と呼ぶときには、そこに概念的な重みが込められていたことは指摘しておいてよいだろう。単にユダヤ・キリスト教の外部の多神教的・偶像崇拝的宗教といった歴史的・宗教的意味よりも、ラテン語の語源（pagus, paganus）が示す一定の地域への定住・土着という意味がこめられていると考えられるためである。

前著『レヴィナスの企て』では、これらの論考が、「ヒトラー主義の哲学に関する若干の考察」や「逃走論」といった哲学論考と照応しあって、迫り来る「ヒトラー主義の哲学」のなかに、存在への／ユダヤ性への「釘付け」という主題を見届けたことを示した。とりわけ注目したのは、さらには「血」や「土地」への繋縛を説く「ヒトラー主義の哲学」における「新パガニスム」に対して、ユダヤ・キリスト教の側に、「世界の偶然性・不安定性に対する直接的感情」、「我が家にいないという不安感」、そして「そこから抜け出そうとする力」が読み込まれていることである。

ただし、同時に指摘する必要があるのは、こうした「ヒトラー主義」に対峙した「ユダヤ－キリスト教」の共通性に対しては、レヴィナスはこの時期から、連帯への期待とともに「両者を分かつもの」についても気にかけていることだ。「一神教的諸宗教の対立は、それら諸宗教の共通の遺産をヒトラー主義が脅かすようになって以来、和らげられてきた。ユダヤ教とキリスト教は、もちろん両者を分かつものについては譲歩することはないが、互いをよりよく理解しようと努めている」［Herne 148／六三］。相互理解に向けた歩みよりにもかかわらず、譲歩しえないものが残るのである。

単にユダヤ教とキリスト教との「友好」に淡い信頼を寄せるにとどまらず、「ヒトラー主義」によって「目覚め」させられた「ユダヤ教の独自性についての感情、学びへの関心、ユダヤ的生の必要性」［Herne 149／六四］を追求せんとする姿勢——『平和と権利』の諸論考から浮かび上がるのはこのようなものであろう。

「ユダヤ性」への目覚め

こうした「目覚め」の実態は、一九三〇年代に『平和と権利』以外の媒体でレヴィナスが書きすでに公刊されているテクストからは、あまりはっきりと示されない。ただ、この時期にレヴィナスが書いていたいくつかの小論や具体的な実践に目を向けると、こうした関心がいくらか浮かび上がってくるように思われる。

まず、管見の及ぶかぎりこれまで指摘されることはなかったように思われるが、フランスおよび仏語圏でのユダヤ文化や教育の振興を目的として「マイモニデス協会（Association Maïmonide）」が設立されるが、レヴィナスはそこで講師を担当し、一九三六年からはノエ・ゴットリープとともに現代ユダヤ哲学の講座を受け持っていたことが『イスラエリットの世界』の一九三六年四月三日号の記事から確認される(5)。ゴットリープというのは、レヴィナスがすでにストラスブール大学時代に知り合っていた人物で、ソルボンヌで哲学の学士号を得たあと、スピノザ、ついでヘルマン・コーエンの研究を志し、一九三五年から世界イスラエリット連盟に勤務し、戦後は『世界イスラエリット連盟手帖』の編集長を務めていた人物である(6)。「マイモニデス協会」の講義要綱では、ヘルマン・コーエンの宗教哲学を主題としていたという記録がある。

この時期までのレヴィナスの哲学的な関心はほとんど現象学に向かっており、「現代ユダヤ哲学」を主題とする講義はきわめて異例に映る。その点でも、おそらくゴットリープがこの講義を主導したのではないかと推測される。ただし、こうしたユダヤ思想への関心はレヴィナス自身のものでもあったはずだ。たとえばフランツ・ローゼンツヴァイクへの関心も、すでにこの時代から見られる。レフ・シェストフの『キルケゴールと実存哲学』（仏訳は一九三六年に公刊）についての書評では、キルケゴールの思想を引き継ぐ者としてヤスパース、ハイデガー、ジャン・ヴァール、ガブリエル・マルセルの名前を挙げつつ、「現代においてその名に値する唯一のユダヤ哲学者」としてローゼンツヴァイクの名前を挙げている［Levinas 1937c］。

なお、このシェストフの著作への書評をはじめ、三〇年代のレヴィナスは比較的多くの書評を書いているが、その傾向もこの頃に若干の変化を見せている。三〇年代前半までは現象学をはじめとするドイツ哲学の新刊本に関するものだった。それが、徐々にユダヤ思想に関連する著作をも書評に取り上げるようになるのだ。

まず、一九三六年には、『フランス内外哲学雑誌』にフーゴ・ベルクマンのヘブライ語の著作『ザーロモン・マイモンの哲学』の書評を寄せている。ベルクマンはプラハ生まれで、カフカやマックス・ブロートと親しく、シオニズムに傾倒し、二〇年代にパレスチナに渡った人物である。イェルサレム・ヘブライ大学で哲学を講じ、ゲルショム・ショーレムを招いたのも彼だ。レヴィナスのこの書評自体は、二九年のマルシャル・ゲルーの『ザーロモン・マイモンの超越論哲学』がフランスで引き起こしたマイモンに対する哲学的な関心に主たる焦点を当てるものである。ただし、書評の末尾で、ベルクマンの同著がヘブライ語という「古代の言語が近代思想の受容とニュアンスに適応するという奇妙な証言をもたらす」と結ばれているように、ヘブライ語が西洋の近代哲学をどのように論じうるかという点にレヴィナスがすでに関心を寄せているのは興味深い［Levinas 1936c］。

さらに、三七年には『ユダヤ研究雑誌』において、ハリー・ウルフソンの『スピノザの哲学』について比較的長めの書評を寄せている。同書は、スピノザの二つの側面、すなわち、幾何学的な方法で命題を並べるベネディクトゥスと、伝統哲学によって育まれラビ派およびスコラ派の論証をよしとするバルーフという二つの側面について、後者を重視し「中世哲学者スピノザ」を浮き上がらせるものである。レヴィナスはこのようなウルフソンの「注目すべき著作」の「功績」を一旦は讃えている。とはいえ、レヴィナスは最後に苦言を呈することを怠らない。

> 忘れてはならないのは次のことだ。哲学のメッセージはその原因のうちにあるのではない。思想に対する見世物的な態度は、それを興味深いけれども異質なゲームへと変えてしまう。思想のメカニズムを捉えることは、それを真剣に受け取ることにはまだならない。要するに、教説を再考させることは必ずしもそれを理解させることにはならないのだ。［Levinas 1937a, 119］

一つの思想を「真剣に受け取る」には、それを「見世物」的に、つまりそれを眺める者からは距離を隔てた客観的な分析では十分ではないというのだ。このような姿勢は、おそらく一九三〇年代にすでに現象学に対してレヴィナスが抱いていた「具体的な生」について哲学する可能性という展望と符合するだろう［渡名喜 二〇二一、第Ⅰ部第一章］。ユダヤ思想に関しても、本書第Ⅲ部で見るように、『困難な自由』以降において、それを「真剣に受け取る」試みを行なうことになるだろう。

ユダヤ的な「宗教実践」

もう一つ、同時期のレヴィナスにおけるユダヤ教への関わりとして忘れてはならないのは、一九三七年に「イスラエルの声」というラジオ放送の枠内で、「宗教実践の意味」という発表を行なっていることである。これは、同年に『イスラエリットの世界（*L'univers israélite*）』という雑誌に再録される。

この短い文章で興味深いのは、「儀礼」というユダヤ教の宗教実践を主題とすることだけではない。レヴィナスが一見するとユダヤ教保守派のような口ぶりで論をはじめていることだ。

> 西洋の科学的・道徳的な考えのもとで育ったユダヤ人の知的エリートは、ユダヤ教への回帰に際して、宗教としてのユダヤ教のなかで「実践」が占める位置に気づくと、根本的な困難に出くわす。［Levinas 1937b, 569］

レヴィナスは、ユダヤ教の「改革派」におけるような、保存すべき実践と迷信として退けるべき実践とを区別するような近代的ないし自由主義的な考えに与しない。ユダヤ教にかぎらずルネサンス以降の西洋に広く見られるような、宗教を個人の内面的な信仰へと還元するような考えも退けられる。けれども、だからといって、伝統を伝統ゆえに保守すべきとの立場を採用しているわけではない。ある種の現象学的なアプローチを採用するかのようにして、ユダヤ教における「儀礼の根源的な本質」に迫ろうとしているのだ。

生理的には食べても問題がないはずのものを食すのが禁じられていたり、他の日と変わらないはずの一日が聖なる日とされ、労働を禁じられる。こうした「儀礼」的行為の「根源的な本質」、それは「儀礼」が「われわれと現実のあいだのいたるところに介入」し、われわれの「行為を宙づりにする」ことにある。普段の生活のなかで目にしている事物、はたまた馴染んでいる光景、そうした世界に対する「自然的態度」の流れが、儀礼という瞬間的な「停止時」によって、中断され、世界そのものが「驚異」ないし「神秘」として浮かび上がってくるというのだ。「ユダヤ人にとって、〔…〕完全に馴染み深いもの、完全に世俗的なものはない。モノが存在しているということには何か無限に驚くべきものがあるのだ。この存在は、ユダヤ人に奇跡として降ってくる。ユダヤ人は、世界があるという、かくも単純でとはいえかくも意外な事実をまえに、すべての瞬間に驚愕を体験するのである」[Levinas 1937, 569]。諸々のモノが世界のなかに存在しているということ——普段はかくもあたりまえのことが、ユダヤ的儀礼を通じて見ると驚異として現れる。儀礼を経ることで、「ユダヤ人」は、こうした世界の馴染み深さから一瞬身を引き、このような現象学的というべきまなざしを「世界がある」という事実に向けることが可能になるというのである。

この短い発表が興味深いのは、レヴィナスが「儀礼」について論じた稀なテクストという点だけでない。レヴィナスは、ユダヤ教における「儀礼」の問題を主題にしつつ、そこから伝統への「回帰」を説くのではなく、哲学的な考えを土台にした「ユダヤ的生」のようなものを浮き上がらせる。この発表で見られた「世界においてユダヤ人に帰される地位」[Levinas 1937, 570]、「世界がある」ことに驚き、そこから一歩退いて注視するという態度は、その後のレヴィナスのテクストでも通奏低音としてつねに響いているだろう。

ユダヤ的捕虜体験

ユダヤ教ないしユダヤ性に関して、第二次世界大戦の前に書かれたレヴィナスのテクストは概ね以上の通りである。

大戦中は、レヴィナスはほとんどの期間捕虜収容所に拘留されており、テクストの執筆は困難であった。もちろんその間に書き留められたノートのうち現存するものは「捕囚手帳」として『レヴィナス著作集』第一巻で公刊されたが、そのなかではこの主題に関する記載はほとんどない。「捕囚手帳」本体のほうは、あえて避けているのか、あるいは状況的に避けざるをえなかったからなのかは定かではないが、その主題は哲学や文学であって、ユダヤ教やユダヤ人の状況に関するものはほとんどないのだ。

ただし、同じ『レヴィナス著作集』第一巻には、「捕囚手帳」とは別に、戦後すぐに書かれた捕囚をテーマにした補遺というべきテクストがいくつか収められている。一つは、どこに掲載されることになっていたのかは不明だが、「捕囚」と題された短いテクストだ。もう一つは『マガジン・ド・フランス』という雑誌の一九四五年の号のために書かれた「イスラエルびとの捕虜における精神性」である。三つ目は、四五年九月放送のラジオ番組用の原稿で「ユダヤ的捕虜体験」と題されている。これらの補遺が重要なのは、まさに収容所の体験を経た後にユダヤ性の主題を取り扱っているからだ。終戦を迎え、解放された後に書かれたこれら補遺には、「イスラエルびと」ないし「ユダヤ的捕虜」の体験について、短いものながら、注目すべき記述が残されている。

まず注目すべきは「イスラエルびとの捕虜における精神性」の次のような一節だろう。

> イスラエルびとの捕虜は――バラック小屋や特別班のなかに詰めこまれ、そこから逃れるためには偽の身分で偽装しなければならなかったのだが――、そこで不意に〈イスラエルびと／イスラエリット（Israélite）〉というアイデンティティをふたたび見出した。戦争がはじまる前には、フランスの身分登録簿には特段の記載欄がなかったこの種のことが、不意に彼をいっぱいに満たしたのだ。長いあいだ、自らを〈フランス共同体〉に帰属するものだと考えていた彼は、そこから排除されたことに大きな苦しみを味わったが、しかし自らのユダヤ教に追いこまれることで、彼は、侮辱や恥辱の苦痛とは

> 別のものをそこから汲み取った。屈辱は、選びという聖書的な味わいを取り戻したのだ。［OI 205f／二四〇］

周知のように、「政教分離《ライシテ》」を国是とするフランス共和政は、「フランス市民」としてのアイデンティティのほかは、宗教や民族的なアイデンティティを公的に認めることはせず、信教の自由はあくまで私的な領域で行使されるものとした。後で詳述するように、こうして「ユダヤ人」たちは「フランス共同体」に帰属し「イスラエリット」を自称するようになるが、彼らはドイツ占領下の一九四〇年の一連の法規によってフランス国籍を剝奪され、「ユダヤ人身分法」によって「フランス人」であることを禁じられる。フランスという「公的秩序」の瓦解に端を発するこの経験は、[7]法的・政治的にいっそう「自らのユダヤ教」への釘付けを強いるものであった。それだけに、第二次世界大戦の終結による〈解放〉はこれにまた別の意味を与えるものであった。〈フランス共同体〉への復帰というより、「選びという聖書的な味わい」を感じさせるものだったのだ。

この時期のレヴィナスのテクストには、このような「ユダヤ人」のアイデンティティの新たな捉え直しという契機がいくつも見つかる。もちろんここに、「ユダヤ人として迫害を受けているのだからユダヤ人として立ち向かわなければならない」という、ハンナ・アーレントやハンス・ヨナスなど同世代の多くのヨーロッパのユダヤ人に程度の差はあれ共有されていた考えを見ることもできるかもしれない。とはいえレヴィナスがそこに認めた「選び」という「味わい」には若干特異なものがある。

なかでも、一九四五年に書かれたと推測される「手帳」の次の記述は注目すべきだろう。

> 迫害において私はjの根源的な意味を見いだした。そのもともとの感情をである。何らかの迫害ではない——絶対的な迫害、存在をいたるところで追い回し、その存在のむき出しの事実のうちに閉じ込めようとする迫害である。そしてそこで

もまた〔(イザヤ五三章)〕――誰も理解しえないこの落胆のうちに――神的な存在が啓示される。純粋な「耐え忍ぶ」という状況である。そこでは、あなたの肌にかすめる〔愛撫する〕誰かの愛という意味での選びがある。あるいはむしろ、自然的な秩序とは異なる秩序の啓示だ――自然的な秩序がすべて挫折したのにもかかわらず現実的な。――それによって人が神の子になるという、この無益な苦しみ、この純粋な受動性の陶酔。幼年。これは非常に重要である。純粋な「耐え忍ぶ」ことは世界の自由専横を感じ取ることではない。そういうことは目を世界に向けていても可能である。だが、耐え忍ぶことはここでは、系譜（filialité）となる。〔OI 179-180／二一一：傍点は引用者〕

ここでは「絶対的な迫害」あるいは「純粋な受動性の陶酔」が語られているが、ただしこれは、単なる「犠牲者」としての「ユダヤ人」という（レヴィナスならば「悲壮的」と呼ぶような）アイデンティティ形成を目指すものではない。そこには、「存在のむき出しの事実」への「閉じ込め」というかたちで三〇年代からの「ユダヤ教への繫縛」という考えが引き継がれつつ、いくつかの思想的な要素が込められている。一つは、先の引用と同様、「あなたの肌にかすめる〔愛撫する〕誰かの愛という意味での選び」であり、もう一つは「純粋な「耐え忍び」」を超えた「系譜」という発想だ。宗教的、民族的あるいは政治的アイデンティティとしてのユダヤ性ではなく、「選び」「系譜」という概念こそが「jの根源的な意味」に託されているのである。

もう一つの注目すべき引用は、解放直後に書かれた別のテクストからのものである。

遺棄の絶対的な受動性において、あらゆる紐帯からの離脱において――、自らが〈主〉の手のなかにいるような感情を抱き、その現前を感じることです。焼け焦げんばかりの苦しみのなかで、神の接吻の炎を見分けることです。至高の苦しみが幸福へと変転する神秘を見出すことです。つまり、結局のところ、ユダヤ教とは何なのでしょうか。道徳的教えや善についての戒律をたっぷり有し、一なる神的原理という観念に到達したほかの諸宗教とはどの点で異なるのでしょうか。——絶望の底でも、希望を前にしつつ——この苦しみが幸福へと変転することもありうるという、イザヤ以来の、ヨブ以来の経験ではないのなら、ユダヤ教とは何なのでしょうか。［OI 213／二四八：傍点は引用者］

この問いかけは、単に奇跡的な解放、生還を神に感謝する宗教的敬虔さにとどまるものではあるまい。とりわけ、あたかも「希望」は「遺棄の絶対的な受動性」を通じてしか可能とならないかのように描かれているが、少なくとも「至高の苦しみが幸福へと変転する神秘」こそが「ユダヤ教」だと言われるとき、「捕囚手帳」の「幸イナル罪」の発想および「悪」から「善」という「存在の彼方」への志向との共鳴をそこに見てとることは難しくない。

「現存在から出発するかＪ〔ユダヤ人〕から出発するか」［OI 75／九〇］という二者択一は、このように、「迫害」における「存在のむき出しの事実のうちに閉じ込め」られることを起点に、「誰かの愛という意味での選び」および「系譜」を経由して、なんらかの「幸福」ないし「希望」へ向かうという動きを伴うものだった。この動きが、レヴィナスの哲学にそのまま反映されていたと即断はできないが、それとけっして無縁のものでもなかっただろう。ただし、この「ユダヤ的捕虜体験」という捉え方には、かなりの程度レヴィナス自身の思いないしこだわりが込められていたようにも思われる。実際、レヴィナス自身が体験していたところのこの「捕虜体験」とは、必ずしも「ユダヤ的」なものとは言い切れないからだ。

よく指摘されるように、レヴィナスが「捕虜」として拘留されたのは、「ユダヤ人」としてではなく、あくまでフランス軍の兵士としてであった。戦争捕虜について定めた一九二九年のジュネーヴ条約の規定のおかげで、ユダヤ人の戦争捕虜はユダヤ人であったとしても、それ以外のユダヤ人とは異なる取り扱いを受け、その多くが絶滅収容所への送致を免れたのだった［cf. Woehrle 2019］。

ただし、レヴィナスが送られた「収容所」には、ユダヤ人以外にも多くの捕虜がいた。レヴィナスは、一九四〇年から四二年までフランス西部のレンヌとラヴァルの前線収容所を行き来している。これらの収容所は捕虜となったフランス軍の兵士を拘留するところだったが、実のところ、そこに収容されていた兵士のほとんどは植民地から徴用されたアフリカ人兵士たちだったのだ。レンヌ一三三番収容所では、五千人を超える収容者のうち九割以上がアフリカ系であったし、ラヴァル一三二番収容所でも同様であった(8)。ナチス・ドイツの人種差別主義政策が、フランス人の捕虜は独仏国境を超えさせてもアフリカ人の捕虜はフランス占領地内にとどめておいたからである。レヴィナスはといえば、ユダヤ人でもあるがフランス軍兵士でもあるというあいまいな身分について、どのように処遇すべきか定まるまで、いわばたらい回しにされていたのであった。

レヴィナスは、『著作集』第一巻の捕囚手帳や解放直後の手記、さらに『著作集』第三巻の小説「エロス」などでレンヌの思い出には度々触れているのだが、しかし、そこに等しく拘留されていたアフリカ人たちに言及することはほとんどない。管見の及ぶかぎり、唯一の例外は、「成年者の宗教」で、大戦中の思い出に触れる際に、「ブルターニュ地方の前線収容所での友愛に満ちた拘留の数か月のあいだ北アフリカの捕虜たちとともに感じた感情」に言及する箇所のみである［DL 26／一六］。

もちろん、このような指摘をしたからといって、レヴィナスが「ユダヤ人」として被った第二次世界大戦の破局的な経験を過小評価したいわけではない。「捕虜体験」が「ユダヤ人」だけに課せられたものだったわけではないと指摘することによってわれわれが述べたいのは次のことだ。つまり、当の体験を「ユダヤ的」であると形容することは、たとえば「ユダヤ思想」というときのようにユダヤ人ないしユダヤ教に特有の体験という意味ではなく、ユダヤ人以外も等しく被っていたこの悲惨な「捕虜体験」のなかに、レヴィナスは何か「ユダヤ的」というほかないなんらかの特徴を読み取っていたのではないかということだ(9)。だとすれば、「ユダヤ的」というのは、宗教としてのユダヤ教や実際のユダヤ人たちに典型的に見られるということではなく、「選び」として課せられた「無益な苦しみ」、「純粋な受動性」等々を特徴とする、かなり特殊な意味内容をもつだろう。それこそ、「ユダヤ的存在」の実存論的な意味といったものかもしれない。

一九四七年の論文「ユダヤ的存在」では、「ヒトラー主義」の経験が顕わにしたのは、「自らの条件から逃れられない」かたちで［EJ 60／一八七］、自らの存在に受動的に拘束されていること、このようなある意味で「選ばれた者」にのみ課せられた「事実性」こそが「ユダヤ的存在」を構成するとされていた［EJ 63／一八九］。と同時に、こうした状況は人間すべてに当てはまりうるものであり、「もしかすると人間の魂とは生来ユダヤ的なのかもしれない」とも漏らされていた［EJ 60／一八七］。

そうだとすると、レヴィナスが「イザヤ以来の、ヨブ以来の経験」が告げてきたような「・j の根源的な意味」として語るものは、同時期に「ユダヤ人」に顕著に現れ、また「イザヤ」や「ヨブ」というユダヤ教の伝統的な継承によって説明しやすいものだが、「ユダヤ人」でなくともあまねく経験しうるようなものだったのではないだろうか(10)。いずれにしても、「ユダヤ的」と言いつつも、それが民族的・宗教的・政治的なアイデンティティに容易に還元されないところにレヴィナスの際立った特徴があるようにも思われる。

第2章　レヴィナスの教え

アウシュヴィッツの直後、私は、自分が東方イスラエリット師範学校で校長の職務を遂行するにあたり、歴史的な使命に応えているかのような印象を持ちました。それは私の秘めた思いですが〔…〕おそらく、若さゆえの素朴さでしょう。私はそのことをいまも意識していますし、今日でも誇りに思っています。［マルカ 99／一一九］

「アウシュヴィッツの後」

「アウシュヴィッツの後」――このような言い回しは、二〇世紀の詩人や哲学者をめぐって繰り返し用いられてきた。レヴィナスについてはなおさらそうであり、「アウシュヴィッツ」という名に象徴される第二次世界大戦におけるユダヤ人の大虐殺の記憶のなかで「他者」への「倫理」を説いた思想家という紹介が数多くなされてきた。「アウシュヴィッツ」が象徴する第二次世界大戦におけるナチスによるユダヤ人の迫害および虐殺の経験が、とりわけ二〇世紀のユダヤ人思想家に深い刻印を残したことは論を俟たない。『困難な自由』末尾で自らの道程が「ナチスの恐怖の予感と記憶によって支配されている」と述べるレヴィナスにとってはなおさらである［DL 406／三八八］。しかし、レヴィナスの思想は、「アウシュヴィッツの後」という問題系とどのように結びつくだろう。一方で、この結びつきをきわめて強調する論者もいる。ロバート・イーグルストンは、『ホロコーストとポストモダン』という著作のなかで、レヴィナスの思想はその「すべてがあらゆる意味において、ホロコーストへの応答である」と述べることをはばからない［Eaglestone 2004, 10／一五］。レヴィナス自身は、「ユダヤ人」として強制収容所ないし絶滅収容所に収容されたのではなく、フランス軍の下士官として、四〇年から四二年までフランス各地の前線収容所を転々とした後、ドイツに送致され、四五年五月までハノーヴァー近郊のファリンクボステル捕虜収容所に拘留される。妻と娘はモーリス・ブランショの助けもありオルレアンに匿われ強制連行を免れたが、リトアニアに残された家族はナチスによる虐殺の犠牲となった。そうした経験が戦後の彼の思想に影響を及ぼさなかったと言うのは無理があるだろう。

けれども同時に、レヴィナスはこの問題を明示的に主題化したことはなく、公刊著作での言及もわずかであることも確かである。ジャン＝リュック・マリオンは、『レヴィナス著作集』第一巻の序文で、「アウシュヴィッツの後」という「かなりインフレを起こして流行しているレトリック」に注意を促しつつ、「その沈黙の影は、それ自体として直接示されたり、言われたりしえなかった」と述べている［OI iii／七］。実際、レヴィナスは、すでに一九三四年の論文「ヒトラー主義の哲学についての若干の考察」でナチズムについての哲学的批判を企てているが、戦後は、アーレントやアドルノなど同世代の哲学者のように「アウシュヴィッツ」や「全体主義」についての思想的考察を試みることなく、自らの現象学思想の練り上げに向かう。並行して、戦後フランスにおけるユダヤ教の復興に尽力しユダヤ人共同体に向けた多くの発言を行なうも、「アウシュヴィッツ」を引き合いに出すことはない。稀な言及は『困難な自由』のいくつかの小論にとどまっている。アイヒマン裁判を契機に「アウシュヴィッツ」の問題が再燃し、ジャンケレヴィッチのような哲学者が、六〇年代のナチスの戦犯裁判に際して「赦し」という哲学的概念を主題化していくときにも［Jankélévitch 1986］、レヴィナスはほとんどこの問題について語ることはない。

レヴィナスにおいてこの問題が明示的に現れるのは、近親者を含むナチズムの犠牲者に捧げられた一九七四年の

『存在の彼方へ』以降である。なかでも、一九七八年の「超越と悪＝苦痛」（『観念に到来する神について』）以降、「悪」をめぐる弁神論的問題系のなかでホロコーストへの言及が繰り返しなされるようになる。とりわけ、一九八二年の「無益な苦しみ」は、「神の死についてのニーチェの言葉は絶滅収容所においてほとんど経験的な事実という意味をもったのか」と問いつつ、二〇世紀の破局的出来事を複数挙げたあと、「ホロコーストはこのような人間の故なき苦しみの範例をなしているように見える」と、いわば「アウシュヴィッツ」の「範例性」を肯定する点で特筆すべきかもしれない［EN 107／一三七］。ただし、これらの議論は、フィリップ・ネモ『ヨブと〈悪〉の過剰』（一九七八年）やファッケンハイム『アウシュヴィッツ以降の人間の条件』の仏訳（一九八〇年）などに呼応するかたちでなされたものであり、レヴィナス自身が主題化しているわけではないことも同時に留意しておく必要があろう(11)。

こうした経緯を眺めると、むしろカナダのユダヤ人思想家、エミール・ファッケンハイムの言うように、「ポスト・ホロコーストの哲学」という点では、レヴィナスはレオ・シュトラウスと並び、ほとんど「アウシュヴィッツ」に言及しない思想家と評することが可能だろう［Fackenheim et R. Jospe 1996, 44］(12)。

このような確認を踏まえた上で、本章で検討したい論点、およびそれについての解釈の方向性は以下である。七〇年代以降増加する「アウシュヴィッツ」（あるいは「ショア」、「ホロコースト」）への言及がどのようなものであれ、少なくとも戦後から六〇年代までの時期のレヴィナスは、第二次世界大戦におけるユダヤ人の迫害、強制収容、絶滅を「受難」、「受苦」ないし「トラウマ」という見地から捉えることに対し、拒否とは言わないまでも、ある種の躊躇を見せているように思われる。もし「アウシュヴィッツの後」でレヴィナスが試みたことがあるとするならば、こうした「アウシュヴィッツ以降の哲学」の練り上げであるよりは、冒頭の引用が物語るようにユダヤ人教育に尽力することにあったように思われる。

少なくとも戦後に書かれ、『困難な自由』にまとめられる一連のユダヤ教に関する論考から浮かび上がってくるのは、哲学者の姿というよりは、迫害と虐殺の記憶からまだ立ち直れずにいた人々に、「悲壮さを超えて」(これは『困難な自由』第一部のタイトルである)、「ユダヤ的存在」のあり方を説く「教師」の姿のように思われる。事実、レヴィナス自身が「アウシュヴィッツの後」と述べつつ言及する「歴史的な召命」とは、哲学者の仕事であるよりもむしろ、世界イスラエリット連盟に付属する東方イスラエリット師範学校という、ユダヤ人学校の教師を養成する学校の校長の任務であった。彼が同じ時期に哲学的な主著である『全体性と無限』の完成に向けた作業を行なっていたことは確かだが、こうした哲学者としての活動は――後年の哲学的名声を括弧に入れて同時代的に見ると――フランスの外国人学校校長のサイドワークにすぎなかったかもしれないのだ。

それでは、レヴィナスが「歴史的な召命」や「誇り」を感じていた東方イスラエリット師範学校の校長という営みはいかなるものだったのか。それは彼の思想の形成とどのように重なっているのか。まずはそこを糸口にしよう。

第二次世界大戦後のフランスにおけるユダヤ人教育

「アウシュヴィッツの後」におけるユダヤ人教育という問題は、なにもレヴィナスに特有のものではない。第二次世界大戦における迫害によってほとんど壊滅的な状態に陥ったフランスのユダヤ人共同体の再建は、生き延びたユダヤ人知識人にとっては急務のことであった。

一九四〇年にフランスがドイツに降服すると、ドイツに劣らずヴィシー政権のフランスもまた、ユダヤ人身分法の制定、国籍剝奪や公職追放といったユダヤ人迫害を実行に移し、強制連行、フランス国内での収容所の設置、さらに絶滅収容所への組織的な送致を実施するようになる。フランスにいたユダヤ人の多くが犠牲となったが、偽名や偽造身分証明書を用いて迫害を逃れ逃亡生活を送ったり、積極的にレジスタンスに関わる者もいた。とりわけ、各地で秘密裏にユダヤ人の若者たちへの教育を続けていた詩人のエドモン・フレッグやクロード・ヴィジェ、哲学者のヤーコブ・ゴルディン、ユダヤ人青少年スカウト団体エクレルール・イスラエリット・ド・フランスの創設者ロベール・ガンゾンらの名を挙げておかねばなるまい。

なかでもゴルディンの役割は特筆すべきである。先に述べたように、一八九六年にラトヴィアに生まれ、一九二〇年代にドイツのユダヤ学アカデミーで学んだ後、ヒトラーの政権奪取とともにフランスに逃れた彼は、三〇年代にパリに居を定める。世界イスラエリット連盟の図書館司書を務め、この時期にレヴィナスと知り合う。同時にパリのラビ養成機関セミネール・イスラエリットでユダヤ哲学を講じていた。ゴルディンは、第二次世界大戦中には、迫害を逃れながら、とりわけエクレルールの若者らを指導することになった（そのなかには後に聖書の仏語訳を果たすアンドレ・シュラキもいた）。四七年にリスボンで客死するも、中世ユダヤ哲学や近現代のドイツ哲学の知識をフランスにもたらし、多くの後進に影響を与えた点で、戦後フランスのユダヤ思想の復興の礎を築いた人物と言える。

こうした先達の志を具体化するかたちで戦後フランスにおいてはさまざまなかたちでユダヤ人教育を通じたユダヤ思想の再興が企てられることになる。その中心にあったのが、「ユダヤ思想パリ学派」と称されるアンドレ・ネエル、レオン・アシュケナジ、そしてレヴィナスの三人であった(13)。

アンドレ・ネエルは一九一四年にアルザスに生まれる。ストラスブールにて聖書やドイツ語を学び、中学校のドイツ語教師となるが、第二次世界大戦における追放と迫害の経験は、ショアおよびイスラエル建国という同時代の出来事におけるユダヤ人の存在意義の考察へと彼を導くことになった。戦後すぐの『超越と内在』では、ユダヤ思想の根本的な特徴を、注解を通じた自らの存在の形成というかたちで現在と過去とを同時に生きることにあるという見方を提示する［Neher 1946］。その後、『預言主義の本質』をはじめとする一連の預言者論を執筆し、五五年にストラスブール大学に設立されたユダヤ文学講座を担うと同時に、レヴィナスとともに仏語圏ユダヤ人知識人会議の中心メンバーとなる。戦後フランスのユダヤ人共同体のある種の精神的支柱と評価することもできるが、六七年の第三次中東戦争を契機に、妻のルネ・ネエルとともにイスラエルへと移住したことは、同時代の多くのフランスのユダヤ人の行動に影響を及ぼした(14)。

もう一人のレオン・アシュケナジは、一九二二年にアルジェリアのオランで生まれ、第二次世界大戦に従軍した後、フランスに身を定める。先のエクレルール・イスラエリット・ド・フランスの創始者のロベール・ガンゾンの呼びかけに応え、パリ南郊のエコール・ジルベール・ブロック（通称エコール・ドルセー）を拠点にユダヤ人青少年への教育に携わった。当時のフランスの主流派の解釈や学術的な合理主義的解釈から距離を置き、聖書をはじめとするユダヤ教の伝統的な考えを重視する。マニトゥーの愛称で知られ、多くの弟子を育て、なかには科学者のアンリ・アトランもいる。六八年にイスラエルに移住し、同地でもユダヤ教研究教育機関を設立したほか、キリスト教やイスラム教との対話にも尽力した。著述よりも口承の人であったため著作は少ないが、フランス語で読めるものに『今日のユダヤ教の伝統を考える』[Ashkenazi 1999] および『今日のユダヤ教的生を考える』[Ashkenazi 2005] をタイトルとする選集や、『トーラー講義』などがある [Ashkenazi 2007]。

以上の「パリ学派」のほかにも、注目すべき人物ないし教育施設はいくつかある。

まず、戦後フランスにおけるユダヤ思想研究という観点で無視できないのは、ユダヤ思想史研究で知られるジョルジュ・ヴァイダの存在である。一九〇八年にブダペストに生まれ、二八年にパリに渡るとルイ・マシニョンのイスラム文明講座やラビのモーリス・リベールの教えを受け、三〇年代にはセミネール・イスラエリットおよび高等研究実習院で教鞭を執りはじめる。同時期から『ユダヤ研究雑誌』の編集に携わり、戦後は長く同誌の編集長をつとめ、高等研究実習院およびパリ第三大学にて教鞭を執る。カバラーを含め中世のアラブ思想・ユダヤ思想に精通し、文献学的な研究スタイルを重視した [Nahon et Touati 1980]。

また、聖書学者のマルキュス・コーンが一九三五年にパリ郊外に創設したエコール・マイモニデスも注目に値する。

戦後すぐに再建され、エリ・ヴィーゼルやセルジュ・クラルスフェルトをはじめ、収容所から帰還したユダヤ人青少年を受け入れたこの学校は、現在もフランスのユダヤ人の中等教育を担っている。戦後コーンを継いで校長に就いたテオ・ドレフュスは、二五年ストラスブールに生まれ、同地のユダヤ人青年運動エシュルンで育つ。戦中はレジスタンスに参加した後、リヨンおよびストラスブールで学業を再開。中世ユダヤ哲学を専門とし、ネエルの指導のもと、プラハのマハラルに関する研究書を上梓する。六九年にイスラエルに移住しバール・イラン大学で哲学を教える。

もともとユダヤ人人口の多かったアルザス地方の中心都市ストラスブールでは、さらに大ラビのアブラハム・ドゥッチュの支援のもと四八年に初等・中等教育機関のエコール・アキバが創設された。そこで中心的な役割を担ったバンジャマン・グロスは、ドレフュスと同年にストラスブールに生まれ、エシュルンに加わるなど、ほとんど同じ経歴をたどっている。ストラスブール大学で博士号を取得した後、六九年にイスラエルに渡り、ドレフュスと同様にバール・イラン大学で哲学を教える。彼ら二人は、同地に合流するレヴィ＝ヴァランシとともに「バール・イラン大学フランス学派」と称されることもある。

以上のように、戦後、フランスのユダヤ人哲学者・思想家たちはさまざまな仕方でユダヤ人教育に携わる。主に初等・中等教育を担っていたエコール・マイモニデスとエコール・アキバを別にすると、次のような類型を描くことができるかもしれない。

第一には、ネエルのような、現代におけるユダヤ思想の読み方、ユダヤ人のあり方を提示しようとする「知識人」としての「ユダヤ思想家」である。ネエルは預言者アモスについての博士論文を執筆した後、プラハのマハラルに関する研究を上梓しているが、ここでは、聖書および伝統的なユダヤ教の思想の解釈を重視することの意義が十分に示されている。ただし、ネエル的な立場にはもう一つの特徴がある。それは、このような思想的な伝統の掘り起こしを、単なる思想史的研究として行なうにとどまらず、ショア以降の戦後フランスのユダヤ人共同体に対する「新たな指針」を示すという同時代的な実践のなかに位置づけることである(15)。

第二は、ヴァイダのような「ユダヤ思想史研究者」である。ここでの力点は「研究者」にある。ドイツの「ユダヤ学」の影響のもと、厳密な方法論に則り、文献学的な歴史考証を重視する思想史研究である。これはネエルのような立場のある意味で対極にある。たとえば、ネエルの博士論文に寄せた書評で、ヴァイダは、ユダヤ思想の伝統をあくまで客観的・学術的な対象と捉え、信仰や実践への適用から厳密に区別すべきとしてネエルに厳しい批判を寄せることも躊躇していない(16)。

第三は、アシュケナジが象徴する「宗教指導者型」である。アルジェリアのラビの家系に生まれたアシュケナジは、フランスに移ってからも、ネエルやヴァイダと異なり、大学に籍を置くことなく、ユダヤ教の教育機関において、トーラーに基づいた、ユダヤ人の歴史的・伝統的アイデンティティの継承を説いた。著作の公刊を勧めるネエルに対し、アシュケナジは「あなたは本を書いてください。私は読者を育てます」と答えたと伝えられているが［Handelman 2010, 592］、こうした逸話が示すように、著作による一般的な啓蒙よりも、「弟子」に対する口承による「教え」を重視する立場と言えよう。

これらの三つの類型に対し、レヴィナスはどこに位置づけられるだろうか。レヴィナスは、確かにネエルのような戦後フランスのユダヤ人共同体に向けたユダヤ教およびユダヤ思想の再興に向けた活動を共にしていたことは確かだ。とはいえ、忘れてはならないのは、ネエル型であれヴァイダ型であれ、ユダヤ思想史研究そのものを企てることはしていないことだ。とりわけ、ヴァイダが継承する文献学的な研究態度に対しては明示的に異論を唱えている(17)。『困難な自由』の序文が示すように、レヴィナスが試みるのは、「過去」のユダヤ教を「かがみこんで」、つまり上から対象化することではなく［DL 9／xiii］、その「生き生きとした伝統」を掘り起こし、現代に蘇らせることにあった。このような試みを、パリの東方イスラエリット師範学校というユダヤ人教育機関における「教育」を通じて行なったという点では、むしろアシュケナジの立場に近いようにも見える。そもそも、レヴィナスの「ユダヤ思想」なるものがあるとすれば、少なくとも修業方法からすると、それはシュシャーニからの口承によるものであって、レヴィナスもそれをラシー講義等を通じて実践していたとも言える。(18) とはいえ、レヴィナスとアシュケナジの根本的な差異は、カバラーの評価に加え［Derczanski 2002, 377］、とりわけ「西洋」と「ユダヤ人」の関係をどのように理解するかという点にあっただろう。ネエル同様、アシュケナジもまたイスラエルへの「アリヤー」を果たすのに対し［Charbit 2008］、レヴィナスは、「同化」の試練を経てなお「西洋」にとどまるユダヤ人、すなわちディアスポラのユダヤ人のあり方にこだわっていた。いずれにしても、これから見るように、同じようにユダヤ教の「源泉」を見やりつつ、アシュケナジの伝統主義的で特殊主義的なユダヤ教理解に対し、レヴィナスは、西洋の合理主義的ないし普遍主義的な哲学とも調和しうる「普遍主義的特殊主義」を自らの「ユダヤ教」理解の軸とするのである。

世界イスラエリット連盟

第二次世界大戦が終わり、一九四六年にレヴィナスが所属していた東方イスラエリット師範学校が再開したとき、レヴィナスは次のように発言している。

> 普遍的なものの諸々の要請を培いながらこそ、私たちはまさしくユダヤ教のヒューマニズム的な意味を強めることができるだろう。［Levinas 1946–1947, 3］

レヴィナスは、東方イスラエリット師範学校校長として、世界イスラエリット連盟の定期刊行物にたびたび文章を寄せている。それらを読むとすぐに気づくのは、この引用に見られるように「普遍的なもの（l'universel）」「普遍性

(universalité)」ないし「普遍主義(universalisme)」という語が繰り返し、しかも肯定的な意味において用いられていることだ。世界イスラエリット連盟(Alliance israélite universelle)が冠する「世界＝普遍(universelle)」は、単に地理的な区分として、一定の国や地域に限定されない幅広い射程を有していることを意味するばかりでない。これは、レヴィナス自身が戦後の「ユダヤ教のヒューマニズム」を普及させるために応えるべき「要請」の根幹をなすとも言われている。そして、このような「普遍的なものの要請」という発想は、レヴィナス自身の思想にも取り込まれることにもなる。実際、そこでは、「普遍主義」の位置づけが徐々に変容しつつも、「普遍主義的特殊主義」なる概念が少しずつ練り上げられるようになるのである。

この概念がどのようなものかを理解するためにも、まずは世界イスラエリット連盟および東方イスラエリット師範学校の設立経緯を確認しよう[19]。フランス共和主義の成立とそれに関連したユダヤ人問題の理解は、レヴィナスの立ち位置を考えるうえで、単なる背景知識を得ることにとどまらない意義を有している。先取りすれば、ここではまず、フランス共和主義的な普遍性という意味での普遍性が問題になるだろう。多少迂回するが[20]、とはいえレヴィナスの姿勢の背景を知るには欠かせないために、少しだけ「フランス・ユダヤ」の歴史を紐解こう。

フランスにおけるユダヤ人問題は、フランス革命にて大きな転換を迎える。中世よりフランスでは南仏をはじめ各地にユダヤ人共同体が点在していたが、一四世紀より繰り返し追放令が出され、ボルドーやバイヨンヌなど一定の商業活動が認められていた都市、アヴィニョンやコンタなどの教皇領、また追放令が出された時点でフランスに統合されていなかった地方(なかでもアルザス・ロレーヌ地方)を除いて、フランスのユダヤ人は「不在」になる。さまざまな理由で領内に残ったユダヤ人にもさまざまな差別的な規制がかけられていた。このフランスにおいてユダヤ人の状況に劇的な変化が生じるのは、一七九一年のユダヤ人解放令によってであった。

フランス国民議会は「公民宣誓」を行なうあらゆる「ユダヤ教徒の個々人（individus juifs）」に対し、従来の例外措置を無効とし「フランス市民」とすることを定めた。この解放が、フランス型の政教分離および共和主義の理念のもとでなされたことは、解放令を議論するフランス革命期の国民議会でのクレルモン＝トネールの発言「民族としてのユダヤ人にはすべてを拒否するが、個人としてのユダヤ人にはすべてを与える」に象徴的に表れている。国家と個人のあいだに中間的な集団を認めないフランスの共和主義原理に基づいて、「民族としてのユダヤ人」ではなく「個人としてのユダヤ人」に解放がもたらされたのだ。それ以降、一九世紀フランスにおいて、「ユダヤ人（Juif）」という表現は前者の「民族としてのユダヤ人」を指すものとして退けられ、「イスラエリット（Israélite）」という名称が用いられるようになる。「イスラエリット」には、もともとは聖書におけるイスラエルの民ないし「イスラエルびと」という意味もあるが、それが、フランスに「同化」し、公的には「フランス市民」となりつつ私的な領域においてユダヤ教を信奉するという一九世紀的な「フランス・ユダヤ人」のあり方を指すにいたる。それ以降、弁護士、政治家、学者、実業家等、さまざまな「イスラエリット」が一九世紀フランスで活躍の場を見出してゆくのである。

だが、このようにして解放・同化が進むにつれて、ヨーロッパ全体に新たなユダヤ人排斥の動きが生じてくる。ドレフュス事件に先立って、あるいはE・ドリュモンらによるフランス社会における「反ユダヤ主義」運動の成立にも先立って、一九世紀中葉のヨーロッパにおけるユダヤ人排斥を象徴する事件が二つあった。一つは一八四〇年のダマスコ事件、もう一つは一八五八年のモルタラ事件である。ダマスコ事件は、シリアにおいてユダヤ人に儀礼殺人の嫌疑がかけられたことがきっかけで一種のポグロムが起きた事件である。モルタラ事件のほうは、イタリアのユダヤ人家庭に生まれた子どもを、キリスト教徒の乳母が無断で洗礼を受けさせ、家庭から引き離した事件である。後者は、ローマ教会をはじめキリスト教系の新聞等が乳母を支持するかたちで攻勢をかけたために大きな社会問題となり、その余波はフランスにも及んだ。

こうした状況を目のあたりにしたフランスのユダヤ人のなかから、自分たちの享受している「文明」的な立場が、外国、とりわけ中東や北アフリカのユダヤ人たちに共有されていないことに心を痛め、その救済に心を砕く者が出てくる。自分たちがフランス革命以降、啓蒙と近代化の恩恵を得て、社会的な成功を収めることができたのに対し、遠くの同胞たちはいまだにその恩恵に与れないことへの義憤に駆られた一九世紀フランスの「イスラエリット」たちこそが、一八六〇年に世界イスラエリット連盟を設立するにいたった。彼らの志は、同年の「設立呼びかけ文」にはっきりと表れている。

〔…〕堕落した者たちをとがめるのではなく教化し、盲目な者たちを放っておくのではなくその目を啓かせ、打ちのめされた者たちを哀れんですますのではなく立ち直らせ、中傷された者たちがいた場合には口をつぐむのではなく彼らを守り、迫害された者たちがいた場合には迫害に対して叫びの声を上げるだけではなく彼らを助けること、こうしたことをしなければならないと思うのであれば、〔…〕そして最後に、八九年の諸原理の栄光は世界中で全能であり、そこに基づく法律は正義の法律であり、その精神が各地にいきわたることが好ましく、信教の絶対的な平等を享受する人々という事例がまさにその力であると思うのであれば、世界のイスラエリットよ、来たれ、われわれの呼びかけに耳を傾けよ、〔…〕。(21)

とりわけ注目すべきは「八九年の諸原理の栄光」という表現である。つまり、世界イスラエリット連盟の大義は、革命に由来するフランス共和主義の考えに基づき、その「精神」をまさしく世界に遍くいきわたらせることだと明言されているのである［cf. ポワリエ 79-80／一〇三］。フランス共和政がユダヤ人を解放したとすれば、今度はフランスのユダヤ人が「世界」のユダヤ人を解放する番である。世界の各地で抑圧、迫害された自らの兄弟たるユダヤ教徒らを、革命に由来するこうした価値でもって「啓蒙」「教化」「再生」する必要がある――世界イスラエリット連盟の設立を促したのはこうした考えである。

事実、世界イスラエリット連盟は、活動目的として次の三つを掲げている。(22) 第一に、世界に散らばりいまだ辛酸を舐める「イスラエリット」たちの道徳的な進歩のために随所で活動すること、第二に、とりわけ実効的な援助を供すること、第三に、こうした帰結を導くにふさわしいあらゆるかたちの公刊物を促進することである［Kaspi 2010, 465］。折しも、第二帝政以降のフランスが、従来の保護貿易から自由貿易体制に舵を切り、「世界」を一望しうる「パリ万国博覧会（Exposition universelle）」を開始し、メキシコを皮切りに「世界」への進出を試み、その後のフランス植民地帝国のきっかけをつくっていくその時期に、フランスの「イスラエリット」たちは、このフランス型「世界《ユニヴェルセル》」のまなざしを「世界」の——ただし実際は中東から北アフリカ地域に限られてはいたが——同胞ユダヤ人たちに向け直したのである。

こうした理念のもとで、世界イスラエリット連盟が実際にどのような活動を行なっていたかも簡単に見ておこう。中央委員会はパリに設置され、フランスばかりでなく全世界に賛同者を募り、その出資をもとに、各地／各国に地方委員会が置かれた。中心的なミッションは、とりわけ各地のユダヤ人共同体に教育施設を設置し、教育を通じた「道徳的解放」を援助することにあった。その範囲は、西はモロッコからはじまり、東欧を経て、イランまでの中東が含まれる。そして一九世紀の後半から二〇世紀の前半にかけて、この地域の計一四か国に小学校や職業学校を設立し教育活動に従事したのだった。

ただし、ここで強調すべきことは、先にも述べたフランス革命に由来する啓蒙精神、共和主義精神が、教育内容にも反映されていることだ。もちろん、ヘブライ語、聖書教育は重視されるが、それと同様に、トルコならトルコ語、アラブ語圏ならアラブ語といったかたちで、設置国の地理、歴史、言語も尊重される。けれども、基本的にすべての授業がフランス語で行なわれ、フランス語にヘブライ語と同等ないしそれ以上の重みが置かれるのである。

その活動理念をあらためて特徴づけると、次のようにまとめることができるだろう。第一に、そこにはある種の「コスモポリタニズム」と「パトリオティズム」の同居という理念を見ることができる。一八八五年のパンフレットでは次のような文言も見られる。「フランスではフランス人、ドイツではドイツ人、イタリアではイタリア人であれ。連盟は、文明を学ぶ大きな学校だ。イスラエリットの心にあらゆる気高い感情を育むことで、連盟がなしているのは、彼らのうちに愛郷的な義務感を育むことにほかならない(23)」。彼らが自らの学校で育てようとしているのは、端的な「ユダヤ人」というよりは、それぞれの祖国への愛着を示す「愛国者」であり、彼らを「普遍的」な――この場合にはフランスの体現する――「理念」によって結びつけようとしていたということだ。

第二に、ある種の「ユダヤ的ユートピア主義」にフランス革命の「理念」が重ねられた姿を見ることも可能である。連盟の創設メンバーの一人で五〇年史を執筆したナルシス・ルヴァンは次のように述べている。「預言者たちは、あらゆる人間に平和と正義が訪れる未来において、イスラエルの不幸が終わることを告げた。一七八九年の革命は、イスラエルにとって、預言者たちの精神を受け継ぐものと映った。〔…〕一八四八年の革命は、その偉業を継続した」[Leven 1930, t. 1, 63-4]。

第三に、もっとも強調すべきは、世界イスラエリット連盟が、自らが携わる教育を伝統的な宗教教育とは一線を画すものと考えていたことだ。この点でもフランス革命の嫡子たる世界イスラエリット連盟の立ち位置は、宗教的というより世俗的なものである。連盟付属の学校で教える教師たちに向けられた教育要項には次のようにある。「ラビだけに道徳教育を任せるべきではない。たとえそのラビが十分適任であったとしてもだ。この教育はわれわれの子どもたちを預かる教師すべてに課せられたものである。彼らが東方師範学校で受けた教育はそのための備えである(24)」。

こうした角度からすると、世界イスラエリット連盟は、単に異国の地の同胞の苦境に思いをはせる兄弟愛的な博愛主義にも還元されないし、他方で、けっして伝統的なユダヤ教の宗教的・文化的な保存・振興を担う組織でもなければ、なんらかの政治的な結集を目指すシオニズム的な発想からも隔たっていた（とりわけ、シオニズムが具体的にかたちをとって以降も、世界イスラエリット連盟はほぼ一貫してそれに留保付きの態度をとっている）。伝統の保守というよりは、近代性への順応を目指すこうした指針を、一九世紀的な進歩主義的イデオロギーに染まっていたと批判的に評価することももちろん可能だろう［Weill 1978］。だが、ユダヤの民族的アイデンティティを政治的な単位とするのではなく、フランス共和主義に棹さして、あくまでそれぞれのユダヤ人が生きる土地で、教育を通じて各々の仕方で近代化するよう促すという世界イスラエリット連盟の立場は、時代的な制約を受けたものとはいえ、きわめて独特のものであった。そしてレヴィナスが第二次世界大戦直後に自ら掲げることになる「普遍的なものの諸々の要請」は、この独特の態度を反映するものであったように思われる。

東方イスラエリット師範学校

このような世界イスラエリット連盟でレヴィナスが実際に携わることになるのは、同連盟に付属する教育機関である東方イスラエリット師範学校（École normale israélite orientale: ENIO）である。(25) 世界イスラエリット連盟創設後、一八六七年にパリに設置されたこの学校の目的は、右で見たように中東から北アフリカにかけて世界イスラエリット連盟が設置した学校で教えることのできる教員を養成することだ。

その活動については、あるインタビューでのレヴィナス自身の発言がもっとも簡潔に伝えている。

私たちはフランス人教師を遠くから派遣するのではありません。〔世界イスラエリット〕連盟の学校のある国から来た若者たちをここ〔パリ〕で教育するのです。六〇人ほどの私たちの生徒のうち、半分は男子で半分は女子ですが、試験によって選別されます。ペルシア人、レバノン人、チュニジア人らがいますが、三分の二はモロッコの共同体から来た者たちです。世界でもっとも宗教的な共同体の一つです。教育は、慎重にバランスをとるべき三つの文化に立脚しています。まずはフランス文化です。バカロレアの準備をします。〔…〕次に、入学時からアラビア語が求められます。ここの若者たちは中東や北アフリカに戻ることになっているからです。三つ目の文化として、ユダヤ教が付け加わります。［Toulat 1962, 60］

実際、パリ一六区のオトゥイユ通りの東方イスラエリット師範学校の校舎では、北アフリカや中東出身の多くのユダヤ人の生徒たちが学んでいた。男子学生は同じ校舎に寄宿し、女子学生は離れたヴェルサイユの宿舎から通っていた。レヴィナス自身も同じ通りに住み、ときには厳しくときには優しく彼らに接していたらしい。哲学、ヘブライ語、タルムードについての講義も受け持っていた。毎週土曜日のラシー講義には常連も駆けつけるようになる。国家博士論文である『全体性と無限』の口頭試問を受け、六四年からポワチエ大学で、六七年からパリ大学ナンテール校で、そして七三年からはソルボンヌで教鞭を執ることになるが、七三年までは師範学校の正規の校長を務め、その後も七九年に退職するまで関わりを続けていた。このようにレヴィナスは何よりもまずユダヤ人学校の校長だったのである。

世界イスラエリット連盟へのレヴィナスの関わりは、基本的に師範学校校長としてのものである。連盟の会合にも定期的に出席し、学校教育の内容や意義について報告している。とりわけ、機関誌である『世界イスラエリット連盟手帖』に収められたレヴィナスの小論を並べて読んでみると、本章冒頭で引いた発言に連なる「普遍的なものの諸々の要請」という考えが、世界イスラエリット連盟の指針であるばかりでなく、レヴィナス本人が共有するものであったことが見えてくる。一九四八年、活動が軌道に乗りはじめたころの師範学校の「宗教生活」に関して、レヴィナスは「西洋的価値」に触れつつ、次のように述べている。

> 連盟の未来の教師たちのパリでの滞在は単に学位の取得だけのものではない。教師たちの活動は、彼らの精神のうちに、西洋的な価値と、彼ら自らの過去のユダヤ的な価値との均衡を生み出すことに存する。[Levinas 1948a, 13]

祖国のユダヤ人学校に戻り教職につくはずの「未来の教師たち」に教えるべきものは、「西洋的な価値」と彼ら独自の「ユダヤ的な価値」との「均衡」だというのである。こうした立場は、さらに一〇年後の発言でも変わらない。

> まさしくフランスのユダヤ教とフランスの文明、さらにほとんどパリの空気こそが、局地的な付着物を取り払い、真の普遍性へと高められたこのユダヤ的ヒューマニズムを供することができる。[Levinas 1957, 17]

ここにはふたたびフランスへの忠誠（allégeance）を誓うユダヤ人愛国者の姿を見ることすらできるかもしれない。それは、見方によっては、二重国籍（double allégeance）のような分裂した姿勢とも映るかもしれない。しかし、内的なものと公的なもの、ユダヤ的なものとフランス的なもの、特殊的なものと普遍的なものの二重性を、分裂としてではなく、連結として示すことにこそ、「普遍主義的特殊主義」とレヴィナスが呼ぶものの第一のかたちがあるだろう。

一九六〇年、世界イスラエリット連盟創設一〇〇周年記念シンポジウムでの次のようなレヴィナスの発言は、まさしくこの立場を明示するものである。

> フランスのイスラエリットである創設者たちは、自分たちと同じように、フランスの普遍性とユダヤの精神性とに結びついた教師を育てようと欲していたのです〔…〕。内的な生はユダヤ的であり、公的な生は、フランスの寛大な普遍主義の

諸概念に合致したものです〔…〕。［Levinas 1961, 74］

注目すべきことに、レヴィナスは「街では人間、家ではユダヤ人であれ」という一八世紀ドイツのユダヤ啓蒙（ハスカラー）のモットーとして通常理解される表現を「フランス・ユダヤ」に当てはめ、内的なユダヤ的価値と外的なフランス的ないし西洋的な普遍的価値の両立を唱えてすらいる。もちろん、この表現の本当の作者はイェフダー・ライブ・ゴルドンであることから、レヴィナスは一九世紀にリトアニアに生まれたこの詩人からこの表現を受け継ぎ、リトアニア・ユダヤ教の独特の伝統をそこに読み込んでいるという解釈もありうるかもしれない。けれども、少なくとも東方イスラエリット師範学校校長としてのエマニュエル・レヴィナスにおいて、「フランス」が象徴する「普遍主義（universalisme）」と「ユダヤ」の「特殊主義（particularisme）」との結びつき、あるいは「イスラエリット」を「特殊的」な足場とした、「普遍主義」的価値の伝播という、世界イスラエリット連盟を導いていた展望が引き受けられていたことは明らかだ。この意味では、レヴィナスを、「イスラエリットの創設者たち」の理念を堅持する「イスラエリット」としての「フランス・ユダヤ人」の典型とすることすらできるだろう。

問題は、こうしたレヴィナスの「普遍主義的特殊主義」をどのように理解するかである。この姿勢は、ユダヤ人学校校長としてのエマニュエル・レヴィナスだけではなく、「哲学者」レヴィナスに共通のものでもあると言えるだろうか。あるいは、その場合には「哲学者」というより「ユダヤ人思想家」レヴィナスの姿を呼び起こす必要があるだろうか。

あるいは、このような両義的な理念を掲げた背景には、ユダヤ教の宗教的ないし文化的な伝統への回帰やユダヤ民族の政治的な統一性の希求を特徴とする「特殊主義」と、「普遍的」とされる文明に自らを「統合」「同化」し、場合によっては、自らの「特殊的」な部分を「蒸発」させたり「希薄化」させたりもしかねない「普遍主義」とのあいだでとまどう、ヨーロッパのディアスポラのユダヤ人のとまどいがあるのだろうか。

いずれにしても、この問題を考えるためには、『困難な自由』という、『全体性と無限』とほぼ同じ時期に準備され、同じ時期に公刊された著作を見る必要がある。レヴィナスはそこで、世界イスラエリット連盟から引き継がれたフランス共和主義的な「普遍主義的特殊主義」よりはむしろ、自らが展開する「倫理」の考えに基づいた「普遍主義的特殊主義」の思想を提示するように思われる。ただし、その前に、「アウシュヴィッツの後」にレヴィナスがユダヤ教の「教え」を掲げようとしたときに出会ったもう一つの「教え」に触れる必要がある。

シュシャーニ師の教え

さて、ここまでは第二次世界大戦後のレヴィナスのユダヤ教に関する教育という側面、あるいは教師としてのレヴィナスという側面を取り上げてきたが、ここで、同時に、レヴィナスにとって一人の「教師」というべき存在について触れないわけにはいかない。「シュシャーニ師」と呼ばれる人物である。

レヴィナスと同時期の一九四〇年代後半にその教えを受けた後のノーベル賞作家エリ・ヴィーゼルは、彼をその名もその年齢も同定できない謎めいた人物として紹介している。ヴィーゼルはハンガリー生まれだが、ナチスによって家族とともに強制収容所に送られ、そこを生き延びた後、パリ郊外の孤児院に引き取られた。そこでシュシャーニに出会い、以降数年にわたり教えを受けることになったのだ。ヴィーゼルはシュシャーニについてこう述べる。

だれひとり、彼の名前も年齢も知らなかった。もしかすると、そんなものはまるきり持ってなかったのだ。通常のばあい人間を定義するか、あるいは少なくとも位置づけるものが、彼にとってはあらずもがなだった。彼は、そのふるまいにより、その知識により、多岐にわたり、かつ互いに矛盾する立場決定によって、自分は未知のもの、不確定なものを具現し

ているのだ、と主張するのだった。［ヴィーゼル 一九七〇、一五一］

実際、彼に関する情報は不確かなものばかりだ。レヴィナスの伝記作家としても知られるサロモン・マルカは一九九四年にシュシャーニに関する評伝を上梓している［Malka 1994］。同著はシュシャーニを直接間接に見知っている者のインタビューで構成され、その人となりを浮かび上がらすことを試みているが、その正体を突き止めたかというとそうでもない。

出自については、モロッコ、パレスチナのサフェド、リトアニアのヴィルニュス等さまざまな説がある。ヴィーゼルはリトアニアだと言っている［Malka 1994, 16］。生まれた年も、一九世紀末ないし二〇世紀初頭とされ、定かではない［Malka 1994, 76］。一九五二年にモロッコで発行された「出生証明書」があり、ここでは一九〇四年にモロッコのカサブランカで本名マルドシェ・ベンスーサンとして生まれたという記載があるのだが、これが偽造であることは確かなようだ。

一説によれば、母親を事故で亡くした後、祖国を離れ各地を放浪した。ヴィーゼルによれば「あらゆる都市、あらゆる国、あらゆる言語を知っている」。イスラエルでアブラハム・イツハク・クックの教えを受けたとも言われるし、それ以外にも、物理学や数学にも通暁しており、またイスラーム教のことも熟知していたらしい。第二次世界大戦中のフランスでゲシュタポに拘束された際には、自らをイスラム教徒と名乗ったとのことだが、その際、ゲシュタポが確認のために連れてきたイスラム教指導者を圧倒し、「彼は私より偉大だ」と言わしめ、釈放されたとの逸話もある［Malka 1994, 121］。

彼の本名について、エリ・ヴィーゼルは、シュシャーニの本名がモルデカイ・ローゼンバウムだったとするが、ウルグアイにてシュシャーニの教えを受け、現在イスラエルで哲学を講じるシャロム・ローゼンバーグは、ヒレル・ペ

ルルマンだという。(26)

さて、これまでの研究や伝聞に基づくなら、以上のようにシュシャーニの謎に包まれた人物という側面を強調して終わるほかなかった。だが、近年の研究により、かなりの程度その人となりや足取りが知られるようになってきた。サンドリーヌ・シュヴァルクの研究を信頼するならば、以下のように再構成できる。(27)

シュシャーニは、ローゼンバーグが言うように、ヒレル・ペルルマンとして、ブレスト＝リトフスク（現在のベラルーシのブレスト）にて一八九五年一月九日に生まれた。当時のブレスクには高名なラビのハイム・ソロヴェイチクがおり、そうしたユダヤ教世界のもとでペルルマンは育った。

一九一二年、一七歳のときにパレスチナに渡り、ヨセフ・ハイム・ソネンフェルドのもとで学ぶ。ソネンフェルドは一九一〇年よりパレスチナの大ラビを務め、とりわけ正統派の立場からシオニズムに反対し、ラヴ・クックとも対立したことで知られる。ラヴ・クックは、イスラエル建国以前のパレスチナで宗教的シオニズムの立場で活躍した宗教指導者・思想家である。しかし、ペルルマンは逆にこのクックと親交を深め、ともに北イスラエルを旅し、正統派のキブツを訪問したらしい。その後で、クックの作ったイェシヴァーのベート＝エルで学ぶことになる。

その後、一九一四年頃にアメリカに渡り、メイール・バル＝イランに接近する。バル＝イランはリトアニアに生まれたラビで、すでに宗教的シオニズムのミズラヒ運動に携わり、ヘブライ語の週刊紙『ハ・イブリ』を創刊し、アメリカで宗教的シオニズム運動を主導していた。その影響もあり、ペルルマンも宗教的シオニズム政党ハポエル・ハミズラヒに接近することとなる。

ペルルマンはその後一九二〇年代にはベルリンに渡り、三〇年代はじめにフランスのアルザスにたどり着く。シュシャーニという名前はこの頃に使われるようになったようだ。戦後にパリに移り、数年のあいだレヴィナスやエリ・ヴィーゼルに教えを授けるが、それと並行して、やはりフランスにおけるミズラヒ運動に携わったようだ。

フランスでペルルマンは、レヴィナスやヴィーゼルほどの親密な交際をもったわけではないが、上述のエコール・ドルセーやエコール・マイモニデスにも顔を出し、レオン・アシュケナジとも交際があったようだ。アンドレ・ネエルとも出会っていたようだが、ネエルはシュシャーニと距離を置いていたらしい。

その後、シュシャーニはイスラエルで数年をすごした後［Mintzke 2023］、南米のウルグアイに渡り、一九六八年一月二六日に同地で逝去した。墓碑には身分証明書に基づいてモルデカイ・シュシャーニと刻まれている［Malka 1994, 129］。

レヴィナスとの出会いは一九四七年だったとされる。すでにストラスブールでシュシャーニを知っていた医師のアンリ・ネルソン（一九〇二～一九八〇年）の仲立ちによる。レヴィナスはネルソンをすでに一九三七年に世界イスラエリット連盟にて知っており、以来親しい友人となった人物である。レヴィナスはシュシャーニにパリの自宅の一室を提供し、ネルソンとともに、シュシャーニからタルムードをヘブライ語およびアラム語の原文で学んだ［Levinas 1985, 32; ポワリエ 155／一六八―九］。

ネルソンが一九八〇年に逝去した際、レヴィナスは次のような文章を捧げている。

西洋のもっとも高い価値ですら権利上トーラーに属すものと認めなければならない――これがネルソンがシュシャーニ師から得た知見です。実際、ネルソンについて語るには、その生涯における主要な出来事であり大きな喜びであったことについて触れないわけにはいきません。それは、タルムードの最後の巨人、おそらくは長年にわたって最高のと言うべき人物との出会いであり長年の交際です。この人物はしかも、とりわけ原子力物理学を講じることもでき、古典数学や現代数学の文章を読むのに楽しみを感じてもいました。奇妙かつ流浪する才能です！　ネルソン博士はかつてパリの友人にタルムードを教えていましたし、療養中にはイスラエルの友人にそうしていましたが、そこでは、シュシャーニ師の思想が大胆な新規さを伴ってつねにみなぎっていました。[Levinas 1980]

ネルソンについての思い出は、このようにレヴィナスが「タルムードの最後の巨人」と呼ぶシュシャーニに固く結びついている。彼は物理学や数学の豊かな知識を持ちながら、タルムードを教えていた。しかも「西洋のもっとも高い価値ですら権利上トーラーに属すものと認めなければならない」と言うことで、あたかも西洋文明がトーラーに基づいて理解しうるかのように考えていたのだ。

レヴィナス自身はシュシャーニに関するまとまった文章を残していないが、インタビューなどでの言及を集めてみると、レヴィナスを通じたシュシャーニ像が浮かび上がってくる。

シュシャーニの足跡をもとめて世界各地に散らばるその知人を訪ねて一冊のルポルタージュを書いたサロモン・マルカとのインタビューで、レヴィナスは次のように述べている。

私がドイツのフランス人捕虜収容所での拘留から戻ると、ユダヤの伝統文化についての巨人に出会いました。彼はテクストとの関係を、単なる敬虔さや教化という関係として体験していたのではありません。彼の名をお伝えしたいと思います。シュシャーニ師です。私がタルムードに関して今日公刊しているすべてものは、シュシャーニ師に負っています。[Malka 1994, 111]

上述のように、レヴィナスのユダヤ教についての理解の一部は、フランスにおいて彼が所属していた二つの団体の理念と大きく重なってはいるが、それはあくまで「教師」としてのレヴィナスが抱いていた使命に重なるものだった。

それに対し、「生徒」としてレヴィナスがユダヤ教から何を、あるいはどのように学ぶかを教えたのはシュシャーニという「教師」にほかならなかった。『困難な自由』において短く自らの経歴を紹介するとき、レヴィナスはシュシャーニについて簡潔に、「聖書注釈とタルムードについての威厳があり――容赦のない――教師」［DL 405／三八七］と書いている。

シュシャーニがレヴィナスに教えたもの、それは、タルムードをはじめとするユダヤ教の伝統のテクストの秘められた知そのものであるよりも、そのような知に対してどのように向かうか、どのようにアプローチにするか、そのしかただった。一九六八年、自らのタルムード講話をまとめたはじめての著作である『タルムード四講話』の出版準備中、師の死の報せを聞いたレヴィナスは、同書の序文に次のように記している。

威厳ある師であるシュシャーニ師が、本書の印刷中に南アメリカで亡くなったことを知った。彼は真の方法というものがどのようなものでありうるかをわれわれに示してくれた。彼によってわれわれは、タルムードに対して、純粋に忠実な教条主義的なアプローチをすること、あるいは神学的なアプローチすることすら不可能になった。［QLT 22／一九］

タルムードに対する「真の方法」とは、単に文面に忠実に読解するものでも、伝統的な解釈を踏まえてそこからすでに確立された教えを再認するのでもないしかたでアプローチすることだ。

レヴィナスはシュシャーニから教わったこの「方法」について明示的に解説しているわけではないため、それがいかなるものであったかをわれわれが再構成することは難しい。あるいはむしろ、レヴィナスが東方イスラエリット師範学校でのタルムード講義や仏語圏ユダヤ人知識人会議でのタルムード講話にて実践していたその方法こそが、シュシャーニから教わったものを開陳するものであったかもしれない。だとすれば、その「方法」については、「それが何であったか」と主題的に解説することはそもそも困難であって、その「方法」それ自体を反復することで実践的に示すしかなかったのかもしれない（たとえば、自転車の「乗り方」は、いくらテクストで正しい乗り方を説明しても身に付くものではなく、実際に自転車に何度も乗ってみなければわからないように）。少なくとも、レヴィナスの解釈学なるものの輪郭が浮かび上がってくるのは、レヴィナスがその後実際に積み重ねていくタルムード読解の実践を通じてでしかないだろう。われわれもまたこの点――つまりシュシャーニ師からレヴィナスが学んだ「方法」は何だったのか――を意識しながら、以降本書第Ⅱ部で『困難な自由』やタルムード講話を読んでいこう。

ただし、差し当たりの手がかりはいくつか与えられている。後年にレヴィナスがシュシャーニに言及しているある箇所で、次のように言われている。

> 私がタルムードといっそう深い接触をするようになったのはより後になってから、シュシャーニ師がいたからです。彼が私に与えてくれたのは、彼の膨大な知識でも、もちろん彼の比類のない知性でもありません。彼が私に示してくれたのは、これらのテクストにどのようにアプローチすべきかです。これはまったく到達できないレベルのものでした。彼の脇で私がしていることはとるにたらないこと、私はほとんど無でした。彼はおそろしいほどの弁論家でした。希望さえすれば、同じ生徒に対し、昨日教えたこととほとんど反対のことを主張することもできたのです。そこには抜きん出た妙技がありましたが、その都度、意味の新たな次元が伴っていたのです！　私は彼について、精神的な生の忘れえない、伝達しえない思い出をとどめています。[Robbins 2002, 285f: 強調は引用者]

シュシャーニが教えたのは知識や知性ではなくアプローチであるという点は先に見た通りである。このインタビューでのレヴィナスの発言で興味深いのは、生徒を煙に巻きかねないシュシャーニの前言撤回のような態度だ。ある意味ではきわめて無責任な態度のようにも思われかねないが、力点は「意味の新たな次元」にあるだろう。一つの体系内の論理の連関、内的無矛盾性よりも、一つの同じテクストから、さまざまな「意味」を浮かび上がらせること。ここにこそシュシャーニの「妙技」があっただろう。この「意味の新たな次元」こそ、レヴィナスのタルムード読解が探るものにほかなるまい。

ただ、そこにいく前にレヴィナスのシュシャーニ評にはもう一つ留意すべき点がある。それは、意外なことに、「タルムードの関わり」と密接に結びついた「ヨーロッパ」への関わりである。

> 私はリトアニア出身ですが、ユダヤ教の伝統に接近したのはより後年になってからでした。〔…〕私がタルムードとの関わりを見出したのはかなり遅くなってからなのです。私は戦後、パリにて驚異的な師を見つけたのです。彼が私に教えてくれたのは、ユダヤ教の書物を読むまったく別の方法と、自分自身に対して要求高くある（exigeant）ためのまったく別の方法です。私のタルムードへの関わりはしたがってヨーロッパ的なものです。お分かりでしょう、これはとても重要なことです。［Levinas 1995, 131: 強調は引用者］

この引用の前半部分はこれまでと同様の記述である。ここで興味深いのは、第一に、シュシャーニの教えが、単にユダヤ教のテクストに対するアプローチの方法だけでなく、「自分自身に対して要求高くあるためのまったく別の方法」に関わっていたということ、第二に、レヴィナス自身が「私のタルムードへの関わりはしたがってヨーロッパ的なものです」と認めていることだ。

すなわち、レヴィナスがシュシャーニから学んだタルムードとの関わり方とは、単にユダヤ教の伝統の源泉にいかに立ち返るかという回帰的な方法だけではない。シュシャーニから学んだ「タルムードとの関わり方」とは、「ヨーロッパ的」でもあるのだ。

「後年になってから」、フランスの地で授けられたこうした「教え」は、したがって、テクストに向かうその手法に関わるだけではない。それは「私」が「自分自身に対して要求高くある」という「私」のあり方に関わっている。いわば「私」の現在の状態に甘んじることなく、そこにさらなる要求を重ねるようなかたちで、「私である」ことに対する反省ないしは変容を強いるようなものと言えるかもしれない。それは一方では、――この点についてわれわれはまだ示唆をすることしかできないが――「顔」からの「教え」にそれまでの自己中心的な「私」のあり方の転覆を見てとった『全体性と無限』の議論を想起させるかもしれない［渡名喜 二〇二一、第Ⅳ部］。他方でそれは、「アウシュヴィッツ以降」という文脈のなかで、レヴィナスがユダヤ教に「向き直る」ことを要請するとき、そのユダヤ教とは宗教的な教説というより、自己の陶冶を含む「倫理的」なものだとつねに強調することに関わっているかもしれない。少なくとも、すぐ後で見るように、レヴィナスがシュシャーニと出会った後にその大部分が描かれる『困難な自由』を読むとき、このような「タルムードとの関わり方」と「ヨーロッパとの関わり方」の交差は気にとめておく必要があるだろう。

第Ⅱ部　『困難な自由』の企て——ユダヤ性のゆらぎと変容

『困難な自由』は、レヴィナスが第二次世界大戦後に各種の雑誌等で書いたユダヤ教やユダヤ思想に関する論考を収めた論集である。一九六三年に初版が、七六年に第二版が公刊されている。両者には若干の異同があり、とりわけ後半部ではいくつか論考が入れ替わっている。二つの版の差異にいくらかの意義を読み取ることもできるだろうが[cf. Hand 2011]、全体的な構成および企図にはむしろ一貫性があるように思われる。ここではまずその企図がどこにあったのかを確認しておこう。

六三年の初版から変わりなく置かれたその序文は、レヴィナスの企図がどこにあるかを物語っている。その前半を引用して、それを確認していこう。

> この巻に収められた試論は、〈解放〉からわれわれを距つ年月にわたって書かれてきたものだが、それが証言しているのは、生よりも生き生きとした厳格なテクストに対する省察から養分を得た、生き生きとした伝統を起点として受け取られたユダヤ教である。ユダヤ教の古代のテクストは、聖書とラビたちによるものがあるが、それらが要請しているのは、単に、文献学者たちの知的好奇心だけではない。彼らはテクストに対し身をかがめているが、そこからしてすでに、優位な地位に立っているのだ。これらのテクストが応答しているのは、文献的な影響や日付といった問題とは別の問題である。耳をそばだてなければならない。もしかすると、自らの論がどのように展開するかにはほとんど気にかけず、自分たちの現実的な問題の焦点を——未来の歴史家たちに対してすら——あえて隠してきた思想家たちによって、すべてはすでに——中世がヨーロッパを発見する前に——思考されていたかもしれないのだ。本書の多くの箇所では、古風な注釈の見かけ上の素朴さの裏に隠されている困難な注釈が探られている。

一、五世紀以上にもわたり福音を受けてきたヨーロッパにおいて生じえたヒトラー主義による絶滅政策の翌日、ユダヤ教はこれらの源泉へと振り返った（se tourna）〔…〕。［DL 9／xiii：強調は引用者］

一読すると、「源泉」への回帰を告げるかに見えるこの立場表明は、伝統主義的、保守主義的ないし少なくとも回顧的なものと形容したくなるかもしれない。しかし、そこに込められたいくつかの意図を見分けておく必要がある。この序文には、『困難な自由』という著作を特徴づけるいくつかの態度が示されているように思われるからだ。少なくともそれは四つある。

（一）第一に目を引くのは、〈解放〉ないし「ヒトラー主義による虐殺」という時代背景である。〈解放（Libération）〉とはフランス語では一般に第二次世界大戦の終結を指す。この点では、先にも見たように、「アウシュヴィッツの後」という文脈における「ユダヤ教」の再興という観点が『困難な自由』を貫いていることは明らかだろう。だとすれば、ここで問題となるのは、振り返るべき「ユダヤ教」がどのようなものかだろう。

（二）これに対する手がかりもまた序文で示唆されている。そこは、「源泉」への「振り返り」、さらに同じ序文の続く箇所では「回帰（retour）」が告げられている。ただし、「源泉」といっても、ユダヤ教の伝統であればどれでもよいのではない。ここで「振り返る」べき参照項は、一九世紀ドイツにおけるような科学的考察を旨とするユダヤ教学でないのはもちろん、たとえば同時期にレオ・シュトラウスが関心を抱いていたような中世ユダヤ哲学でも、ゲルショム・ショーレムにおけるようなカバラーの神秘主義でも、あるいはさらにマルティン・ブーバーにおけるハシディズムのような民衆信仰でもない。そうではなく、明示的に、「古代」の「聖書」および「ラビたち」の思想が挙げられている。すなわち、レヴィナスにおいてユダヤ教の「源泉」ということで念頭に置かれているのは、基本的にモーセ五書を中心とした（いわゆる旧約）聖書、そしてなによりそれについてのラビたちの注釈を集めたタルムードである。このことだけでも「二〇世紀ユダヤ思想家」におけるレヴィナスの立ち位置が独特であることを示しているだろう［cf. Bouretz 2003］。

（三） これらのテクストは「生よりも生き生きとした」「伝統」をもつと呼ばれているが、これは単なる誇張的な修飾表現にはとどまらないだろう。ここでは、こうした伝統への「振り返り」方、すなわちそうした原典にどのようにアプローチするかという方法論が問題となる。ここで明確に退けられているのは、「伝統」のテクストを学術的・客観的に読解することを旨とする態度だろう。レヴィナスと同時代のフランスでは、たとえばジョルジュ・ヴァイダのような学者が、一九世紀ドイツのユダヤ教学の影響のもとこのようなアプローチをとっていたことが思い起こされる。いずれにしても、こうした文献学的なアプローチは明示的に退けられる。というのも、こうした解釈態度においては、テクスト「に対し＝の上に（sur）」「身をかがめる」という態度が示すように、解釈者のほうがテクストに対して優位の姿勢に立つことが前提となっている。「下」に置かれたテクストのほうは、あたかも死したコーパスのように、後代のより客観的な解釈が施される対象にすぎなくなる。これにレヴィナスが対置するのは、むしろ現代の解釈者の無知である。「もしかすると、すべてはすでに〔…〕思考されていたかもしれない」のであって、それを知らないでいるだけかもしれないのだ。そこで求められるべきは、「耳をそばだて」ることくらいだ。すなわち、現代的な理解の枠組みのなかに、「対象」と化した「伝統」を入れ込むことではなく、「見かけ上の素朴さの裏に隠され」ていた「生き生き」とした鉱脈を探り当てようとする試みだ。だとすると、「振り返り（se tourner）」とは、単なる懐古主義的「回帰（retour）」にとどまらない。そうした「伝統」のほうに向き直り、それがすでに語っていたものを聞き漏らさないように耳をそばだてようとする態度であるとすら言えるだろう。

（四） さらに注目しなければならないのは、先の引用の末尾に示唆されているように、「アウシュヴィッツの後」における「生き生きとした伝統」への「回帰」が、キリスト教に対するある種の態度決定を伴っていることだ。上の引用の続く箇所にはこうある。

西洋において、こうした源泉は枯渇したとか、あるいはいっそう生き生きとした水に浸されたとかいう考えにユダヤ教を慣れ親しませたのはキリスト教である。ナチスの虐殺の後、自らをユダヤ人であるとみなすことは、つまり、ジュール・イザークが至高にも身を置いた面とはまた別の面で、あらためてキリスト教に対する立ち位置をとることを意味していたのである。［DL 9f／xiii-xiv］

ジュール・イザークとは戦後のフランスで「ユダヤ－キリスト教友好会」の運動に関わった人物のことだ。レヴィナスがここで、イザークとは別の面で「キリスト教に対する立ち位置」をとるというとき、それは単に「友好」的なものにはとどまらない。ユダヤ教の「源泉」がすでに「枯渇」したものであるとの考えをもたらしたものこそが「キリスト教」だと言われているからだ。この点については、以下第Ⅲ部でも確認したい。

実のところ、序文において、「ヒトラー主義による絶滅政策」が「一五世紀以上にもわたり福音を受けてきたヨーロッパにおいて生じえた」ことをわざわざ書き記す『困難な自由』は、その全体において、「キリスト教」に対する両義的な態度に貫かれているということすら可能だ。このことは、同書の目次を一瞥するだけである程度読みとることができる。同著は、初版でも第二版でも、第一部の「悲壮さを超えて」、第二部の「注釈」に続き、第三部を「論争」、第四部を「開放」としている。第一部では、ユダヤ教を主題とした論考が主に収められ、第二部にはタルムード解釈が置かれているが、第三部の「論争」とは、冒頭の小論「場所とユートピア」、ポール・クローデル論やシモーヌ・ヴェイユ論などの五〇年代前半のテクストが示すように、キリスト教的考えに対する「論争」を指すのである。ただし、『困難な自由』はキリスト教に対する「論争」的な姿勢にとどまるのではない。第四部では、五〇年代末からはじまる「ユダヤ－キリスト教友好会」の機運の高まりを受けて、「開放」が語られているのだ。こうした変化がどのような論理や情勢に基づいているかは後に検討するが、いずれにしても、『困難な自由』は「アウシュヴィッツの後」における「キリスト教」に対する「ユダヤ教」の立ち位置のゆらぎを全体を通じて示すものとも言えるわけだ。

キリスト教に対するこのような態度は、六〇年代以降のレヴィナスの思索および活動を知る者からすると、きわめて奇妙に映るだろう。『全体性と無限』の公刊以降のレヴィナスは、自身が「フランス・ユダヤ－キリスト教友好会」に積極的に関わり、教皇ヨハネ・パウロ二世をはじめとするキリスト教神学との思想的な交流を深め、さらには「ケノーシス」というキリスト教的な概念や「神人」というイエス的な形象を自らの哲学のなかに取り入れていく素振りを見せるようになるからだ。

これらの点は、本書の第Ⅲ部においてより詳細に検討していくが、この第Ⅱ部では『困難な自由』の時期のレヴィナスの思想の特徴およびその変遷に着目しよう。第1章では、『困難な自由』第一部に示されるユダヤ的「倫理」の思想と呼びうるものがいかなるものだったのかを指摘しよう。この思想は、いわゆるレヴィナスの「他者の倫理」と共通するようでいて決定的な差異を示す。ここでは、受動的な主体性ではなく、能動的に責任を担うべき主体性が掲げられるのだ。第2章では、レヴィナスによるシモーヌ・ヴェイユの批判的な読解を通じて、こうしたユダヤ的「倫理」の思想が、キリスト教思想への批判を伴うものであったことを確認する。だが、キリスト教への態度は『困難な自由』の只中においても注目すべき変容を示している。この変遷を第3章で見ていこう。第4章では、同書の後半でいくども主題的に掲げられる「イスラエル」という観念がどのようなものであったのかを確認する。

第1章　ユダヤ的「倫理」の生成——「倫理と精神」および「成年者の宗教」

まずは、『困難な自由』の巻頭論考「倫理と精神」を中心に見ていこう。(1) 一九五二年に雑誌『エヴィダンス（明証）』に掲載されたこのテクストが重要なのは、そのマニフェスト的な地位のためだけではない。実のところ、この論考は、「顔」という概念が登場する最初期の論考の一つでもあるのである。

他所で述べたように、(2)「顔」の概念は、レヴィナスの思想に最初からあったものではない。確認されるかぎりでは、一九四八年の哲学コレージュ講演「発話と沈黙」に現れ、その数年後に公刊された哲学論文「存在論は根源的か」（一九五一年）および「自由と命令」（一九五三年）において本格的に論じられることになる。これに対し、ほぼ同時期に書かれた「倫理と精神」では、「顔」の「倫理」というべき発想のある種のユダヤ教的な源泉が示唆されているとも言いうる。哲学論文とユダヤ教についての論考における「顔」の位置づけの関係を考えるためにも、ひとまずは後者でそれがどのように導出されているかを見る必要がある。

レヴィナスにおける「宗教」と「倫理」

「倫理と精神」の理路は若干入り組んでいる。冒頭では、序文に引き続き、キリスト教的な考え方への違和感が表明されている。レヴィナスは、戦後すぐの何名かのキリスト教の論者が具体的な社会問題や道徳の問題よりもむしろ

「内的経験」を重視する傾向を示したことに疑念を隠していない。こうしたキリスト教の側に見られる動きに対し、ユダヤ教は「倫理的関係において、その精神的な（spirituelle）意義を見出す」といって、対比を際立たせようとしている。つまり、「精神」とは、キリスト教の論者の言うように、内的な瞑想や超自然的なものに対する信仰に宿るものではない。「精神の宗教としてのユダヤ教」にあっては、「宗教」は「本質的に倫理的なものでなければならない」と言うのだ。つまり、「精神」が、内面性を脱却した次元において他者と関わる「倫理」と結びつく点に、キリスト教とは異なるユダヤ教の特質があるということだ。

このような「本質的に倫理的」な「宗教」としての「ユダヤ教」という考えに注目しよう。事実、この考えは『困難な自由』を貫くものである。同書において「倫理と精神」に続けて二番目に掲載されている「成年者の宗教」（一九五七年）のタイトルの言う、「成年者のための」宗教［DL 15／四］もまた、このような「倫理的」なものとしての「宗教」を指す。「顔」がどのように論じられているかを見るためにも、このような「成年者の宗教」の内実を確認しよう。

「成年者の宗教」の第一の特徴は、その合理主義的性格、あるいは非合理的宗教観の拒否にある。「〈非合理的なもの〉のスピリチュアリズムは避けがたく矛盾している」とレヴィナスは述べている。ここで退けられているのは、とりわけ人間への神の「憑依」、神との陶酔的ないし恍惚的な合一化といった、超自然的・神秘主義的・非合理的な体験を重視するような宗教観である。ルドルフ・オットーが「ヌミノーゼ」と呼んだ直接的な宗教感情もこのなかに含まれるし(3)、キリスト教に限られず、たとえばユダヤ教の内部であってもハシディズムなどこうした傾向をもつ宗教観に対して、レヴィナスは批判的な態度をつねに保っている。『困難な自由』の第一部の章題に付された銘には、「彼らが酔ったまま至聖所に入らないように」という「レヴィ記」（一〇章二節）についてのラシーの注釈の一文が選ばれているが、たびたび指摘されるように［Simhon 2005, 608; Bienenstock 2009, 210］、このことは、「成年者の宗教」が一切の宗教的熱狂（enthousiasme）を拒否することを示すものである。

ただし、こうした「聖なるもの」や「熱狂」は、単にそれらが非合理主義的であるという理由からのみ拒否されているわけではない。いっそう根本的には、内的交感や合一化を説く宗教観の内面的な性格が問題となっている。すなわち、外部的・超越的なものが、信仰主体の内面へと回収される点が批判されているのである。

この点では、「ファリサイ派は不在である」という一九五九年の小論が興味深い。[4] ファリサイ派とは、古代イスラエルにおいて存在した律法の解釈を重視するユダヤ教内の立場のことである。一般的には、形骸化した律法を堅固に保守する立場として否定的に描かれることが多いが、レヴィナスは、この小論で、現代の「若いユダヤ人の世代」にはこうした存在が欠けているとし、逆にファリサイ派的な態度の今日的な意義を説こうとする。

「ファリサイ派の不在」は単に近代文明の浸透による宗教的価値の衰退の問題ではない。問題は、「宗教」として何が保持されるかにある。同論考の末尾では、「精神がドラマと混同され、ユダヤ人がハシディズムの小話しか理解されなくなったこのロマン主義的な時代」と言われるが、ここにもハシディズムに対するレヴィナスの態度が表れている。こうした内面における交感を重視する宗教思想に対し、「外部をもつこと、外部から来るものを聞くこと」の必要性が喚起されるのである。

ここで「外部」と言われているのは、人間の合理的把握を超えた、信仰の対象としてしかありえないようなもののことではない。さらにそれは、個々人の「内面」に顕現する超越的な神的存在のことですらない。端的に言えば、「律法」のことである。すなわち、「内面的な生の限界を超え出た〈現前〉を体感し」、「認識」するためにこそ、「律法」へと立ち戻る必要があると述べるのである。この点でレヴィナスは、ファリサイ派の律法主義をむしろあえて引き継ぎ、律法の合理主義的な解釈を重視するラビ派ユダヤ教の伝統に自らの身を定めているのは疑いない。

ただし、こうした律法主義の再建は、律法に書かれたものを盲目的に遵守するという意味での教条主義に向かうものではない。「外部」としての「律法」の意義は、それが「解釈」を要請する点にある。しかも、ソクラテス的産婆術のように自らの「内部」にあったものの「想起」というかたちではなく、「外部から来るものを聞くこと」を要請することだ。「律法」に書かれた神の命令を――体感するのではなく――解釈すること、それはさらに、解釈がなされる場としての「対話」を要請する。「賢者から賢者への、師から生徒への、生徒から師への対話」を通じた解釈により、「もはや悲壮的ではない人間なるものの崇高な形態」が現れるというのである〔DL 50／四〇〕。

したがって、「外部から来るものを聞くこと」とは、内面における神との対話でないばかりか、一人書物に向かってなされるものでもない。あるいはさらに、そこに書かれていることを字義通りに遵守することですらない。「律法の学び」は「人間との関係」においてなされることを本義としている。「律法の学び」は、「師」と「弟子」のあいだの――とりわけ口承の――「教え」を通じてなされなければならないということである。

「成年者の宗教」に戻ろう。そこでは、「人間の存在は〔…〕、神のことばが知性に出会う真の場所である」〔DL 30／二〇〕と言われている。この「場所」とは、神との無媒介的な関係ではなく、このような「学び」における対人関係を通じてこそ神との関係が開かれるということを意味している。さらに「成年者の宗教」においては、「人間との関係を通じて神の現前を感じる」〔DL 31／二二〕とか「私の他人との関係を通じて、私は神との関係にある」〔DL 33／二三〕と述べられているが、ここに言われる「神の現前」ないし「啓示」ですら、超自然的なかたちで個々人の内面に無媒介的に与えられるのではない。それが書き込まれた「律法」をめぐる、人間同士の対話的・解釈的な関係を前提とするのである。別なテクストではいっそうはっきりと次のように述べられている。「神と人間の関係は、受肉した神の愛における感情的な交感ではなく、教えを介した、トーラーを介した、精神と精神のあいだの関係である」〔DL 204／一九三〕。つまり、――いささか「人間‐神」の「宗教的」な「相関関係」に対し「人間‐人間」の「相関関係」を「倫理的」と呼ぶヘルマン・コーエンに似て――〔cf. Cohen 1915〕、「神と人間の関係」が現れる場としての「精神と精神のあいだの関係」つまり「人間との関係」にこそ、「倫理的」という形容を当てはめられるのである。

以上が、ユダヤ教という宗教が「本質的に倫理的なものでなければならない」というレヴィナスの主張の意味である。すなわち、『困難な自由』において、「倫理」としての「宗教」と言われるものとは、なんらかの道徳規範のことでも、歴史的もしくは社会的な宗教制度のことでもなく、恍惚や内的交感の拒否、外部性としての「律法」、それをめぐる対話的な解釈（「教え」と「学び」）といった特徴をもつ合理主義的な「成年者の宗教」を内実としている。「教え」と「学び」からなる「人間との関係」を形容するのが、「倫理的」という言葉の意味なのである。

「暴力」と「言語」

ただし「倫理と精神」が重要なのは、「成年者の宗教」の倫理的性格を述べるにとどまらず、「倫理」そのものについてのいっそう具体的な考察を展開しようとしているからだ。

この点で無視できないのは、まさしく「倫理と精神」とは何かを説明するために、いささか唐突に「暴力の拒否」という論点が提示されることだ。「精神的生という用語以上にあいまいなものはない。この用語をはっきりさせるために、そこから暴力へのあらゆる関係を排除することはできないだろうか」と言う［DL 18／八］。

だが、ここでの「暴力」という用語自体もまた、かなり唐突なものに見える。「自分が一人で行為しているかのように行為する行為＝作用（action）はいずれも暴力的だ」と言われ、さらにビリヤードの球が別の球に衝突することも、嵐が農作物を荒らすことも、主人が奴隷を酷使することも、全体主義国家が市民を軽視することも、いずれの「行為＝作用（acte）」も等しく「暴力的」だと形容されるからだ。

このような規定はそれこそ暴力的にも見えかねないのだが、レヴィナスはどうしてこのようにあらゆる「行為＝作用」が暴力的だというのか。

よく見てみると、これらの例には一つの共通した性質がある。「世界のそれ以外の部分が行為を受けるためにしか存在しないかのように」、「どの点でも私たちが協力者とはならずに行為を受けること」と補足されているように、これらの「暴力」の共通点は、行為の向きが一方向的であること、あるいは少なくとも非対称的であることにある。独裁者に隷従する市民も、衝突を待つビリヤードの球も、嵐に翻弄される農作物も、行為を受ける側は、それを受けるだけであり、この方向が反転することがない。受け手が行為主体になることはない。このように、受け手を受動的な状態のままにし、「自分が一人で行為しているかのように」行為することが「暴力」的な「行為」と言われている、とさしあたり解釈できる。

もちろん、このように理解したとしても、ヘーゲルやサルトルが指摘したような暴力の弁証法的な性格が抜け落ちているという反論は可能かもしれない。この点についてレヴィナスにおける「暴力」の哲学的な意味に関しては論文「自由と命令」や『全体性と無限』を参照することができるが(5)、ここで深入りはしないでおこう(6)。少なくとも「倫理と精神」における当面の目的は、このように規定された暴力を免れるものを規定することにある。こうした一方向的、非対称的な力の行使を逃れるもの、それは「理性と言語」にほかならない。「理性と言語は暴力の外部にある。精神の秩序とはそれらなのだ！」[DL 19/八]。

ただ、こうした宣言も、距離を置いて見ると当惑を誘わずにはいない。レヴィナスは、第二次世界大戦がそうであったように、「理性」ないし「合理性」と呼ばれるものこそがある種の「悪」を生じさせたという考えにはいたらないのだろうか。「普遍的な理性」の暴力に思いをはせることはないのだろうか。「言語」こそが憎しみや冷笑を直接・間接的に他者に浴びせかけることで、身体的な暴力以上の傷を与えうることを無視しているのだろうか。非暴力的な理性、非暴力的な言語などというものはいかにしてありうるのか。

おそらくレヴィナスが『困難な自由』において「理性と言語」を「非暴力」なものと呼ぶとき、この二つをきわめて特殊な意味で理解しているように思われる。

興味深いことに、この「暴力」と「言語」の対立は、先述の「聖なるものの宗教」と「成年者の宗教」の対立に対応している。内的交感を説く「聖なるもの」の宗教は、外部性を欠くだけでない。それは神への恍惚的合一化であれ憑依（possession）や融即であれ、個々人の自由や自律性を奪うことに帰着する。そこにこそ、「聖なるものの宗教」には、レヴィナスの言う意味での「暴力」がある。「私を包み込み私を運び去る聖なるものは暴力である」［DL 29／一九］。このようなあらゆる意味における possession の拒否、つまり「憑依」かつ「所有」としてのそれの拒否こそが、彼の宗教論と暴力論をつなぐものである。内的交感における「憑依」と同様、「認識」において対象を一方的に「把握」「所有」「把捉」することこそが「暴力的」だということだ。

> 暴力的なものは、自己から出ることはない。それは把握（prend）し、所有（possède）する。憑依=所有は独立した実存を否定する。所有すること（avoir）、それは存在を拒否することである。暴力は至高であるが孤独である。熱狂や恍惚や狂乱のなかで暴力に従うこと、それは憑依=所有されることだ（être *possédé*）。認識すること、それは対象を――人間であれ人間集団であれ――を把捉（saisir）することだ。［DL 22／一二］

これに対し、「理性と言語」は、一方向的な「憑依=所有」（「把握」、「把捉」、「認識」等々）とは異なるかたちの「人間との関係」を示す。一方向的な力の行使にならない「言語」とはどのようなものだろう。ここでの「言語」とは、日本語やフランス語のような言語体系ではなく、「言葉を発する」という具体的な体験が念頭に置かれているように思われる。ただし、「言葉を発する」と言っても、単に物理的な音声を発することではない。録音ないし自動生成された音声放送がそうであるように、「音声の発出」は、一方的な関係にとどまりうる。誰もいない店内で「いらっしゃませ」と言い続ける放送音声のように、「音声の発出」は受け手がいなくても成立する。対話相手の自立性や「自由」を否定ないし無視するかたちで「自分一人が行為するかのように」言葉を発し続ける場合、それは「発声」にはなっても、「発話」にはならない。これに対し、「言語」が、単なる「発声」ではない「発話」として成り立つためには、受け手との相互承認が欠かせない。「発話すること（parler）とは、他人を認めると同時に、他人に認めてもらうことだ」［DL 20／九］という発言はきわめて重要だ。このように、レヴィナスは、「発話」としての「言語」における「他人を認めると同時に、他人に認めてもらう」という相互性に注目している。こうした非一方性が、「発話が含むこの交渉がまさしく暴力なき行為」であるための条件だというのだ。

したがって、ここでの「発話」は「対話」という形式をとらなければならない。ただし、この「対話」における「認めてもらう」とは、発話内容が肯定されたり、発話主体のなんらかの欲望が承認されることではない。発話の主体の行為が「発話」であるということ自体が承認されていれば足りる。この意味では、たとえ対話相手が「無視」したとしても、それが発話がなされていることを認識した上で故意になされているのであれば、一つの「対話」であると言えるだろう。そもそも、レヴィナスにおける「対話」では、なんらかの情報の伝達が必要条件とされていない。情報の授受が問題であれば、伝言、書簡、書物、痕跡等々のように、「対話」の状態における「発話」がなくとも成立してしまうだろう。

情報伝達も発話内容も必要としない「対話」——このような「対話」を例証する行為は、「挨拶」である。今引用した一節に続いて、次のように言われる。「他人は単に認められるのではなく、挨拶されるのである」。「他人」とは、その人についてなにがしかのことを語りあう主格的な実体であるまえに、呼格の相手である。「知られることにすら先立って対話相手として」現れる者こそが「他人」である。したがって、ここで問題になっているのは、何を語るかではない。レヴィナスのいう「言語」とは、なんらかのメッセージを伝えるコミュニケーションの手段としてはほとんど考えられていない。むしろ、「挨拶」という、コミニュケーションの手前で、対話の状況にそもそも入ること、（その後に実際にコミュニケーションするかどうかはともかく）コミュニケーションを成立させる条件を作ることと考えることができるだろう。ここから「対話の哲学」やコミュニケーション倫理を引き出すことが可能かはわからないが、ここにこそ非対称ならざる、暴力的ならざる対他関係の基盤があるというのだ。

ユダヤ教論考における「顔」の出現

このような、非一方的であるがゆえに非暴力的である「発話」＝「対話」において、「認め」たり「認められ」たりするもの、それはしたがって、発話内容でも、対話主体のなんらかのステータスでもない。そうではなく、そこに自らが「所有」「把握」できないような対話相手がおり、この相手との「暴力的」ならざる関係が成立しているということだ。そして、「倫理と精神」が「顔」と呼ぶものは、この意味での対話相手にほかならない。

レヴィナスは、「他人を認めると同時に、他人に認めてもらう」という相互性を、「まなざしをまなざす」と言い換えている［DL 20／一〇］。「発話することは、平等という道徳関係を樹立する」とされるが、ここでの「平等という道徳関係」とは、このように一方向的ならざるという意味での非暴力的関係と捉えるべきだろう。いずれにしても決定的なのは次の一節だ。

> 人はまなざしをまなざす。まなざしをまなざすこと、それは、自らを遺棄したり自らを引き渡したりするのではなく、あなたをめざす（viser）ものをまなざすことだ。それは、顔（visage）をまなざすことだ。［DL 20／一〇］

気づかれるように、このような議論の筋道は、とりわけ同時期の「哲学論考」である「存在論は根源的か」および「自由と命令」によっていっそう概念的に示され、『全体性と無限』のなかに組み込まれることになるものと基本的に同様である。ただし仔細に読むと、『困難な自由』において「顔」論は、哲学論考とは異なる射程をも有している。これら哲学論考における「倫理」の思想については前著『レヴィナスの企て』に譲るとして［渡名喜 二〇二一、第Ⅳ部］、「倫理と精神」がどのように「顔」を導出するか確認しておこう。

第一に、「まなざす（regarder）」という視覚的な語彙が用いられているとはいえ、視覚の対象として現れる物体が問題になっているわけではない。それは通常「顔」と呼ばれているもの、つまり「鼻、額、眼等々の組み合わせ」といった身体の部位を指すのではない。語源的にはどれほど矛盾しようとも、「顔」は、「見ること」ではなく、「発話すること」に対応するのである［cf. Courtine-Demany 2015］。

このような視覚的対象ではなく声を聞く対象としての「顔」という発想については、そのヘブライ語の語源を頼りに、聖書における、神と「顔と顔を合わせて（panim el panim）」語ったが（「出エジプト記」三三章一一節）、神の声は聞けども姿を見なかったモーセを思い起こすこともできるかもしれない（「出エジプト記」三三章二三節、「申命記」四章一二節）(7)。あるいはマイモニデスのように、こうした聖書の記述に基づいて「顔」の定義を試みることもできるかもしれない。シュムエル・トリガノがレヴィナスに「ユダヤ哲学」を見出すときに依拠するのはこうした鉱脈だ［Trigano 1998］。ただし、一九五二年の「倫理と精神」は、少なくとも明示的な身振りとしては、こうした言及は一切行なっていない。むしろ、その最終節が示すように、同論考の目的は、彼自身の哲学論文における「応答責任」概念を予告するかのように、「汝殺すなかれ」という戒律を通じて「道徳意識」という考えを提示することにある。

事実、そこには、レヴィナスの「顔の倫理」と呼びうる思想の概要がすでに示されている。「顔」は、「殺したいと思いうる唯一の存在」であるが、「所有への絶対的な抵抗」を示す。「顔」を見ること、それはすでに「汝殺すなかれ」を聞くことである。そして「汝殺すなかれ」を聞くことは、「社会正義」を聞くことであると述べ、この「普遍的」な「社会正義」を担うものこそが、「道徳的」な「意識」の「私」だというのである。

> 普遍性は、自我というもの――私自身ではなく、正面から見られた自我――がありうるという、つまるところ例外的な事実によって樹立される。それは、すなわち、主権的で、ナイーヴにも世界を侵略する〔…〕自我が、顔を見てとり、殺すことの不可能性を見てとるという、この例外的な事実による意識のことである。［DL 22／一二］

レヴィナスにおいて「汝殺すなかれ」という戒律が示す「殺すことの不可能性」は、殺してはいけない、あるいは他人の生は尊重されなければならないという道徳的な規範のことではない。「顔」が、「殺したいと思いうる唯一の存在」であるのは、「顔」が「道徳的な」存在だからである。レヴィナスは、もちろん人間が他人を現実的に殺害してきたことを無視しているのではないし、そうした行為を法的ないし道徳的に禁止すべきと言いたいのでもない。そうではなく、「他人」の「殺害」は「道徳的」に不可能だと言っているのである。

どういうことか。「私」は、自分の「主権性=至高性」を発揮するかのように自分以外のすべてのものを「侵略」しようと試みるのだが、これに対して「顔」は、「所有への絶対的な抵抗」を示す。「他人」が「他人」ではなく、（生物学的にはヒトであるにせよ道徳的に）ただの物体とみなされるとすれば、その場合は「侵略」は可能だろう。ただし、それは「処理」ないし「処分」と呼ぶことはあっても「殺害」とは言うまい。「殺害」が狙うのは、そうした物体とは異なる「他人」にほかならない。

けれども、逆説は、この「他人」の「殺害」に成功してしまえば、この「他人」は「他人」ではなく、「処理」可能な対象にすぎなかった、ということが成り立ってしまう点にある。この点においてこそ「他人」は「殺害」しうると同時に、「殺害」することは不可能だということになる。その意味において、「他人」の存在は、「私」の「主権」に限界があること、「私」はすべてを「所有」できるわけではないことを教えてくれる。「私」以外にも、私と同じくらい独立した、自由な存在がいることを認めなければならなくなるからだ。「汝殺すなかれ」が示す「殺すことの不可能性」というのは、こうした「私」の限界の承認であると同時に「他者」の他者性の承認である。

　このように、一九五二年の時点ですでに、「他人」の「顔」、「殺すことの不可能性」、「道徳的」な「意識」というかたちで、レヴィナスの「倫理思想」の原型がある程度確立していると言える。ただし、あらためて強調しておくべきは、「倫理と精神」においては、こうした思想の導出が、――ユダヤ思想の伝統に依拠する身振りは見せないにせよ――「成年者の宗教」としてのユダヤ教の特徴づけと同様の論理に基づいていることだ。

　その論理とは、繰り返しておけば、「憑依=所有」の「暴力」の拒否を根幹にもつ。神秘主義的、非合理主義的、融即的等々さまざまなかたちをとる「聖なるもの」の宗教における「憑依（possession）」を退けることで「本質的に倫理的な宗教」がありうるのと同様に、他者に対し一方的な作用を押しつけその独立性を否定する「認識」による「所有（possession）」を退けるかたちで、「主体」は「顔」に対する「道徳意識」として規定されることになる。[8] このように、「憑依=所有される」ことの拒否――裏返せば、「私」に求められる能動的かつ主体的な「責任」――という考えこそが、その後に流布するレヴィナスの「顔の倫理」にどれほどそぐわないとしても、この時期のレヴィナスにおける「ユダヤ教」と「倫理」を結びつけている。つまり『困難な自由』の「顔の倫理」は、後のレヴィナス自身のテクストに見られる受動性を特徴とするそれとは一線を画すものなのである。

第2章　シモーヌ・ヴェイユに抗するエマニュエル・レヴィナス

「シモーヌ・ヴェイユが『根をもつこと』で規定したもろもろの要請を考慮することなしにはヨーロッパの再生を思い描くことは不可能に見える」――シモーヌ・ヴェイユが書き残したものに衝撃を受けたアルベール・カミュは、このように述べて自らが主幹するガリマール社の「希望」叢書から『根をもつこと』（一九四九年）をはじめとするヴェイユの一連の著作を公刊した［Camus 2008, 865］。夭折したこの哲学者の「狂気」も辞さぬ「知性」は、このようにして戦後のフランスの言論界の表舞台に現れることになったわけだ。

けれども、ヴェイユのテクストには、一部の読者を「傷つけ」かねないものがある。これが『困難な自由』におけるレヴィナスの立場である。問題は、ユダヤ教に関するヴェイユの主張である。とりわけヴェイユの『重力と恩寵』や『ある修道者への手紙』（レヴィナスが実際にヴェイユを引用するのはほとんどすべてここからである）では、きわめて辛辣な表現で「ユダヤ教」、「イスラエル」、「旧約聖書」に対する批判が展開されている。たとえば、「ヘブライ人」は、「選ばれた」「人種」、「民族」として、自らが多民族を虐殺することで征服した「土地」に固執する「偶像崇拝」の民であるとか、あるいは「イスラエルは宗教的な巨獣（gros animal）」であるとされ、「ローマ帝国」と並んで、「ヒトラー」の「全体主義」に連なるとすら言われる［Weil 1999a, 988／二二六；1988, 183／二七八］。ユダヤ人共同体を主な読者層とする『エヴィダンス』誌に「倫理と精神」と同年に「聖書に抗するシモーヌ・ヴェイユ」を寄せたとき、レヴィナスは、ヴェイユに「世界の苦しみ」を自らのものとして生きた「聖人」の姿を認めつつも、「いかに彼女について語るか、とりわけいかに彼女に抗して語るか（contre elle）」を自らの課題とした［DL 189／一七八］。戦後フランスにおけるユダヤ人に向けて道徳的な指針を提示しようとしていたレヴィナスにとって、ヴェイユのあまりにも激しい文言は釈明を要するものだったのだ。

ただし、レヴィナスはヴェイユの「反ユダヤ主義」的に見えかねない主張に直接対応することはしない[9]。彼は、ヴェイユの発言は古代の「ヘブライ人」に関わるものであっても、「亡命以後のユダヤ教」［DL 191／一八〇］に関わるものではないと述べるにとどめている。レヴィナスの主眼は、ヴェイユの「キリスト教的思想」に見られる「反聖書的情熱」［DL 189／一七八］に批判を加えることにある。つまり、単にヴェイユが「トーラーを何も理解しなかった」［DL 204／一九四］だけではなく、いかにユダヤ教を「堂々と無視した」のか、これをとりわけヴェイユを読み、「傷つ」きうる者たちに対して説明することにあった[10]。このように、ここで想定されている読者は、ここでもまた、夭折から「復活」した聖女シモーヌ・ヴェイユの過激な「ユダヤ教」批判にとまどいかねないようなフランスのユダヤ人たちであった。

本章が『困難な自由』におけるヴェイユ論にことさら注目するのは、第一にそれが、前章で確認したような一九五〇年代初頭にレヴィナスが抱いていた思想の道筋――とりわけ、「顔」や「責任」の倫理の思想のなかで能動的主体性を主張するにいたる道筋――をいっそうくわしく確認させてくれる点にある。それればかりでない。このテクストは、先に指摘したようなキリスト教をめぐって『困難な自由』全体にわたり展開される思想の動きを示すものだと思われるのだ。さらに、『困難な自由』におけるヴェイユ論を足がかりとすることで、本書の第Ⅲ部において確認する、六〇年代以降のレヴィナスのキリスト教に対する姿勢の変容にも一定の視座を得ることができるように思われる。こうした点を念頭に、まずはヴェイユ論の主要な論点に触れつつ、その概要を確認しよう。

「根づき」と「根こぎ」

レヴィナスがまず問題にするのは、ヴェイユの著書のタイトルとなった「根をもつこと＝根づき（enracinement）」の概念そのものである。ヴェイユは『根をもつこと』において、「根づき」を「人間の魂のもっとも重要かつもっとも誤認された欲求」であるとし、これを、現代文明の根本的な「病」たる「根こぎ（déracinement）」に対置する［Weil 2007, 61f／上六四―五］。人間は、「道徳的、知的、精神的生」において、自らが「自然に参与する環境」に「根（racine）」をもっていなければならないにもかかわらず、実際には社会的・政治的諸条件によりこの「根」をもぎ取られ、いわば「根なし草」のようになっている。これに対し「根をもつこと」こそが、第二次大戦以降の新たな文明の原理とならねばならないとヴェイユは言う。ところで、ヴェイユにとって、「ユダヤ人」こそ、このような「根こぎ」の典型であり、これまでの文明を堕落させてきたものの一つ、しかも歴史的にはその起源にあたるものにほかならない。ヴェイユは、そこにヨーロッパの不幸の源泉があると述べることをためらわない。「ユダヤ人という一握りの根こぎされた者たちが地上全体の根こぎを引き起こしたのだ」。いわんや、この源泉から出発してこそ「根こぎされたヨーロッパは植民的征服によって他の世界を根こぎした」のであり、「資本主義や全体主義もこの根こぎの進展に属する」とすら言ってのけるのである［Weil 1988, 190／二八七―八］。

これに対するレヴィナスの応答は興味深い。レヴィナスは、こうした見解を事実誤認として退けるのでも、その「反ユダヤ教主義」を思想史的に批判するのでもない。ヴェイユの言う「根づき」と「根こぎ」との関係を完全に逆転させ、むしろ「根こぎ」に積極的な価値を与えようとする。「パガニズムとは土地的精神、残酷で無情なものにおけるナショナリズムである」［DL 195／一八四］と、ヴェイユとはほとんど逆のベクトルにおいて、「ナショナリズム」的な性格を「根づき」に読み込もうとするのである。

この応答は、アドホックなものではなく、レヴィナス自身が培っていた考えに基づいている(11)。前著『レヴィナスの企て』第Ⅰ部で触れたように、レヴィナスは、三〇年代にすでに「ヒトラー主義の哲学」に「パガニズム」的性格を認めていたが、ヴェイユの「根づき」も同じ視角から解釈される。レヴィナスは、一貫して「パガニズム」の用語を「語源的意味」で、すなわち土地に土着する者という意味で捉えている。三〇年代のレヴィナスによれば、「パガニズム」とは人間をその存在条件（たとえば人種）へと連縛する点で「ヒトラー主義」の特徴ですらあったのであり、これに対して「ユダヤ的存在様態」とも言いうる「根こぎ」、つまり「我が家にいないという不安感、そこから抜け出そうとする力」が対置されていたのである［Herne 150／一一〇］(12)。後年には、ふたたび同様の視角から、後期ハイデガーの思想にも「根づき」と「パガニズムの永遠の誘惑」が読み取られ［DL 325／三一〇］、これに「場所に対してつねに自由であった」ユダヤ教が対置されるだろう［DL 326／三一一］。すなわち、ヴェイユと同様レヴィナスは「ユダヤ人」に「根こぎ」を見つつも、しかしヴェイユのようにそこに「全体主義」に連なる萌芽を見るのではない。逆に「ヒトラー主義」的パガニズムや後期ハイデガーの土着的思考に「根づき」の思想を見ることで、逆にユダヤ的「根こぎ」の積極的価値を浮かび上がらせるのである。

「ヨーロッパの不幸」

この「根こぎ」と「根づき」についての解釈のずれは、さらなる重要な論点と結びつく。キリスト教的ヨーロッパがかつて持っていた精神的価値を喪失し「精神的に根こぎにされてしまった」［Weil 1999a, 994］ことを嘆くヴェイユに対し、レヴィナスは、今しがた確認した解釈に基づきこう述べる。「しかし、ヨーロッパの不幸は、キリスト教がそれを十分根こぎしなかったことにあるのではないか」［DL 195／一八五］。「根こぎ」の意義はユダヤ人に課せられるだけではない。キリスト教において「根こぎ」が不十分であったことこそが、「ヨーロッパの不幸」をもたらしたのではないか、とヴェイユに突きつけるのである。

この「ヨーロッパの不幸」および「悪」という問題系は、先述のとおり、『困難な自由』全体を貫く問いにほかならない。同著序文では、「一五世紀以上も福音を受けてきたヨーロッパにおいて生じえたヒトラー主義による絶滅の翌日、ユダヤ教はこれらの源泉に向き直った」[DL 9／xiii] とあるが、レヴィナスのヴェイユ論は、このような一九五〇年代前半の彼のキリスト教批判がどのような論理に支えられているかを明らかにしてくれるだろう。

『困難な自由』に収められた、ヴェイユ論にわずかに先立つ五〇年に書かれた「場所とユートピア」では、要点がいっそう簡潔にまとめられている。「ほかにも多くの恐怖があるが、そのなかでも、自らの身を防ぐこともできなかった六〇〇万人の人々の絶滅政策こそが、二〇〇〇年かけてもキリスト教がより善いものにすることのできなかった世界において、キリスト教が獲得したヨーロッパから多くの威信を奪い去った」と述べたあと、レヴィナスは「政治的・社会的な次元でのキリスト教の不成功は否めない」と言う [DL 144／一三五]。このような「政治的、社会的な次元でのキリスト教の不成功」という認識こそ、先に触れた「倫理と精神」や「成年者の宗教」に見られるキリスト教に対するユダヤ教の倫理的・道徳的意義の強調の背景にある。ヴェイユ論では、この「不成功」が「〔ヨーロッパを〕十分根こぎしなかったこと」に認められるわけである。

ただし、レヴィナスは、ナチスの絶滅政策に対しキリスト教会が実効的な立場を採れなかったことをあげつらおうとしているわけではない。ここで問題になっているのはあくまでレヴィナスがキリスト教のものとする根本的な「考え」である。この点については、『困難な自由』所収の別の論考「今日のユダヤ思想」の以下の一節が重要である。

> ヒトラー主義の醜悪さが福音を受けたヨーロッパで起こりえたということ、このことによってユダヤ的精神のうちで揺るがされたのは、キリスト教的形而上学がもちえた次のような考えである。長いあいだキリスト教との近さに慣れてきたユ

ダヤ人にとっては是認できるものだったこの考えとはすなわち、地上の正義に対する超自然的救済の優位という考えである。この優位は、地上におけるかくも多くの無秩序、人間の遺棄状態（déréliction）の極限を、少なくとも可能にしたのではないか。［DL 225f／二一三］

見られるように、「政治的・社会的な次元でのキリスト教の不成功」の背景には、「地上の正義に対する超自然的救済の優位」という概念的な構図がある。この考えがいかなるものかは以下で詳しく検討するが、さしあたり指摘しておきたいのは以下の点である。この引用では、こうした考えが「長いあいだキリスト教との近さに慣れてきたユダヤ人」には「是認」されてきたと言われているが、強調すべきは、この引用箇所の数行先で明かされるように、そうした親キリスト教的「ユダヤ人」の代表は、ベルクソンおよびシモーヌ・ヴェイユなのである。

内面性か活動か

未公刊のままにとどまっていたが、レヴィナスは、ベルクソンが死の直前に当時のヴィシー政権の反ユダヤ主義的政策に従って自らをユダヤ人として登録したことに触れつつ、その功績を讃える短文を残しており［OI 219／二五三］、ベルクソンを必ずしも一貫して「親キリスト教的」とみなしていたかは定かではない。それゆえここでのベルクソンへの言及の文脈は不明だが(13)、これに対し、ヴェイユのほうは理由がなくはない。上の引用に見られる「超自然的救済」と「地上の正義」との対置は、レヴィナスのヴェイユ論のなかでは、ヴェイユが望みを託す「超自然的愛」と、それに対してレヴィナスが提示する「活動」との対置として論じられているのである。ヴェイユの「超自然的愛」に対するレヴィナスの批判を見ることで、先の引用に見られるキリスト教的批判、およびそれを通じたユダヤ教の倫理的意義の称揚というレヴィナスの身振りが具体的にはどのようなものかが理解されるだろう。

人間の「不幸」や「受苦」にとりわけ注目しつつ、「不幸」や「受苦」を通じた「神の愛」を提示する晩年のヴェイユ思想に、レヴィナスは「矛盾」を指摘することもためらわない［DL 198／一八八］。このような「超自然的愛」とは「もっとも活発な慈愛の根底における、無垢な者たちの不幸の甘受」ではないかと言うのだ。レヴィナスにとって、「無垢な者たちの受苦という矛盾の関係は、愛の内面性においては乗り越えられない」。この矛盾を乗り越えるためにレヴィナスが提示するものは、なんと「活動」［DL 198／一八八］である。

実際、後年のレヴィナスにおける主体性の概念が自発性や活動性を排した「あらゆる受動性よりも受動的な」ものとして形容されることを知っている読者にとってはきわめて驚くべきことに、この「愛の内面性」に対する「活動」の優位という主張が、レヴィナスのヴェイユ論の結論なのである。「われわれは〔顔との〕関係を思考するのではなく、関係のうちにある」と言いつつ、レヴィナスはこう付け加える。「内的瞑想が問題なのではなく、活動が問題である」。さらに、最終段落において、「内面性を超えた活動」への言及で論が締めくくられる。

実は、このような「内面性」を超えた「活動」という発想は、ヴェイユ論にたまたま見られるものではなく、一九五〇年代（とりわけ初期）のユダヤ論考のむしろ中心的なテーマ系をなすものですらある。たとえば、先述の五〇年の論考「場所とユートピア」においては、キリスト教的思想がとりわけその超自然的救済という概念のもとで「現実の重みを過小評価」すると言われ、これに対して「現世につなぎとめられた」ユダヤ教の思想が対置されている。レヴィナスによれば、後者の思想こそ、「他者たちへの注視（attention）」、「意識」に基づいた「正義」を求め、そのために「倫理的活動を選択する」ことを求める［DL 145／一三六—七］。こうした「超自然的救済」というキリスト教的発想と、「現世」における「倫理的活動」ないし「地上的正義」というユダヤ的思想の対置こそが、レヴィナスのヴェイユ批判、とりわけその結論である「内面性を超えた活動」というテーゼを支えているのである。

倫理としての赦し

このように、レヴィナスは「キリスト教」的な考えのうちに読みとられた「地上の正義に対する超自然的救済の優位という考え」に「倫理的活動」を対置するわけだが、この身振りはレヴィナスが――「ユダヤ教」に結びつけながら――「倫理」と呼ぶものの特徴をいっそう理解させてくれるだろう。とくに、ヴェイユ論はもとより、『困難な自由』に収められた同時期のいくつかのテクストに見られる「赦し」の問題系は、この点できわめて重要である。『困難な自由』の「赦し」論はきわめて独特だ。たとえば、ヴェイユ論では、「無限の赦しの可能性は無限の悪を招く」と述べられている。つまり、驚くべきことに、「超自然的救済」ないし「超自然的愛」から導かれる、神による「無限の赦し」という発想に、レヴィナスは「無限の悪」の可能性を見ることを厭わないのだ。

ただし、誤解のないように言えば、このような主張は、神の無力を嘆く弁神論的な議論を目指すものではない。あるいは、ハンス・ヨナスのような「アウシュヴィッツ以降の神」という観点は少なくともこの時期には現れていない [Jonas 1984]、マルティン・ブーバーに認められる「神の蝕」という論点も直接の対象にはなっていない [Buber 1953]。むしろ『困難な自由』においては――ストラスブール近郊の強制収容所に関する小論「シュトルートホフについて」および「犬の名あるいは自然権」という特筆すべき小論を除いて――、「アウシュヴィッツ」に関わる問題は主題的に扱われていないことを強調しておくべきであろう。ちなみに、この問題系がレヴィナスにおいてはっきりとしたかたちで浮かび上がってくるのは、先に触れたように、近親者を含むナチズムの犠牲者に捧げられた一九七四年の『存在の彼方へ』以降のことである。

これに対し、一九五〇年代の『困難な自由』における「無限の悪」の議論は、「神」の不在ないし「蝕」ではなく、人間的な「責任」を強調するためになされていると言ってよい。たとえば、「成年者の宗教」の「責任」と題された節では、タルムードの議論を引きながらこう述べている。

神に対してなされた罪は神の赦しに属する。人間を襲う罪は神には属さない。〔…〕誰も、神でさえ、犠牲者の身代わりになることはできない。赦しが全能である世界は非人間的である。［DL 37／二八］

レヴィナスは、これを自らの主張としてというより、タルムードの「厳格な教説」に基づくものとして提示する。それは、「全能」の神が不在となった、「絶望」を誘うような非人間的な世界を描くものではない。ここに主張されているのは、そうした世界の非人間化を避けるために、当事者としての人間こそが「責任」を担うべきということだ。「人間の人間に対する人格的な責任は神によっても無効にされえない」。問題は、神が無力かどうかではなく、「人間の人間に対する責任」は神の管轄には属さないということだ。

あるいは、『困難な自由』には、「タリオ法」という、「目には目を、歯には歯を」の考えを示す聖書の規定をレヴィナス自身が弁明するきわめて特異なテクストもあるが、この小品もまた同様の見地から読まれるべきである。「レヴィ記」に見られるこの「同害刑法」の規定は、恐怖による支配や冷徹な現実主義や報復の指南を告げているものではまったくない。そうした表面上の「残酷さ」の裏に示されているのは、人間が担うべき「正義」にほかならない。ラビたちは、この規定を字義通りに理解したわけでも実践したわけでもない。そこに示されているのは、復讐心でも、神的な懲罰への期待でもなく、法的次元での公正な刑罰および補償の必要性だという。そこには「正義が人間的なものとなるドラマ」があるというのである［DL 208／一九七］。

ヴェイユに戻るならば、彼女がヘブライ人たちの残酷さを示すとしたカナンの民の虐殺についての聖書の記載についても、レヴィナスは同じ観点からの読み替えを提案している。そこに見られる硬質な法とは、「悪しき人間のための〈無限の善性〉よりも善い人間的秩序を準備する」ためのものである。逆に、「神の善性は弁証法的に神の悪性のようなものを導く」こともありうる。というのも、そこでは「悪しき人間」すら許されてしまいうるからだ。人間的次元における正義を欠いた「無限の善性」においては、「悪」は「愛され」こそすれ、罰せられることはなくなる。「シモーヌ・ヴェイユのキリスト教における超自然的愛」において、「神は悪を愛した」とすら言いえてしまうのだ［DL 198／一八七］。

これに対し、「〔聖書の告げる〕暴力による悪の絶滅が意味するのは悪が真剣に受け取られていること」である。「悪」に対する「赦し」「正義」あるいは「責任」は、神ではなく、人間の管轄にあるということだ。レヴィナスはヴェイユの「超自然的愛」の思想に対し、「われわれの道は別のところにある」と述べている。この別の「道」とは、「汝の隣人を愛すること、〔…〕それはその顔を見ることも意味しうる」と言われるように［DL 197f／一八七］、「顔」との関係にほかならない。

以上のように、「無限の赦しが無限の悪を招く」という議論は、タルムードの議論から抽出された「責任」論に基づいている。「正義の社会への渇望は、ユダヤ教においては、あらゆる個人的な敬虔さを超えて、すぐれた意味で宗教的な行為なのだ」と言われるが［DL 38／二八］、この場合の「宗教的」とは、これまで見てきたような意味で「倫理的」と解するべきだろう。レヴィナスの「倫理的活動」や「地上的正義」という主張は、ヴェイユに見られる超自然的救済への祈念といった「人間‐神関係」の構図に対し、「人間‐人間関係」における「責任」、「赦し」、「正義」を対置させることに基づいているのである。

神の無化と非活動的活動

こうしてレヴィナスによるヴェイユ批判は、『困難な自由』が提示しようとしている議論の全体に基づき、同時に「顔」の思想の萌芽を示すものと理解することができるが、最後にどうしても確認しておかなければならない問題がある。以上の議論から、内面性に対置された「倫理的活動」における「倫理」がいかなるものかが理解されたにせよ、どうしてそこに「活動」が求められることになるのか。通常理解されるレヴィナス的「倫理」の思想においては、「主体」は、一方的、非対称的なかたちで「責任」を担わされており、むしろそこではあらゆる能動性・活動性を剝がされた「あらゆる受動性よりも受動的な受動性」こそが特徴となるはずではなかったか。

これまでの五〇年代初期のレヴィナスの論考の分析を踏まえると、この時期の「倫理的活動」の考えは、「顔」や「責任」の思想の萌芽を示しているとはいえ、「人格」的な「主体」による「活動」という能動的主体性の発想を残したものと言える。こうした考えこそ、後年にレヴィナス自身のうちで変容を被るものである。ただし、その変容の意義を見届けるためにも、五〇年代初頭の「倫理的活動」の考えについてあらためて確認しておこう。「内面性を超えた活動」の文句が現れる最終段落の全体はこうある。

> 歴史は罪ではなく、人間の創造によって展開する。完全な存在の真の矛盾とは、自分の外部に平等な者たち、諸々の存在の多数性、したがって内面性を超えた活動を欲したことに存する。ここでこそ、神は創造そのものを超越したのである。ここでこそ神は「自らを無化」したのである。彼は、語りかけるべき者を創造したのだ。[DL 200／一九〇]

この「神の無化」という問題系は、後述のようにレヴィナス思想においても大きな意味をもつことになるが、目下の文脈で重要なのは、引用符が示すように、この表現自体はヴェイユのものだということだ(14)。ヴェイユによれば、神は創造の際に「全体であることを諦め」、「自らを無化した」[Weil 1988, 43f／六五—七]。「創造は、神にとって、拡がることではなく、身を引くこと」であり[Weil 1950, 26／二五]、「神は己を隠すことでしか創造しえなかった」[Weil 1988, 49／七四]。この創造における神の自己無化をヴェイユは「脱創造（décréation）」と呼ぶ。この概念がヴェイユにおいてきわめて重要なのは、人間もまたこの神の「脱創造」を「模倣」し、経験的「自我」を捨て去り、自らをも「無化」しなければならないと考えられているからである［Weil 1988, 43／六五］。こうしたヴェイユの「脱創造」の概念に関して、神の「隠遁」をその特徴とするユダヤ神秘主義のカバラー思想における「ツィムツム」概念との類似が指摘されるようになる(15)。ブランショもまた、ヴェイユは「知らぬ間にユダヤの宗教的伝統——とりわけカバラーの伝統——の影響を受けているのか」と問うていた［Blanchot 1969, 159］。本書第Ⅲ部第三章で見るように、後年になるとレヴィナス自身がユダヤ思想における神の「謙遜」の概念とキリスト教的な神の自己無化、とりわけ「ケノーシス」概念との近さに注目し、ユダヤ教とキリスト教の接点をむしろ積極的に見るようになる。

つまり、五二年の時点でのヴェイユの「神の無化」についてのレヴィナスの読解方針は以上のような後年の解釈とはまったく逆である。換言すれば、レヴィナスは五〇年代に見せたヴェイユの解釈を一変させ、むしろヴェイユに接近するようになるのである。

「目的のためではなく、必然性によって活動すること。〔…〕それは活動ではなく、一種の受動性である。非活動的活動である〔…〕」［Weil 1988, 56／八六(16)］。こう言うのは、レヴィナスではなくヴェイユである。ヴェイユにおいて「私」は、この「非活動的活動」を通じて、「神の無化」を模倣することで、「われわれにおける誤謬と罪の部分」たる「人格」を廃棄し、「「私」という部分がもはや残らないよう」、自らの「自我」を破壊し、非人格化することを目指す［Weil 2017, 37／一八四］。このような発想は、『存在することは別の仕方で』におけるレヴィナスであれば、むしろ積極的に取り入れることになる。たとえば同著では次のように言われることになる。

自らを引き渡すこと、自らを消尽させること、自らを追放すること、こうした代名動詞が示唆することはすべて、自己への反省作用、自己の配慮ではなく——作用（acte）ではまったくなく——、身代わりによってあらゆる受動性を超える受

> 動性の様態である。自らの追放の痕跡におけるように——つまり自己の純粋な引き剝がしのように自己であること。これこそが内面性である。［AE 217／三一五：強調は引用者］

ここにはいわゆる後期レヴィナスにおける主体性概念の特徴が明瞭に現れている。「自己」から発現する一切の能動性を排除した、「あらゆる受動性よりも受動的」な主体性だ。実は、この引用文で言われている「自己の純粋な引き剝がし」とは、レヴィナスが注で引用しているように、ヴェイユの表現にほかならない。レヴィナスは注で、ヴェイユの次のような一節を引用する。「シモーヌ・ヴェイユはこう書いた。「父は私からこの体とこの魂を引き剝がし、それをあなたのものにし、そして私には、永遠に、この引き剝がしそのものしか残さない」」。

この引用は後期レヴィナスの著作中で何度か見られるが[17]、その意義はけっして小さくはない。ヴェイユの言う「引き剝がし」とは、自己を自らの身体や魂からすらも引き剝がしつつ、こうした引き剝がされた状態においてこそ存在するという事態、『超自然的認識』の上の一節に続く箇所で用いられている表現では「自己に反して（malgré soi）」存在する事態である［Weil 1950, 205／二二六］。こうした存在様態は、ヴェイユにあっては、自己の破棄であると同時に、キリストの自己贈与に似た自己の「寄進（offrande）」とされる［Weil 1988, 35／五三］。

レヴィナスは『存在するとは別の仕方で』の別の箇所で、ヴェイユの名は出さないものの、ほとんど同じ語彙によって、自らの主体性概念を描きだす。「〈自我〉が〈自己〉へと回帰すること——〈自我〉の脱措定ないし廃位、これこそが存在性への我執からの超脱（désintéressement）の様態そのものである（…）。すなわち、寄進、受苦、外傷の可能性そのものとしての受肉における、自己に反して自己（un soi malgré soi）である」［AE 86／一三〇―一］。こうして見てみると、ジャック・ロランがすでに述べているように［Rolland 1987］、ヴェイユの「脱創造」概念とレヴィナスの「存在性への我執からの超脱」という概念は、ほとんど「同義語」と考えることすら可能のようにも思えてくる。

ヴェイユの言う「脱創造」とは、神の自己無化に倣い、人間も「自我」の我執を破棄し、自ら自身を「贈り物（don）」として「贈与」「寄進」する様態を指すのに対し、レヴィナスにおいても、「〈自我〉の脱‐基体化」、「自らをそっくりそのまま記号にする」ことで［NP 52／六五］、「自らを授ける（s'offrir）」［AE 92／一三九］ことが「存在性への我執からの超脱」として語られていたのであった。(18)

このように、後期レヴィナスにおいては、ほかならぬ主体性の概念をめぐってヴェイユとの「近さ」が鮮明に浮かび上がってくる。これに対し、『困難な自由』においては逆に、ヴェイユとの――そして後年のレヴィナス自身との――「遠さ」のほうが際立っている。レヴィナスの「倫理的主体」概念の代名詞とも言える「あらゆる受動性よりも受動的」な主体という観念とは逆に、『困難な自由』における「倫理的主体」の要諦は、その活動性＝能動性にある。すなわち、五〇年代前半のレヴィナスにおいては、こうした「内面性」および「受動性」の観点から「主体性」を捉える見方は現れておらず、「内面性」ではなくむしろ「活動」を重視した「能動的」主体概念こそが――しかも「顔」や「責任」というその後も保たれる語彙とともに――提示されているのである。「どんな人間も、人格として、つまり自らの自由を意識したものとして、選ばれたものなのである」［DL 195／一八五：強調は引用者］。この時期のレヴィナスにあって、選ばれし主体は、ヴェイユのように「脱人格的」ではなく、「人格的」で自律した主体なのだ。ある証言によれば［Rabi 1978, 141］、レヴィナスは、「乗り越えがたき溝」があるにもかかわらず、ヴェイユは「自分が思う以上にユダヤ的」だったとし、「われわれはシモーヌ・ヴェイユの近くにいると同時に遠くにいる」と語ったようだ。この「近さ」と「遠さ」を推しはかることが重要だろう。

第3章 「論争」から「開かれ」へ——『困難な自由』期のキリスト教理解の変容

レヴィナスは一九八七年の「ユダヤ教「と」キリスト教」と題されたインタビューで、幼少期を次のように振り返っている。

私が子供のとき〔…〕キリスト教は私に対してまったく閉ざされた世界のように見えました。ユダヤ人としては、何か良いものをそこに期待することはありませんでした。私が読むことができたキリスト教の歴史の最初の数頁には異端審問のことが語られていました。八歳か九歳ですでに私はスペインのマラーノの苦しみについても学びました。それから少し経って、十字軍の歴史についての決定的な読書がありました。私が子どものときにいた国では、ユダヤ人とキリスト教徒の社会的な接触はありませんでした。〔…〕私が福音書を読むようになったのはもっと後になってからです。この読書は、もうまったく不快ではなく、アンチテーゼとなったと思います。私がそこに見つけたのは人間的なるものの表象であり教義であって、そこにつねに親近感を感じることになりました〔…〕。〔HN 189f／二六九―七〇〕

このようにレヴィナスは、もともとはキリスト教世界から隔絶したところに生まれ育った。リトアニアのユダヤ人共同体から見えるキリスト教とは、自らがそこに生きる宗教や文化の伝統ではなく、歴史の教科書に描かれる客体的な宗教、しかも他者への迫害を繰り返してきたような存在だったのだろう。福音書を読み、キリスト教に「親近感」

を感じたのは、だいぶ後年になってからのようだ。

これまで見てきたように、レヴィナスのキリスト教に対する態度はかなり両義的だ。一九三四年の「ヒトラー主義の哲学についての若干の考察」では、レヴィナスは、「ヒトラー主義」が「人間」に関してこれまでの西洋の思想を転覆しうるほどの新たな考えを前面に押し出したとし、とりわけその考えが「自分の身体に繫縛された人間」という見方にあるとしている。ここでの身体に対する「繫縛」とは、具体的に言えば、「血の神秘的な声、遺伝と過去の叫び声」と言われるように［QR 18／一〇二］、遺伝的・生物学的な性格こそがその「人間」の本質を規定することにあるということだ。「ヒトラー主義」が提示した「繫縛」という人間観に対置されるのは、そうした生物学的条件からの解放を可能するものとしての「自由」である。そしてレヴィナスはこれを西洋の自由主義思想の伝統だけでなく、「自由というユダヤ - キリスト教的ライトモチーフ」と呼ぶことで、ユダヤ教とキリスト教とが共有する観念だとみなしている［QR 12／九七］。

また、本書第Ⅰ部で見たように、三〇年代の『平和と権利』に収められた小論では、まさしくヒトラー主義に対抗するために、このユダヤ教とキリスト教のいわば同盟的関係に対する期待が繰り返し語られていた。「改宗することなく友愛的になること」では「一神教的諸宗教の対立は、それら諸宗教の共通の遺産をヒトラー主義が脅かすようになって以来、和らげられてきた。ユダヤ教とキリスト教は、もちろん両者を分かつものについては譲歩することはないが、互いをよりよく理解しようと努めている」と述べられている［Herne 148／六三］。「ジャック・マリタンによる反ユダヤ主義の精神的本質」（一九三八年）では、次のように言われている。「〔ユダヤ教とキリスト教の親近性は〕共通の使命に存する。すなわち、イスラエルと教会とは、世界のなかに存在しつつも、世界に対して異質であり、世界をつねに作動させ、問いに付すのだ。〔…〕結局のところ、ユダヤ - キリスト教を異教（paganisme）から切り離すのは、〔…〕世界が偶然的であること、不安定であることの直接的な感情、我が家にはいないという不安感、そこから脱出しようとする力にある」［Herne 150／一〇九–一一〇］。

このように、三〇年代のレヴィナスは、土着的な世界への繫縛を人間の本質的規定だとするヒトラー主義に抗うために、そうした物質的条件への結びつきからの「脱出」を可能にする「自由」に、ユダヤ教とキリスト教の「共通の使命」を見ていたのだった。

だが、第二次世界大戦の後、このような観点が一変することを確認せざるをえない。一九四七年に書かれた論文「ユダヤ的存在」は、ユダヤ的存在様態とされるものが、キリスト教的な存在様態と対置されるかたちで規定される。

ユダヤ的実存は過去の特権的な瞬間を参照し、存在におけるその絶対的な位置づけは系譜=父子関係（filialité）によって保証されるのに対し、キリスト教的実存は現在そのものに特権的な係留点を有している。キリスト教的実存にとって、神は兄弟である、つまり同時代的である。［EJ 58／一八六］

この論文の詳細についてはすでに述べたのでここでは繰り返さないが［渡名喜 二〇二一、第Ⅱ部第4章］、レヴィナスはここにある種の歴史性をめぐって、――ユダヤ教とキリスト教というより――「ユダヤ的」な存在様態と「キリスト教的」な存在様態の差異を強調している。前者は「過去」を重視する。つまり、「私」のこの存在は「過去」から切り離されるのではなく、「父」に対する「息子」の関係のように、「系統=父子関係」というかたちで「過去」に関係づけられる。後者のほうは、父なしに生まれたイエスのように、「過去」からの一切の係留を解き放ち、「現在」を起点とする。レヴィナスは、ハイデガーやサルトルの実存概念において、――世界や状況に投げ入れられているという「被投性」がどれだけ強調されようとも――「過去」から解放されているという意味での「自由」が優位にあるとし、これに対し、「創造」や「選び」による「受動性」に基づく「ユダヤ的事実性」を対置したのだった。おそらくここには、先に見たように「ユダヤ的捕虜体験」においてレヴィナスが見た「選び」に基づく「.jの根源的な意味」の反響を見てとることができるだろう。

前著では、捕虜収容所で綴られた「捕囚手帳」における「現存在かJか」という問いが、このように「キリスト教的」な存在様態と「ユダヤ的」な存在様態の二項対立のかたちで言い直されることを確認したうえで、「実存」をめぐる問題が戦後のレヴィナスの哲学的テクストでどのように展開されるのかを論じた。本書ではむしろ、『困難な自由』をはじめとするそのユダヤ的テクストでこの二項対立がどのように扱われるのかを確認しよう。

キリスト教との「論争」

実のところ『困難な自由』では、キリスト教に関する否定的な記述が散見される。そのうちのいくつかはすでに引用をしたが、全体像を確認するためにもあらためて整理しなおそう。

まず、先に引用にしたように、『困難な自由』の序文では「一五世紀にわたり福音をもたらされてきたヨーロッパにおいてヒトラー主義による絶滅政策が起こりえた後で、ユダヤ教はこれらの起源へと回帰した」とされているが、「一五世紀にわたり福音をもたらされてきた」と強調することで、かなりの程度キリスト教に対する非難を込めているようにも思われる。一五〇〇年以上に福音を説いてきたはずのヨーロッパにおいて、どうしてナチスの絶滅政策のようなものが実現しえたのか、というわけだ。

先に見たように、このような姿勢は、実際、『困難な自由』に収められた論考のうち、もともと一九五〇年代初頭に書かれたいくつかのもので繰り返し現れる。重複になるが基本的な論点を確認しておこう。

まず、一九五〇年に公刊された「場所とユートピア」は、もっともキリスト教に対する批判的なトーンの強いものである。まずは、序文とほとんど同じトーンで次のように言われている。

ほかにも多くの恐怖があるが、そのなかでも、自らの身を防ぐこともできなかった六〇〇万人の人々の絶滅政策こそ、二〇〇〇年かけてもキリスト教がより善いものにすることのできなかった世界において、キリスト教が獲得したヨーロッパから多くの威信を奪い去った。[DL 143／一三五]

キリスト教はヨーロッパに対してとりわけ精神面ではいくらかの「威信」を授けたのかもしれない。だが、「政治的、社会的な次元でのキリスト教の不成功は否めない」とレヴィナスは喝破するのである。

この「不成功」の原因は、単に政治的・社会的な実践が不十分だったとか不適切だったという点にあるのではない。レヴィナスは「現実の重み」についてのキリスト教の考えにこそ、その原因があるとみなす。

現世が重要であることについて、キリスト教は異議を唱えたわけではない。だが、キリスト教は自らが改善しようとする現実の重みを過剰に評価すると同時に過小に評価していた。過剰に評価していたというのは、キリスト教はそこに人間の活動に対する全面的な抵抗を見るからである〔…〕。過少に評価していたというのは、この荒々しい重みを全面的に変容させるものを、神の奇跡的な介入に期待しているからである。[DL 144／一三六]

このように、キリスト教においては、「現実の重み」についての過剰な評価と過小な評価とが同居しているとする。いずれの場合にも、「現実の重み」に対して人間が介入する余地はほとんど残されていない。キリスト教においては「神の奇跡的な介入」が期待されるのみである。これに対してユダヤ教の特殊性は「現世」における「倫理的活動」に存するというのである。

先に見たように、「聖書に反抗するシモーヌ・ヴェイユ」でも基本的に同種の議論が繰り返される。「神の善性は、シモーヌ・ヴェイユを感動させるあの超自然的な憐憫のうちで、人間を無限の哀れみでもって扱うところにあるのか」というかたちで、ヴェイユの言う「超自然的な憐憫」は、「現実の重み」を人間の手から免れさせるものと解される。これに対し、レヴィナスは人間を主体とする「活動」を対置するのだった。

われわれにとって、もっとも活発な慈愛の根底での〈無垢な者たちの不幸に対する〉甘受こそ、矛盾である。愛はそれを乗り越えられない〔…〕。それを乗り越えるためには、活動が必要である。〔…〕内面的な人間で十分なのであれば、無垢な者たちは苦しむことはなかっただろう。［DL 198／一八八］

同様の議論は一九六一年の「今日のユダヤ思想」でも繰り返される。そこでは、キリスト教には「地上の正義に対する超自然的救済の優位」が保たれており、それによって「人間の遺棄状態」が可能になったのではないかとすら言われているのだ。

ヒトラー主義の醜悪さが福音を受けたヨーロッパで起こりえたということ、このことによってユダヤ的精神のうちで揺るがされたのは、キリスト教的形而上学が持ちえた次のような考えである。長いあいだキリスト教との近さに慣れてきたユダヤ人にとっては是認できるものだったこの考えとはすなわち、地上の正義に対する超自然的救済の優位という考えである。この優位は、地上におけるかくも多くの無秩序、人間の遺棄状態（déréliction）の極限を、少なくとも可能にしたのではないか。［DL 225／二一三］

以上のように、キリスト教批判は、キリスト教がこれまでヨーロッパにもたらしてきた「福音」が第二次世界大戦におけるユダヤ人の絶滅政策に対し機能しなかった、という点のみを突いているのではない。むしろ、こうした無力を根底において支えていたキリスト教の思想的な後ろ盾に関わっている。とりわけそこにおける内面性の重視、現世の過小評価、そして超自然的救済という観念こそが問題とされているのである。

キリスト教への「開かれ」

しかし、以上のようなキリスト教に対する「論争」的な態度は、『困難な自由』の最後の言葉ではない。同書の「論争」と題された部に続く部は、「開かれ」と題されているが、ここでレヴィナスはキリスト教への歩み寄りを示すようになるのだ。

このような歩み寄りには、少なくとも二つの背景があるように思われる。

一つは、レヴィナス自身が実際にキリスト教との対話を行なうようになることだ。もう一つは、いっそう思想的なものであり、とりわけレヴィナス自身が認めるように、フランツ・ローゼンツヴァイクのキリスト教論の影響である。二点目については後に見ることとし、ここでは第一の実践的な側面を確認しよう。

まず、レヴィナスは、東方イスラエリット師範学校校長として、一九五〇年代に幾度か北アフリカを旅行している。その一環で、一九五七年にモロッコのトゥムリリン修道院というキリスト教の修道院で行なわれた講演が、『困難な自由』第二論文の「成年者の宗教」である。すなわち、モロッコというイスラム圏の国におけるキリスト教の修道院においてユダヤ教の立場を表明するというのがこの講演の性格なのである。

すでに述べたように、このテクストは、一九五二年の「倫理と精神」において提示されたレヴィナスの「倫理思想」が基本的に踏襲され、とりわけ「憑依=所有」批判を経た、合理主義的な「倫理的宗教」としての「ユダヤ教」

の考えをもっともはっきりと提示するものである。ただし、そこには「倫理と精神」に比して若干の力点の差異があることに注意しなければならない。前二章で見たように、「倫理と精神」をはじめとする五〇年代初頭のテクストでは、キリスト教との「論争」という角度から、戦後社会で自らの「ユダヤ性」にとまどうユダヤ人に対し、「悲壮さ」を超えたある種の「能動的な主体」の観念が提示されていた。これに対し、五〇年代後半の「成年者の宗教」においては、若干の変化が確認される。ここでは「選び」に基づく「ユダヤ的メシアニズム」が宣言されはするものの、そこでは「普遍主義」の問題が提起される。つまり、「道徳の名のもとに歴史から自由」にとどまるユダヤ的な特殊性が表明されるとともに、非ユダヤ人たる「近代国家の市民たち」との関わりが重視されるのである。

このように、キリスト教をはじめとするユダヤ教の「他者」との関わりを意識するようになるのがまさしく五〇年代後半のレヴィナスの特徴的な姿勢である。この点でまず重要なのは、一九五八年に発表された「イスラエルと普遍主義」というテクストである。ここでは、カトリックの神学者ジャン・ダニエルーの講演「地中海文明の共通の土台」[Daniélou 1959] に共鳴するかたちで、まさしく「イスラエル」と「普遍主義」の関係が主題となる [DL 245／二三一]。

いっそう具体的にレヴィナスのキリスト教への接近を特徴づけるのは、先に触れた「ユダヤ‐キリスト教友好会」という組織との関係だろう。一九六一年にラジオ放送のために用意された同名の短文原稿では、第四回仏語圏ユダヤ人知識人会議のセッション「ユダヤ‐キリスト教友好会」におけるカトリックの著述家ジャック・マドールの発言に好意的に言及し、ユダヤ教が単に過去の遺産を共有しているというばかりではなく、現在的および未来にわたる意義を有しているという承認をキリスト教の側から得たと述べる [DL 282f／二六七―九]。

レヴィナスと、「ユダヤ‐キリスト教友好会」との関わりは六〇年代を通じていっそう深くなっていくため、詳細はまだ第Ⅲ部でも触れるが、ここでは基本的なことを確認しておこう。「フランス・ユダヤ‐キリスト教友好会」は一九四八年に創設される。主な創設メンバーにジュール・イザーク、レオン・アルガジ、エドモン・フレッグ、ジャコブ・カプラン、ジャック・マドールがいた。イザークはユダヤ人の歴史家でシャルル・ペギーとの交友でも知られている。「ユダヤ‐キリスト教友好会」の発起人となるなど、戦後のユダヤ教とキリスト教の関係修復に大きな役割を演じた。(19) フレッグは、フランスの詩人、著述家、思想家。詩やユダヤ思想の古典の編纂等を通じてユダヤ教の再興をはかると同時に、戦後多くのユダヤ人団体で中心的役割を担った。(20) 後述の仏語圏ユダヤ人知識人会議の発起人にもなる。アルガジはフランスの音楽家、作曲家。一九三六年にパリの大シナゴーグの聖歌隊指揮者となり、ユダヤ音楽の再興・普及に尽力した。レヴィナスの『聖句の彼方』は彼に捧げられている。カプランは、一九五〇年から八〇年までフランスの大ラビを務めた。マドールはカトリックの著述家だが、イザークおよびプロテスタントの思想家エマニュエル・ムーニエの影響を受け、ムーニエの創刊した『エスプリ』誌に参加し、とりわけポール・クローデルに関心を寄せる。一九四九年の創設から、一九七五年まで「ユダヤ‐キリスト教友好会」の会長を務める。

『困難な自由』に収められた「ユダヤ‐キリスト教友好会」は、レオン・アルガジが主宰していたラジオ放送「聞けイスラエルよ」で一九六一年一〇月二〇日に読まれた原稿である。比較的短いこの原稿は、ジャック・マドールが第四回の仏語圏ユダヤ人知識人会議で行なった講演を絶賛し、その内容を視聴者に伝えるものである。レヴィナスにとって、マドールの講演の意義は、キリスト教徒の側からのユダヤ教の見方を一新させたことにある。これまでユダヤ教は、キリストという最後の預言者の後にも無益に予言の成就を待ち望むような「時代錯誤」、「化石」、「遺物」のようにみなされることもあった。これに対しマドールは、「ユダヤ人のメシアの待望は、救世主の帰還を期待し、臨在を待つキリスト教徒にとっても意味を有する」とし、ユダヤ教が「人類の未来にとって必要であること」を説いたという。ユダヤ教は単に過去に固執する存在ではなく、現代世界における「未来」に与かっている。こうして「マドールはキリスト教徒の視点からわれわれに未来と生における意味を与えた。それは、ユダヤ‐キリスト教の関係の意味そのものを変革しうる」とレヴィナスは結ぶのである。

『困難な自由』の「開かれ」部はこの小論で閉じられる。ただし、このようなキリスト教の側からの歩み寄りは、『困難な自由』以降のレヴィナスの思想そのものにも具体的な影響を及ぼすことになる。これについては本書第Ⅲ部で論じることにしよう。

フランツ・ローゼンツヴァイクの影響

ただし、レヴィナスのキリスト教への歩み寄りは、以上のような事実的な背景だけで説明できるものではない。これらと並んで決定的だったと思われるのは、ドイツのユダヤ人思想家のフランツ・ローゼンツヴァイクの影響だろう。「ユダヤ教「と」キリスト教」と題された後年の対談でレヴィナスは次のように述べている。

> 私としては、まったく端的に、私のキリスト教に対する態度は、まさしくフランツ・ローゼンツヴァイクを読んだおかげで、ある種の変化をすることになったのはどうしてかをお話ししたいと思います。［HN 189／二六九］

これまで多くの研究が示すように[21]、レヴィナスがローゼンツヴァイクから受けた影響はきわめて大きいが、ここで注目したいのは、この引用にあるように、レヴィナスの「キリスト教に対する態度」に関するその影響である。ここで問題となっているのは、ローゼンツヴァイクの主著『救済の星』である。そこでは、ユダヤ的およびキリスト教的という、「真理」を表すための二つの「形式」の差異が強調される［cf. HN 191／二七三］。この考えの意義を示すのは、一九五九年の仏語圏ユダヤ人知識人会議の第二回大会でレヴィナスが行なった講演「「二つの世界のあいだで」（フランツ・ローゼンツヴァイクの道）」にほかならない。この講演は、『困難な自由』のまさしく「開かれ」部に収められることになる。これはレヴィナスがローゼンツヴァイクについて記したほとんど最初のテクストであるが、ここではローゼンツヴァイクの思想の要点がまとめられているだけでなく、ユダヤ教とキリスト教というまさに「二つの世界」の関係に関してローゼンツヴァイクが示した発想が強調されている。これは、単にレヴィナスによるローゼンツヴァイク論にとどまるだけでなく、ユダヤ教とキリスト教との関係に関するレヴィナス自身の考えに決定的な影響を与えるものであるように思われるため、このテクストにしばし立ち止まりたい。

この講演で、レヴィナスはまずローゼンツヴァイクの生涯を紹介したのち、主著『救済の星』の概要をまとめている。本論との関係で重要なのは、この講演の後半で、これまで見てきた歴史に対するユダヤ教とキリスト教の差異を、それぞれの存在様態の差異として捉えていることだ。いずれの存在様態も歴史における「永遠性」として特徴づけられるが、この「永遠性」のあり方がそれぞれ異なる。キリスト教の永遠性のほうは、未来に向かう「歩み」ないし「道」であって、万人を包含し浸透していく全体化の運動として捉えられる。これに対し、レヴィナスが注目するは、『救済の星』がキリスト教と対置させるかたちで提示した「永遠の民」としてのユダヤ民族という考えである。ユダヤ教の永遠性とは、過去の父祖とその子孫たちとをつなぐ「絆」である。歴史のただなかで、その歴史の流れとは別様のリズムを刻み、「世界史」とは異質にとどまるような永遠性である［DL 269f／二五五］。

このように永遠性のかたちが異なり、互いに異質であるということは、単にキリスト教的な永遠性とユダヤ的な永遠性が互いに相容れない並行的な関係にあるということではない。キリスト教のほうは、「異教の社会をキリスト教社会に変えるため世界を巡り」、「諸々の具体的な出来事」を通じて、「歴史のすべてを包括する」かたちで進行する。ここにはローゼンツヴァイクがヘーゲルから受けた歴史哲学的な認識が反映されているだろう。これに対しユダヤ的永遠性は、こうした「歴史」、すなわち政治的社会の刷新を繰り返すことによる世界史の進行とは「離れたところ」にある。すなわち、「世界の政治史」の流れに属することなく、それとは別の場所で、典礼生活によって刻まれるリズムに従って「永遠の民」として存続することだ。永遠性のあり方、歴史に対する態度がそもそも異なっているということである。それゆえ、ユダヤ教は諸国民の歴史のなかに一国民の立場で参入しようとすらしない。キリスト教的に形成された「歴史」の舞台に対し、他の国民に張り合うかたちで登場するのではなく、むしろそこに回収されないこと、「歴史に対する独立性」を保つことにこそその地位を有するわけだ。

このテクストでレヴィナスはあくまでローゼンツヴァイクの考えの解説者の役回りに徹しており、自身のコメントを挟み込んでいるわけではない。しかし、これを『困難な自由』に再録する際、同じ仏語圏ユダヤ人知識人会議で発表された「メシアについてのテクスト」と同じセクションには組み込まず、「開かれ」と題された部の、「ユダヤ－キリスト教友好会」の直前に組み込んだとき、レヴィナスはユダヤ教とキリスト教の関係を考えるという展望のもとにこのローゼンツヴァイクの「二つの永遠性」論を位置づけていることは疑いない。そこにあるのは、キリスト教の影響を多大に受けて形成された現代ヨーロッパ社会のなかで、現代的な政治国家を単位として独立するのではなく、西洋的・キリスト教的な「永遠性」とは別のかたちで保たれうるユダヤ的な生のあり方への強い関心であっただろう。ユダヤ教は、キリスト教との、あるいは近代西洋社会との「友好」関係を取り結ぶとしても、そこには特殊な存在様態が保たれている。ここには、先に見た「普遍主義的特殊主義」の一つの表れを見ることもできるだろう。と同時に、一九五〇年代後半からレヴィナスが主題的に論じることになる「メシアニズム」とも切り離しえないだろう。

いずれにしても、『困難な自由』は、これまで見てきたように、戦後フランスの離散ユダヤ人たちを鼓舞するかのようなユダヤ的「倫理」を説く第一部「悲壮さを超えて」にはじまり、第二部「メシアについてのテクスト」を挟み、第三部「論争」、第四部「開かれ」というかたちでキリスト教への批判と接近とを描き出す。『困難な自由』という書物はこうした内的構造に注目して読まれねばならないだろう。以下では、『困難な自由』第五部「隔たり」および第六部「いまここで」において焦点となる「イスラエル」の問題に取り組むことにしよう。

第4章　「イスラエル」をめぐって

レヴィナスにおける「イスラエル」というテーマは、多くの検討の対象になってきた。たとえば早尾［2024］は、レヴィナスが「政治シオニズムおよびイスラエル国家に関してその正当性と必要性をもって擁護しよう」としてきたと述べるが、このようにレヴィナスに「政治的シオニズム」や「イスラエル国家」の擁護を見てとるような議論は、とりわけ近年いっそう目に付くようになってきた。

ただし、「イスラエル」という言葉自体が指すのが「民族」なのか「国家」なのか、はたまた別のものなのか判然としないという曖昧さに加え、一般にも、同じ一人の思想家のなかにおいてさえ国際情勢の変化に応じて「イスラエル」に対する態度が変化することも往々にしてあるため、(22)問いはいっそう複雑なものとなる。レヴィナスが「イスラエル」と呼ぶもの、あるいは現実の「イスラエル国家」についてどのような評価を下すのかについても、その社会的な背景やレヴィナス自身の考えの変遷を踏まえたうえで検討する必要があるだろう。われわれは以下で、一九四〇年代末から六〇年代初頭にかけてのレヴィナスの「イスラエル」についての言及を、未公刊だった資料の分析も加えて段階的に整理することで、レヴィナスが「イスラエル」をどのように捉えていたのかを明らかにしたい。(23)

「イスラエル」に対するレヴィナスの立場は、単純に整理されるものではない。『困難な自由』および同時期に書かれたいくつかのテクストを見てみると、それぞれ相容れないようにも見える三つの傾向を認めることができる。第一は、非シオニズム的な傾向と呼びうるものである。とりわけ、「シオニズム」をユダヤ人のイスラエルという「土地」への回帰を目指す運動として捉えるならば、レヴィナスのいくつかのテクストには「土地」への執着から意識的に距離をとろうとする身振りが確かに認められる。その根底にあるのは、「土地」よりも「教え」を「イスラエル」の骨子とするいわば教育的次元だ。第二は、それにもかかわらず、「イスラエル国家」に対する宗教的正当化とすら呼びうる主張も――しかも第一の傾向と同じ時期からすでに――認められる。実際、レヴィナスに「シオニズム」を認める議論の多くは、この第二の神学政治論的次元に関わっている。第三は、明らかに五〇年代の後半から現れる、「道徳的カテゴリー」としての「イスラエル」という主題における、思弁的な、あるいはいっそうはっきりと言えばメシアニズム的な傾向である。これらの区別は『困難な自由』の構成上でも確認でき、第一の教育学的立場は第六部「いまここで」に、第二の神学政治論的傾向は第五部「隔たり」に、第三のメシアニズム的な傾向は第二部の「メシアについてのテクスト」に関わっている。

以下では、『困難な自由』に再録されたテクストがいつどのように発表されたのかにも留意して、時系列および時代背景を意識しながら、「イスラエル」をめぐるレヴィナスの言説の複雑な絡みを解きほぐしていきたい。

(A) 教育的次元

「土地」と「言語」――イスラエル建国をめぐるブランショへの書簡

レヴィナスは、イスラエル建国を主題的に扱った文章をほとんど残していない。数少ない例外のなかから第一にとりあげるべきは、遺稿のなかから見つかった、一九四八年五月二一日の日付をもつモーリス・ブランショに宛てた書簡である。ブランショに送られたこの書簡それ自体は確認されていないが、現代出版資料研究所（ＩＭＥＣ）のレヴィナス文庫にはその写しと思われる下書きが保存されている。これまで日の目を浴びることのなかったこの書簡は、まず二〇〇九年にフランスの文芸誌『ゲームの規則』（*La règle de jeu*）に掲載されたのち、二〇一五年に『ユダヤ的存在』が単行本で公刊される際に併録された（以下の引用は同書から行なう）。これは、イスラエル建国という出来事に対するレヴィナスの率直な感想が綴られているだけに注目に値する。

レヴィナスはイスラエルの建国を主題的に扱った文章をほとんど残していない、と述べたが、それは、書簡冒頭で言われるように、レヴィナス自身の「ためらい（réticences）」があったためだろう。この réticences という語は「黙説法」ないし「故意の沈黙」と訳すことも可能である。少なくとも、レヴィナスは自らの「言い落とし」を意識しているわけだ。ブランショに明かすように、問題の出来事は「確実に私を超え出る出来事」であって、「期待もするが、震えもする」ほどのものであった。この「ためらい」はどのようなものか [Levinas 1948b, 71]。

レヴィナスはここで、「私の家を支えている」「三つの大きな石」とは、「ユダヤ人であるという事実（le fait juif）」、「〔ロシア〕革命という事実」、そして「フランス」だと述べている [Levinas 1948b, 72f]。これに対し、「ユダヤ人国家」の成立は「時代錯誤（anachronisme）」ですらある [Levinas 1948b, 74]。レヴィナスの自己認識としては、自らが「ユダヤ人である」というときの背景にあったのは、「リトアニアに生まれロシア革命の激動を経てフランスに渡ったユダヤ人」という来歴のみで十分であって、「イスラエル」という地にユダヤ人の国があるという、いわば「聖史」的な出来事が自らの同時代に現実となったことを受け止めきれていないかのようなのだ[24]。

レヴィナスはこの出来事になんとか意義を見出そうと試みているが、それは、実践的ないし政治的な次元におけるものではない。もちろんレヴィナスは、「君〔ブランショ〕の言うように、そこでは何か測りしれないことがなされている」との感情を示している。とりわけ、「そのことがもたらす希望、失われたと思われていたものがふたたび見出されたという感情、それの巨大さ、それが即座に「居場所を失った人々」〔ユダヤ人難民を指す〕にもたらすはずの実践的な解決」のことを考えると、なおさらそうだと述べている。さらには、「闘争の偉大さ、あらゆる企てを脅かす危険、心地よく同化した者に対しそれらがもたらす動揺」についても触れることを忘れてはいない［Levinas 1948b, 75f］。けれども、レヴィナスが「とりわけ考えている」もの、それは「語句」のことである。「人々がそこで発している語句そのもの」が問題というのだ［Levinas 1948b, 76］。「離散」や「迫害」の地からシオンへと移り住む人々ばかりでなく、「語句そのもの」もまた「流浪から戻ってきたように見える」こと――レヴィナスがもっとも関心を寄せるのは、このことである。

この「語句」とは、直接的には、イスラエル建国を祝福してあるラビが述べたとされる「全能なる神の名のもとに」という文句を指している。無論、この同じ文句は、「ルーズベルトやイギリス王によって」英語でも発せられてきた。けれどもそれがヘブライ語の「オリジナルのテクスト」で発せられたことによって、「語句」と「精神」、あるいは「語句」と「思想」とが新たに結びつき、「語句」の「流浪」状態が終焉を迎えるというのである。

レヴィナスは、ここでいささかロマン主義的に讃えられている「語句」と「思想」との結びつきについて、これ以上は説明していない。書簡は「私は、自分が何をなすべきかを知っているが、結局のところ何を考えなければならないかは知らないという結論なしの状態にただ一人置かれているのか」という自問によって結ばれている。この「結論なしの状態」ゆえに、この件についてレヴィナスが積極的な発言を控えていたのかもしれない。だが、「語句」の回帰とは何を指すか。それは、ヘブライ語が、ユダヤ人によって、イスラエルの地において用いられるという状況のことではないのか。

レヴィナスは「ためらい／沈黙」を貫いたのではなかった。ブランショへの書簡に示されるレヴィナスの反応が一過的なものではなかったことは、その翌年に『世界イスラエリット連盟手帖』に掲載された短文から窺える。ブランショへの書簡で用いられたのと同じ表現で、この短文そのものが「語句が流浪から戻るとき」と題されているのだ。このテクストは、そのほかの『世界イスラエリット連盟手帖』に掲載されたレヴィナスの多くの論考とは異なり、『困難な自由』に再録されることはなかったのだが、公刊されたテクストとしてはレヴィナスがイスラエル国家について主題的に言及する初期のものの一つである。

「イスラエル国家の創設がディアスポラの終焉と等しいかは私にはわからない。しかし、すでにそれは、語句の流浪の終焉となっている」[Levinas 1949, 4] ——このように、ここでもまた、イスラエル建国という出来事自体をどのように評価してよいかわからないある種の「ためらい」のなかで、実践的・政治的な問題ではなく、「語句」に対して関心が向けられる。ただし、この短文を見ると、この「語句」への関心がさほど単純なものではないことがわかる。問題は単に、ヘブライ語がイスラエルの土地で用いられる環境が整ったことを言祝ぐものではないからだ。

> 度を越えて私の心を揺さぶるのは、ヘブライ語の再生のことではない。ミシュナーの用語でサンドウィッチを注文すること、イザヤの言語で市場でののしりあうこと、新しい習俗のなかに古い言葉を見出すこと——そうしたことは慣用の問題であり、辞書の問題である。文献学的な出来事である。しかし、自らが指している事柄を見失っていた古き言葉が、これらの古き事柄を解放し、唐突にして埋もれた思想やその力を回復させること、このことは奇跡に属する。[Levinas 1949, 4]

外国語の授業での会話の実践練習のように、単に日常生活において古代ヘブライ語が使用されさえすればよいのではない。言葉がかつて有していた、そして長いあいだ「埋もれ」ていた「思想」や「力」をふたたび見出すこと、このことこそが「語句が流浪から戻る」ということだ。したがって、取り戻すべきは「土地」ではない。単に「語句」

でもない。むしろ「語句」と「思想」の結びつきだ。だが、それはどのような結びつきだろうか。

イスラエルを訪れて──「文化が欠けている」

この点を検討するにあたっては、レヴィナス自身がはじめて実際にイスラエルの地に足を踏み入れた感想を探るのがよいだろう。レヴィナスは、世界イスラエリット連盟のミッションの一環で、一九五三年夏にイスラエルを訪問している。そこで当時首相であったダヴィド・ベン＝グリオンの講演を直接聞く機会を得て、「文化が欠けている──ヘブライ語教育についての省察」という文章を残している。この文章の英語版は、世界イスラエリット連盟がアメリカで発行している英文誌にすぐに掲載されたが(25)、フランス語原文は同連盟の文書館に収められたままだった。近年公刊されたその文章に基づいて、イスラエルの「土地」を踏んだレヴィナスの見解に耳を傾けよう。

この文章は、「ゴランにおいてわれわれがまだヘブライ語を教えるにいたっていないのはなぜか」、「なぜ失敗しているのか。それが問題だ」というベン＝グリオンの問いを受けた省察という体裁をとっている。これに対するレヴィナスの答えは明快だ。タイトルが語るように、「文化が欠けている」というのがそれだ。「ヘブライ語の学習の主要な困難は、教師の質だけによるのではないし（素晴らしい教師も幾人かいる）、その人数が足りないこと、過密なプログラムのなかでヘブライ語に割り当てられた時間が少ないことによるのでもない。深刻な問題は、この学習が、西洋の文化に太刀打ちできるような文化に立脚していないという威信のなさにある」[Poizat 2011, 109]。

つまり、「文化が欠けている」というのは、「西洋の文化」に匹敵しうる文化が欠けているということだ。「このような冒瀆的な主張には説明が必要だ」と言い、どういう意味で「欠けている」のかが続けて詳述される。ここでの「文化」とは、「敬虔な者が価値や魅力があるとする考古学的な興味関心の総体」のことではない。すでに見たように、レヴィナスにとって、「考古学者」あるいは「文献学者」的な姿勢は、対象を現在的な視点から過去の遺物として観察する点で、対象それ自体の息吹を捉えられない。『困難な自由』序文で述べられているのと同じ見地から、「生きた人間の諸問題に呼応する真理の総体」が問題だと言うのだ。ただし、そこに求められるのは感性的な同一化でも、宗教的な敬虔さの純化でもない。「文化的価値が人間に語りかけるのは、それがそれに見合った発展を遂げる場合のみ、また他方で、それが〈理性〉によって問われる場合のみ」である［Poizat 2011, 109］。あくまでも、「理性」を通じた文化的な価値の発展的な継承が念頭に置かれている。

この「理性」的な「文化主義」は、きわめて特異なものである。それは、歴史を忘却した現代ヘブライ文化からはもちろんのこと、ユダヤ民族のさまざまな伝統を伝統であるがゆえに重視する保守主義からも、内面的な宗教的な態度を重視する敬虔主義からも、等しく距離をとろうとするものだからだ。「ユダヤ教の宗教的な諸形態が現れるのは、もはや、ほとんどの場合、存在理由をもたぬ伝統の名においてにすぎない。理性をもたない敬虔さの名においてにすぎない」。これらに対し提案すべき「理性」的な「文化主義」の内実をなすのは、「聖書、タルムードおよびそれらについての注釈に含まれたユダヤ教の恒常的な価値が魂を育むため」の「ユダヤ教の高等教育の促進」だ。

これこそが、「イスラエルにおけるユダヤ教を筆頭に、現代ユダヤ教にとってもっとも喫緊な任務」である。プラトン、モンテーニュ、ゲーテの名を挙げつつ、レヴィナスは、こうした「われわれの思考を方向づけ、われわれの感性を整えることのできる」テクスト、「われわれの判断が拠って立つ固定点、われわれの評価の規範」となりうるテクストについての教育を、ユダヤ教の側でも構築しなければならないという。「われわれの民族の偉大なテクストをあらためて教えうる（*enseignants*）ものにすること、それらに言葉を与えること」こそが求められるのである［Poizat 2011 110］。「教える」こと、それは、一九世紀のユダヤ教学におけるように、「ユダヤのテクストに対し、あたかもそれが時代遅れのものであるかのように向き合う」ことではない。そうしたテクストに秘められているものを「教え」を通じて理解するプロセスがなければ、ヘブライ語やユダヤ教の歴史についての知も形式的なものにとどまるからだ。

「世俗的であれ宗教的であれ、われわれの中等教育、さらには初等教育におけるヘブライ語の授業の背後にユダヤ教の真の知的生の存在が感じられることがなければ、どれほど時間をかけようが、どれほど宣伝をしようが、ヘブライ語は、プログラムのなかの貧しい親にとどまるだろう」[Poizat 2011, 110]。

したがって、「イスラエル」に求められるもの、それは「土地」ではなく「教え」だ。レヴィナスは、この小論の末尾で、イスラエルで訪問団の案内をしてくれたヴィルネー博士という人物に言及し、「土地」の問題に触れている。

ヴィルネー博士は、「創世記」（二一章三三節）にてアブラハムが植えたとされるのと同じ、ヘブライ語ではエシェルと呼ばれるぎょりゅうの木が、ほかならぬイスラエルの地にあるのを目にし、歓喜して次のように述べた。「これがエシェルです。タルムードは、これを食べること（アキラ）、飲むこと（シュティア）、寝ること（リナ）の徴としています。しかし、タルムードの空想はご存知でしょう。アブラハムのエシェルは、木なのです」[Poizat 2011, 111]。

ヴィルネー博士は、ぎょりゅうの木の具体性、現実性を強調し、それがイスラエルの地に現にあることを称える一方で、そこになんらかの象徴を見出すタルムードの解釈は「空想（fantaisies）」にとどまるという。そうした思想がなくとも、イスラエルの地に住まうことで、まさしくアブラハムが植えたものと同じものを目にし体験することができるためだ。「土地」を重視する立場は、レヴィナスがさらに報告する翌日のヴィルネー博士の発言によって、いっそう明快に「定住」へと結びつく。「われらイスラエル人は、聖書を土地から理解するのです。この見捨てられた平原に〔…〕、ベドウィンとノマドのこの土地に、アブラハムは木を植えたのです。彼は土地との新たな関係を打ち立てたのです。彼は定住生活へと移行し、文明を基礎づけたのです」[Poizat 2011, 111]。

これに対してレヴィナスが残しているコメントは、「イスラエル」の「土地」に対するその立場を明瞭に示している。

私は遠慮がちにこう言いました。ヴィルネー博士、つまりあなたはなにも懸念を抱いていないのですね！ あなたが昨日笑ったタルムードの空想はまさにその知恵を教えていたわけですが、さらにそれ以上のものも教えていたのです。あなたの言うように、それは、アブラハムの木が文明を予告していたということを私たちに教えています。しかし、この文明にとって、自らの土地に立つ人間、満足した人間が、人間に対して与えることができるのは、食べること、飲むこと、寝ることなのです。音楽でも、文学でもなく、人間の友である満足した人間です。土地が良いものであるのは、そのことのため、そのことにとってなのです。[Poizat 2011, 111]

レヴィナスは、ヴィルネー博士のような、「土地」へと「定住」することで「満足」する人間のあり方それ自体を否定してはいない。タルムードがアブラハムの植えたぎょりゅうの木に「食べること、飲むこと、寝ること」という意義を見出したことからも、そうした「定住」の解釈が導かれうるだろう。レヴィナスがヴィルネー博士に提示する異論はきわめて些細なものであるが、とはいえそこにこそレヴィナスの姿勢が現れている。「土地」の意義は、そこに「住む」ことにとどまらず、そこに住む人間が、「食べること、飲むこと、寝ること」を「人間に対して与えることができる」かにかかっているというのである。長い流浪の果てに「自らの畑」を耕すことに決めたカンディードが、けっしてロビンソン・クルーソーのように一人孤独に土地に向かい合っていたわけではなく、共に暮らす「友」を伴っていたのと同様に、「食べること、飲むこと、寝ること」は、人間と土地のみの関係に還元されるものではなく、それらの営みを「与える」相手を伴っている。そのこととの関連においてこそ、「土地は良いものとなる」というのだ。レヴィナスはこの小論で「土地の単純な神秘主義」という言い方をしているが、「土地」の存在それ自体への信奉は、彼が「成年者の宗教」のために拒絶していた「神秘主義」に至りかねないというのだ。(26)

ここでの「人間に対して与えることができる」がどのような内容ないし形態をとりうるかはこの小論では詳らかに

されていないが、それを締めくくる次の一文は意義深い。「土地は――それがわれわれの夢や労苦に馴染んだ土地であったとしても――、もはやイスラエルにおける唯一の〈博士〉ではなかったのである」[Poizat 2011, 111]。「土地」は、多くのことを教えてくれる〈博士〉のような存在かもしれないが、それはかりが〈博士〉なのではない。むしろそこで、「食べること、飲むこと、寝ること」を教えてくれる「人間」こそが、〈博士〉となりうるということだろう。

教育的シオニズム?――「ユダヤ教育についての省察」

この「人間に対して」という発想が、レヴィナスの「倫理」と呼ばれるものであるか否かについては即断はしないでおこう。ただし、イスラエルの地に足を踏み入れたレヴィナスのこの小論についてもう一つ強調しておかなければならないのは、そこで展開されている議論の大部分が、実はすでに一九五一年に――つまりイスラエル訪問の前に――『イスラエリット連盟手帖』に掲載された論考「ユダヤ教育についての省察」を繰り返すものだということである。つまり、イスラエルの土地に足を踏み入れてからも、主張にさしたる変化がないということだ。ちなみにこの「ユダヤ教育についての省察」は、教育論を主に収める『困難な自由』第六部「今ここで」の中核をなすものである。

この小論には、もちろんヴィルネー博士の逸話は見られないものの、とりわけ後半部において、「文化が欠けている」の議論のほとんどが重複している。ただし、「文化が欠けている」で削られた前半部には、「ユダヤ教育」に関するレヴィナスの考えの要点がいっそうはっきりと示されている。

この文章が世界イスラエリット連盟の機関誌に掲載されたものであることはあらためて強調しておこう。レヴィナスがそこで気を揉んでいるのは、戦後フランスにおけるユダヤ教育の現状である。とりわけ、当時のパリのシナゴーグで行なわれていたような週二回の宗教教育が、あまりユダヤ教徒の子弟の興味を引かず形骸化している、といった状況だ。この点で、レヴィナスは、ベン=グリオンに先んじて、同時代において現実的に「ユダヤ教育」が「失敗」

していることを自認してすらいる［DL 369／三五二］。

「ユダヤ教育」の再生はどのように可能か――フランスにおけるユダヤ人教師養成機関の校長を務めるレヴィナスにとって、この問題は、単に思弁的なものではなく、まさしく自らの実践に直結するものであった。レヴィナスによれば、単に制度的に宗教講座を設ければ済むものではない。とりわけ、ユダヤ教の聖典を過去の遺物として文献学的な歴史教育の対象としたり、あるいは、「理論的な宗教教条」を伝えさえすればよいのでもない。他方で、すでに西洋化された社会にあって、「私的」なかたちで伝統を継承すればよいのでもない。一八世紀末以降の西洋文化への同化の過程のなかで、「ユダヤ的な知に満たされた道徳的・社会的な生活構造が存在していた時代からは疎遠」になりつつも、たとえば家庭の調度品などで、そうしたかつてのユダヤ的社会の「雰囲気」や「記憶」は引き継がれてきた。しかし、このような意味での「私的」な伝承は、けっして「有効性」をもってはいない。「家族の記憶は、長期的に見れば、文明を代替しはしない」からだ［DL 369／三五二］。

以上のような議論からは次の二つのことがあらためて浮かび上がってくる。第一は、レヴィナスが念頭に置いているのはやはり、とりわけヨーロッパという西洋社会への同化が進んだ状況に生きるユダヤ人のことだということである。先に引用したように、「ユダヤ教育についての省察」の冒頭には、「イスラエル国家へのあらゆる帰属の外側にあってすら、イスラエリットにとどまろうと欲するイスラエリットの存在は、ユダヤ教育に依存している」とある［DL 368／三五一］。あるいは、ほぼ同時期の「今日の同化」（一九五四年）という、これもまた『困難な自由』第六部に収められた小論では、「イスラエル国家の創設は、ユダヤ人自身に対して、彼らが西洋諸国にどれほど深く根づいているかを露わにした」とか、「イスラエルにおいて一つの国家が実現したことは、同化という現実を意識させる機会を与えるものだった」と言われている［DL 355／三三九］。すなわち、あくまでもレヴィナスは、イスラエル国家の創設それ自体よりも、その出来事に触発されつつ、同化の進む離散の地である西洋社会においてそれでもなお

「ユダヤ人」であるための条件としての「ユダヤ教育」の提言を行なっているとも言える。

第二に、この「ユダヤ教育」の内実とは、すでに繰り返し見たように、狭義の宗教教育でも伝統教育でもない。この点で、「ユダヤ教育についての省察」は、先に引用した「文化が欠けている」とほとんど同様の主張を示しているのは興味深い。「世俗的であれ宗教的であれ、ユダヤ教の真のユダヤ文明の存在がわれわれの中等教育、さらには初等教育におけるヘブライ語の授業の後ろに感じられることがなければ、どれほど時間をかけようが、ヘブライ語は、選択肢の題材にとどまるだろう」。したがって、ユダヤ教育の教育機関自体が、「世俗的」か「宗教的」かは問題ではない。「文化が欠けている」の表現では「西洋の文化に太刀打ちできるような文化」、「ユダヤ教育についての省察」のことばでは「西洋の諸文明の水準に到達」しうるような「真のユダヤ文明」を教えることのできる高等教育機関を設置し、そこにおいて、聖書、タルムードおよびそれらについての注釈といったユダヤ教のテクストを「教えられる」[DL 372／三五五]ものにするためのユダヤ教育の促進こそ求められているのである。

先に引いた「今日の同化」でも以上の主張があらためて繰り返されている。「ヨーロッパ国家の国民生活にユダヤ人が参入したことで、ユダヤ人たちは、キリスト教的な本質をもつ雰囲気を吸い込むことになった」。そこにおいて「ユダヤ人にとどまる」には、「家族の記憶」のなかに「抽象的な信仰」のみを保つだけではなく、西洋的な生活との「釣り合いをとることのできる具体的な現実」を見出さなければならない。「西洋諸国へのユダヤ人の統合が解体されるのではなく確証されるために、それ〔西洋的な影響〕にとってかわることのできる文化的な現実」である。この「具体的」で「文化的」な現実を保証するものこそが、「ユダヤ教の学び」だというのだ。これに続く次の一文には、上記でたどり直してきたレヴィナスの姿勢がもっとも明瞭にまとめられている。

イスラエル国家の存在およびこの国家に対する生き生きとした関心は確かにユダヤ教のもとで諸国民のただなかに生きる

イスラエリットたちを育むだろう。しかし、それだけで、西洋の光に浸された炉のなかにユダヤ的な炎を保つのに十分なわけではない。ユダヤ教の偉大な書物への関心を目覚めさせること、それらの書物に対し、単に感動的な思想をあてがうだけでなく、要求の多い思想をあてがう必要があること、これがディアスポラにおけるユダヤ人の生き残りのための主たる条件である。結局のところ、これらはすべてヘブライ的な学びへと帰着する。［DL 357f／三四二：強調は引用者］

もちろんレヴィナスは、東方イスラエリット師範学校において、ラシーをはじめとしたタルムードの注釈者たちについての講義を定期的に行なっていたが、こうした要請に具体的に応えることのできるユダヤ教の高等教育機関の設立に携わったとは言いがたい。とはいえ、先に紹介したアンドレ・ネエルをはじめとする、戦後フランスにおけるユダヤ教育を通じたユダヤ教の再興という流れのなかで、以上のようなレヴィナスの主張が一定の説得力をもっていたことはありうるだろう。とりわけ、ネエルとともに中心的に運営することになる仏語圏ユダヤ人知識人会議において、レヴィナスが自らのユダヤ教育論を実践したと評価することもできる。

いずれにしても、目下の議論において確認しておくべきは以下のことだ。すなわち、以上のような、イスラエル建国を目の当たりにしたレヴィナスの反応は、ヘブライ語という言語の復活への関心に基づいた、大地への定住ないし回帰ではなく「教え」を説く教育者のそれだったということだ。いやむしろ、同化と迫害の試練を経てなお西洋社会に残る「イスラエリット」に向けて唱えられた「ユダヤ教育」の要請は、土地か言語かという二項対立において捉えられるものでもないかもしれない。選択肢は、「土地」か「言語」か、ではなく、「解体」か「生き残り」か——しかも「ディアスポラ」における「生き残り」か——にこそ存していただろう。以上が、イスラエル建国前後から五〇年代前半の時期までのテクストから明らかにたどり直すことのできる、第一のレヴィナスのイスラエル観である。

(B) 神学政治論的次元

「イスラエルは宗教的であるか、さもなければ存在しないだろう」

しかし、以上のような「教え」という要素こそがレヴィナスの「イスラエル」ないし「シオニズム」の唯一の要素であるとはなかなか言いにくい。見落とすわけにはいかないのが、同じ時期に、イスラエル国を主題としたきわめて奇妙な論考をレヴィナスが残していることだ。とりわけ問題になるのは、一九五一年に『エヴィダンス』誌に掲載された「イスラエルの国家とイスラエルの宗教」という論考である。そこでは次のように明言されている。

> イスラエル国家は、それが自由に忘却することのできない自らの偉大な書物を理解しうるためには、宗教的なものとなるだろう。それは、自らを国家として提示するその行為によって、宗教的なものとなるだろう。それは、宗教的であるか、さもなければ存在しないだろう(Il sera religieux ou ne sera pas)。[DL 306/二九二:強調は引用者]

一見すると、このテクストから浮かび上がってくるのは、以上で見てきたようなディアスポラにおけるユダヤ人の存続の条件を「土地」ではなく「教育」に見ようとする教育者の姿ではない。まったく逆に、あからさまにイスラエル国家の設立を称え、それればかりか、政教分離を一応の国是とするはずのその設立趣旨が不十分だと言わんばかりに、さらなる宗教性を要求するように見える宗教的シオニストの姿を確認しうるかのようなのだ。その姿がどのように成り立っているかを見るためにも、「イスラエルの国家とイスラエルの宗教」の議論を確認しよう。

上の引用が置かれた文脈を理解するためには、このテクスト全体を貫く矛盾するように見える二つの身振りを確認する必要がある。一方には、ユダヤ民族も「大地の他の民族と同じように警察も映画館もカフェも新聞も」ある「近代国家」を得たという評価がある［DL 362／二八七］。「なんたる達成か」とか、「国家とは、西洋の諸民族の運命においては、その完成形態である」と言われるように、イスラエル国家の建設は、ユダヤ人が「特殊」な地位から解放され、「他の民族」と同様に、西洋的近代国家体制が体現する「普遍」へと参入する契機とみなしうる。

他方には、「イスラエルの過去の特殊性はそれが永遠かつ自らのものである点に存しているのではないか」と自問されているように、ユダヤ人は他の諸民族とは異なる特殊性を宿しているという認識がある。ユダヤ人がもつ、他の民族とは共有していない「永遠」性という特質は、先に見たようにフランツ・ローゼンツヴァイクの考えを踏襲したものと思われるが、ただしここでは、同じ観点が、ローゼンツヴァイクが知ることのなかったイスラエル国家の実現という文脈に置かれている。「永遠の民」としてのイスラエルの民のみがもつ特質、それは「政治的才能でも芸術的才能でも科学的才能ですら」なく、「宗教的な才能」に関わっている。イスラエル国家は、国家形態としては「他の民族」と共通しつつも、その内実は、自らの特有の宗教的な性質をもたなければならないというわけだ。

先の引用は、以上のような文脈のなかで発せられたものである。つまり、「ユダヤ民族は一つの国家を実現したが、とはいえ、その威光は、近代の政治的な生が押しのけた宗教に起因している」。政治的体制は西洋近代的なものであるとはいえ、その内実は「宗教的な才能」にかかっている。イスラエルは、国家たりえるためには、「宗教的」でなければならない。裏返せば、宗教的ではないイスラエル国家は「存在しない」というのだ。

この驚くべき発言は、さまざまな解釈を誘ってきた。ある論者は、これを受けて、トーラーが政治権力に正統性を与える国家観があると理解している［Larochelle 2004］。このような神権政治的な解釈も、『困難な自由』のほかのテクストを探してみると、支えとなりそうな箇所が見られないではない。たとえば、「シオニズムとイスラエル国家の創設は、ユダヤ思想にとっては、あらゆる意味における自己への回帰および一〇〇〇年にわたる疎外の終焉を意味する」と述べる一九六一年の論考「今日のユダヤ思想」では、イスラエル国家にどれほど合理主義的、科学主義的な態度が普及していようとも、「イスラエルおよびその思想の宗教的な本質は隠しおおせていない」と述べられている。さらに、この引用に続く箇所では、「イスラエル国家は、人間が自らを捧げ、最近の過去から身を離し古代の預言者的な過去へと向かい、自らの正統性を探るための場となった」とすら言われている［DL 230／二一八］。しかし、レヴィナスがイスラエルの「宗教的な本質」と述べるとき、どのような意味で「宗教的」と言われているのかは、もう少し丁寧に見ておく必要があるだろう。

実際、目下対象としている「イスラエルの国家とイスラエルの宗教」の内部にあってすら、「宗教」ないし「宗教的」とは、宗教的な規範や儀礼の遵守や、宗教政党の組織化等を意味するものとは考えられていない。ここでは先に引用した「イスラエル国家は〔…〕宗教的であるか、さもなければ存在しないだろう」という発言の直前に置かれた次の一節を見落としてはなるまい。「宗教と宗教政党はかならずしも合致しない。国家の存在理由としての正義——それこそが宗教だ」［DL 306／二九二］。すなわち、ここでの「宗教的」とは、「正義の社会」の実現を目指す道徳的・倫理的な原理を指しているのである。

ここに言われる「正義」とは、ユダヤ教の戒律に規定されている「義なる戒律」に基づくとされる。とはいえそれは、国家がそうした宗教的ないし道徳的戒律を法的規範として採用しなければならないということではない。そうではなく、「義なる戒律」の実現という目的が実効的に果たされる「機会」が、イスラエル国家に与えられている、というのである。「イスラエル国家の意義は、古い約束の実現に存しているのではなく、〔…〕ユダヤ教の社会的な掟の成就を実現するために与えられた機会に存している」［DL 305／二九〇］。

「国家の存在理由」に結びつけられる「宗教」は、ほぼ同時期の論考「倫理と精神」で「本質的に倫理的なものでなければならない」とされた意味での「宗教」として解すべきだろう。つまり、「国家」を介して現実的・実効的に実現されるべき、その存在根拠としての倫理的要請と言い換えることもできる。

この点で、レヴィナスが「正義のために国家を求める者と、国家の存在を確保するために正義を求める者との対立」と述べるものは決定的に重要である。端的に言えば、目的は「国家」にではなく「正義」にある。「国家」は、「正義」の実現のための「機会」にすぎない。「ユダヤ教の社会的な掟」は、イスラエル国家が自らの存在意義を主張するために援用されるものではない。「ユダヤ教の社会的な掟」に記された「正義の社会」の実現のために、イスラエル国家はその務めを果たさなければならないということである。したがって、「イスラエル国家は〔…〕宗教的であるか、さもなければ存在しないだろう」とは、なんらかの神権政治的なモデルや宗教的シオニズムの「渇望」ではない。イスラエル国家は、最初から「宗教的」なのではなく、以上のような「正義」を目的とした道徳的な規範を根拠にし、それに従属しているという意味において、「宗教的」でなければならない。そうした要請に応えることがなければ自らの存在理由を失うということである。

実のところ、この「正義の社会」を求める倫理的要請としての「イスラエル」という考えこそ、「イスラエル国家」をめぐるレヴィナスの記述の根底に一貫してあるものにほかならない。同じ考えは、ほぼ同時期の論考「場所とユートピア」でも、いっそうはっきりと提示されている。

> 律法について語ること、それは〈救済〉によって乗り越えられる段階にとどまることではない。正義を欠いたままの世界における〈救済〉について語ること、それは魂とは不死性の要求ではなく殺害の不可能性だということを忘れることだ。したがって、精神とは正義の社会への配慮そのものだということを忘れるということだ。イスラエルを為さなければならない（Il s'agit de faire Israël)。正義に向かいつつも、倫理的なドラマが演じられる条件そのものを包括的な行為で否定することは、無を抱きしめることであり、さらに、すべてを救うという口実のもとで、何も救わないことだ。［DL 147／

一三八―九：強調は引用者」

わかりにくい言い回しであるが、ここで言われていることは次のことだ。「律法」や「救済」について語ったとしても、この「世界」に「正義」が欠けていれば、それは実効性を欠く提言にすぎない。場合によっては、「殺害の不可能性」という根本的な原理が実効的に適用されうるかすら危うくなる。「殺害の不可能性」を範例とする道徳的原理が実効的に実現するには、それを担いうる「正義の社会への配慮」が必要だ。そして、この要請が、「イスラエルを為さなければならない」と言い換えられているのである。

ということは、この最後の一文を除くならば、形式的にはこの時期にすでに、レヴィナスが後年に「倫理」と概念的に峻別されたかたちで「正義」という概念のもとに提示する思想の萌芽が現れているとも言える。「他者」への「無限の責任」という「倫理」的な関係が二者間の関係にとどまるのに対し、複数の他者が現れてきたときに、特異の「他者」に向かう「責任」の無限性を制限し、複数の他者たちを比較しなければならない。「無限の責任」を起点にしつつ「正義が必要だ」という『存在の彼方へ』以降に明示化される議論である［AE 245／三五八］。ただし、レヴィナスの議論の展開という観点からすると、一九五〇年代には、こうした議論はまだ、後年にはっきり見られる「倫理」と「正義」の相補性という観点からなされているのではなく、「普遍主義的特殊主義」というパースペクティヴにおいて展開されている。先に見たように、特殊性のほうは、律法の語る倫理的な原理を自らの「宗教的性質」とする「選ばれた」民としての「イスラエル」に割り当てられている。他方、「イスラエル国家」の設立は、そのような民にとっては、西洋近代が体現するような「普遍的」な体制を備えるにいたった契機である。こうした「国家」が、その他の国家と同様な一つの政治組織にとどまらないためには、「正義の社会への配慮」をこそ、ユダヤ教の倫理としての宗教の特殊主義的課題としなければならない、というのである。

こうした倫理的要請としての「イスラエル」という主張を、それでもやはり神権政治的なヴィジョンや宗教原理主義を補強するものとみなすことはできるだろうか。われわれとしてはむしろ、そこには次のような二つの射程が込められているように思われる。

第一に、この主張は、すでに見たように、レヴィナスは「イスラエル」の民はおしなべて「イスラエル」の国家に集結すべきと言っているのではない。裏返して言えば、「イスラエル」の民が「イスラエル」の国家の内であれ外であれ非「イスラエル」の民とともに生きる可能性が排除されているわけではない。むしろレヴィナスとしては「ディアスポラのユダヤ人の存続」のほうに関心を寄せていた。その場合には、「イスラエル」の民とその他者たちとの関係について考える必要が出てくるだろう。

もう一つの道筋はこうだ。「イスラエル」と言われる政治的体制が、同じく「イスラエル」に課せられた道徳的・倫理的要請に支えられるべきだという主張は、もし「イスラエル国家」がこうした要請を忘却したり逸脱したりした場合、それに対する批判のための原理にもなりうるということだ。「イスラエル国家は宗教的であるか、さもなければ存在しないだろう」という主張は、この意味では、国家の宗教性の肯定ではなく、それに対する倫理的批判としても理解しうる。必要とされる「正義」とは、仮にイスラエル国家がその隣人に暴力を振るうとき、それを正義の名のもとに正当化するためではなく、むしろその暴力を糾弾するためのものになりうるかもしれない。だとすれば、「イスラエル」の「国家暴力」や「植民地的な収奪」を批判しつつ、「非ユダヤ人との共棲のユダヤ的価値」を探るためにむしろ「ユダヤ的源泉」に立ち戻るというジュディス・バトラーの戦略に合流する可能性すら出てくるだろう[Butler 2012]。この道筋は、レヴィナス自身において明示的に示されているわけではないが、とはいえ、レヴィナスが「メシアニズム」と呼ぶものは、こうした理解と無縁ではないように思われる。

第一の道筋——「イスラエル」の他者たちとの共生——については本書第Ⅳ部で見るとし、以下ではまず、後者に関わる「メシアニズム」を検討しよう。

(C) メシアニズム的次元
「イスラエル」と「メシアニズム」

レヴィナスにおける「メシアニズム」概念は、その哲学的著作においてもユダヤ的著作においてもたびたび現れており［Kavka 2019］、レヴィナスをユダヤ思想におけるメシアニズム論の系譜に位置づけることも可能だろう［Bensussan 2001; Bouretz 2003］。哲学著作では「捕囚手帳」から、『実存から実存者へ』や『全体性と無限』にいたるまでに繰り返し現れているが、後に見るように「タルムード講話」における政治論でも「メシア的政治」の考え方がきわめて重要な位置を占めている。これらに対し、『困難な自由』は、「メシア」ないし「メシアニズム」についてまとまった記述を残していないが、「メシアについてのテクスト」と題されたタルムード読解は例外である。ここでは、まさに「イスラエル」に託す役割として、「メシアニズム」に重きが置かれているのである。

同書には、のちにレヴィナスが「タルムード講話」を定期的に行なうことになる仏語圏ユダヤ人知識人会議での初期の講演が収められている。レヴィナスは設立当初から同会議の中心メンバーであったものの、一九五七年の第一回大会では発表を行なっていない。一九五九年の第二回大会ではじめて行なったのが、先に述べた「「二つの世界のあいだで」（フランツ・ローゼンツヴァイクの道）」というローゼンツヴァイク論である。続く第三回大会および第四回大会において、「メシアニズム」を主題にする発表を連続して行なった。これら二つの発表を一つにまとめたものが『困難な自由』の「メシアについてのテクスト」である。

このテクストは、ユダヤ思想におけるメシア観ないしメシアニズム観の変遷をたどるのでも、政治的・社会運動として生じたユダヤ・メシアニズムの歴史を振り返るのでもない。タルムードの「サンヘドリン篇」において「メシア」を主題に解釈者たちが繰り広げる対話にレヴィナスが注釈を加えるという形態をとっている。

そこでは、「メシアの時」の到来のためには、政治的・社会的な不正の解消が必要か否か、個人的な善行や改悛などの道徳的な行為が必要か否か、それともいずれにも関係しない突然の到来が問題となっているのか、「メシアの時」に与るのは誰かといったさまざまな問いについて、基本的には意見の対立する二つの立場のやりとりをそれぞれ紹介しながら論が進められる。

第三回の講演（『困難な自由』の「メシアについてのテクスト」ではI～III節）における焦点は、とりわけ個人の行為がどれほど歴史的な意味をもちうるのかという点にある。各々の個人の功績や道徳的行為にはそれほど意味はなくメシアの到来をただ待ち望むしかないという消極的待望論と、人間の行為を重視し善行を積むことこそがメシアの到来を早めるという積極的道徳主義のあいだにあって、レヴィナスが提示する解釈は、それが発表された仏語圏ユダヤ人知識人会議でも大きな議論を呼んだ。レヴィナスは、歴史を構成する社会的な次元に対する個々人の参画《アンガージュマン》の必要性という論点について、歴史に対する人間の積極的な介入を必要であると同時に困難なものであるとし、次のような相矛盾するように見える立場を提示する。

> だからこそユダヤ人にとって、参画（engagement）はぜひとも必要でありつつ、かくも困難なのです。だからこそユダヤ人は、すぐさま身を引くことなしには参画できないのです。だからこそ、たとえ自分が正しい大義のために参画しているときでも、ユダヤ人にはこの暴力の後味が残されているのです。［DL 117／一〇七］

すなわち、一方では、「正義」の実現のために、政治的・社会的な次元に「参画（s'engager）」することが「ぜひとも必要である」。この点では、「メシア」が象徴する「正義」の社会を消極的に待望するしかないという立場は退けられる。だが、他方で、ユダヤ人は、その次元から「すぐさま身を引く（se dégager）」ことも求められる。「正しい大義」のために歴史に参画することは、「暴力」を伴わざるをえないからだ。したがって、歴史の舞台に片足を残しつつ、そこから退却しなければならないということだ。こうした矛盾した態度は、まったく異なる文脈であるが、ジャック・タミニオーがそのアーレント論で述べた表現がきわめて的確に表すだろう。タミニオーは、アーレントの『精神の生活』第一巻に見られる「世界から離反したり世界を超越したりせずにそこから退引する」という発想について、世界への「帰属と退引という逆説」と呼んだ［Taminiaux 1992］。レヴィナスがここで述べているのも、歴史への「帰属と退引という逆説」的な立ち位置だと言えるだろう。

このような主張は、実存主義的なアンガージュマンの思想がいまだ影響力を保っていたフランスの知識人層にはにわかに受け入れがたいものだったのかもしれない。続く討論では、とりわけ「非‐参画」の考えについていくつもの疑義が寄せられた。聖書学者のアンドレ・ネエルはこうした中立的な態度それ自体が日和見主義的な政治性をもつのではないかと問う。精神医学のウジェーヌ・ミンコフスキーは、「われわれが歴史を早めることができるか」という問いを発し、「人間的な行為」の可能性はどこにあるのかと述べた(27)。

これらの問いにレヴィナスは答えてはいない。けれども、翌年の第四回大会で同じテーマを選んだレヴィナスが、タルムードの注釈を継続しつつも、これらの問いに間接的な応答を試みたことは十分に考えられる。しかもそこでは、「歴史に参入しつつそこから身を引く」という逆説的な姿勢の射程は、「人間的な行為」一般ではなく、「イスラエル」という具体的な形象に見定められることになるのである。

事実、この講演の結論部分で、レヴィナスはタルムードの注釈をひととおり終えた後で、きわめて現代的な問いを発している。「解放以降、私たちにはいまだにメシアニズムがありうるのか」［DL 137／一二八］。ここで「解放

(émancipation)」というのは、第二次世界大戦の終結にともなう〈解放(Libération)〉のことではなく、フランス革命を一つの契機としてユダヤ人が平等な政治的な権利を認められて西洋社会へと同化ないし統合されるにいたった経緯を指している。ユダヤ人が、「普遍」を自称する西洋の政治制度のもとに参入することで、メシアニズム思想をはじめとした自らの伝統的な考えの「特殊」性をむしろ否定しかねない立場に立つことになったという状況だ。

こうした状況認識に基づいてレヴィナスが提示するのは、「メシアニズム」をあえて「イスラエル」との関係で捉えなおそうとする見地である。ちなみに、後述のように(本書第Ⅳ部第3章)、ジュディス・バトラーが、レヴィナスのメシアニズムについて触れ、そこに歴史的次元と非歴史的次元の二重性(ないし矛盾)を喝破するときに依拠しているのもこの箇所である。

> メシアニズム的な感性は、選びの意識(これはもしかすると、結局のところ主体の主体性そのものかもしれない)からは切り離すことのできないものだが、これは、イスラエル国家という解決策によって、世界史のもはや不可逆的となった方向と、必然的に特殊主義的であるべきメシアニズムとが結び合わさるという試みが示されることがなければ、取り返しのつかないかたちで失われるだろう。この普遍主義的特殊主義(これはヘーゲルのいう具体的普遍のことではない)が見出されるのは、歴史の承認と結びついた、歴史との協働と結びついたシオニズム的な希求においてである。この協働がはじまるのは、解放以来、同化ユダヤ人としてわれわれが身を置いているこの歴史から脱出するという退引の運動からである。
> [DL 138/一三〇]

もちろんここに、「イスラエル国家」が「メシアニズム的な感性」および「シオニズム的な希求」に基づいて自らに課せられた歴史的な使命を担うべきだとするきわめて強い宗教哲学的な主張を読み込むことも可能かもしれない。だが、そのような文句の裏に、レヴィナスの「普遍主義的特殊主義」に特有の、両義的な揺らぎが示されていることを見落とすことはできない。一方で認められているのは、「イスラエル国家」という「解決策」は「歴史」の流れにとって後戻りすることができない出来事となったということである。だが、他方で、そうした世界史的出来事（すなわち「西洋」への参入）は、「必然的に特殊主義的であるべきメシアニズム」によって裏打ちされていなければ、「メシアニズム的な感性」を消し去ることになる。このように、ここにはすでに幾度も見てきた「普遍主義的特殊主義」の発想がメシアニズムの観点で言い直されているのである。

実際、この引用における、近代国家の成立という「普遍主義」への参入とメシアニズムの伝統の「特殊主義」との揺らぎは、先に見た「歴史」へと「参画（s'engager）」する動きとそこから「身を引く（se dégager）」動きの両義性にほかならない。この「歴史との協働」がはじまるのは、「解放以来、同化ユダヤ人としてわれわれが身を置いているこの歴史から脱出するという退引の運動から」だとされているように、「歴史」との「協働」と、そこからの「脱出」ないし「退引」という二つの方向に引き離される緊張関係こそが「普遍主義的特殊主義」的なメシアニズムのダイナミズムをなしているのである。

このような「協働」とそこからの「退引」の二重性からなるメシアニズムの発想が、フランツ・ローゼンツヴァイクの影響を深くとどめたものであることは、先に述べた仏語圏ユダヤ人知識人会議でなされた講演「二つの世界のあいだで」から明らかであろう。そこでは、レヴィナスはローゼンツヴァイクからユダヤ民族の「特殊主義」という考えを引き出し［DL 276／二六二］、これは、世界史的な全体性に対して「外部」に留まるというユダヤ的永遠性にほかならないとする。「世界の政治的歴史とは別に存在するという主張」こそが、ユダヤ民族の特殊性をなすというのである［DL 277／二六三］。

この歴史からの協働かつ退引という考えをレヴィナスが重視していることは、それ自体レヴィナスの立ち位置の特異性を示している。それは同時代のユダヤ人知識人にすら容易に許容されるものではなかったからだ。先の「メシアについてのテクスト」の発表と同様、「二つの世界のあいだで」が最初に発表された第二回仏語圏ユダヤ人知識人会議においてもこの点に関していくつもの疑義が呈された。ネエルやミンコフスキーだけでなく、哲学者のジャン・ヴァール、スピノザ研究者のロベール・ミズライ、詩人のクロード・ヴィジェなどさまざまな顔ぶれが集った質疑応答においても、やはりこの「歴史からの退引」とは、ある種の日和見主義や象牙の塔に籠る非実践的思考ではないかとの意見が投じられた(28)。

だが、レヴィナスによれば、ここで問題となっているのは、「迫害によって激化したナショナリズムの傲慢さ」でもなければ［DL 281／二六七］、状況から距離をとる非介入的な日和見主義でもない。「諸々の出来事をつなぐ内的論理がどのようなものであれ、そうした出来事から自由のままでいること」によって、「歴史を裁くこと」が可能になるというのだ［DL 277／二六三］。ここには、ある意味で、ヘーゲルのいう「歴史をもたない民」の非政治的自律性を反転させたユダヤ民族の独立性の主張が見られるだけではない。「世界法廷」としての「世界史」に対して、世界からの「退引」こそが、「歴史」の流れを中断しつつそれを「注視」し、「歴史」を裁きうる「行動の原初的条件」だというのだ(29)。

この観点からすると、「歴史との協働」と「歴史からの退引」の二重性を語る先の引用について、後述のようにジュディス・バトラーが読みとったレヴィナスのジレンマ――すなわち、「歴史からの退引」の次元における「顔の倫理」の思想が、「歴史との協働」の次元においては具体的な「他者」へと及んでいないというジレンマ――は、別のかたちで解釈されなければならない。そこにあるのはむしろ、レヴィナスの「イスラエル」論に一貫して通底している「普遍主義的特殊主義」の二重性である。すなわち、一方の、西洋近代の体現する「国家」や「歴史」の「普遍性」の次元に参画しつつ、他方で、「歴史」から身を引いた特殊主義的な伝統を絶えず蘇らせるために「倫理」の側から絶えず道徳的要請が発せられるというダイナミズムこそが、――ローゼンツヴァイクによる「永遠の民」の考え方によって補強されつつ――レヴィナスの「メシアニズム」観を形成しているということだ。この「倫理」の場所は、「歴史」のなかに穿たれたある種の「飛び地」のようにして、「歴史」の「彼方」を目指すことすらできるかもしれない（この点は、後述の本書第Ⅲ部第4章を参照）。

メシアニズム的政治と呼びうるこのような観点は、以下で見るように『全体性と無限』および『困難な自由』公刊以降に独立したかたちでまとめられる、第五回知識人会議以降の「タルムード講話」や、『聖句の彼方』等の著作においていっそう展開される。後期レヴィナスにおいて確かに認められるこうした「メシアニズム」的政治観については、同じ時期に哲学著作において――しかもきわめて類似した構造のもとで――展開されるいわゆるレヴィナスの「正義論」と合わせ稿をあらためて論じる必要があるだろう。

以下では、『困難な自由』のなかで確かに展開されているもう一つの道筋、すなわち「イスラエル」とその他者との関係についてレヴィナスが行なっている議論をたどり直すことにしよう。そこでは、これまでとは別のかたちの、いっそう普遍化された「普遍主義的特殊主義」の姿が見出されるだろう。

「われわれの普遍主義」――五〇年代後半の「転回」

以上のように、「イスラエル」をめぐるレヴィナスの議論は、政治的・社会学的・歴史的な水準でなされているのではない。それは、「普遍主義的特殊主義」というレヴィナスに特有の展望のなかで、西洋への参入という観点からすでに成立している「イスラエル国家」を前提としつつ、それに対し、同じく「イスラエル」の特殊主義的な伝統に由来する倫理的要請を提示するという二重性によって構成されている。

ただし、レヴィナスが「イスラエル」を語るとき、けっして「ユダヤ人」のみが問題になっていたわけではない。

五〇年代のレヴィナスのテクストを読み直してゆくと、「普遍主義的特殊主義」という展望のもと「イスラエル」について語りつつも、このような、「非ユダヤ人との共棲のユダヤ的価値」[Butler 2012, 1] の可能性を探りはじめている姿を認めることができる。いや、むしろ事態は逆であって、後者の「共棲」の問題こそ、「道徳的カテゴリー」としての「イスラエル」という考えを強固なものにする機縁となったとすら言えるかもしれないのだ。

思い起こしておくと、一九五七年に発表された「成年者の宗教」においては、「選び」によって唯一「私」のみが「道徳的意識」ないし「責任」を担う「主体」という考えが、「道徳的カテゴリー」としての「イスラエル」の内実だと喝破されていた。

だが、このテクストを同時期の、すなわち五〇年代後半のテクストの圏内に置き直してみると、レヴィナスにおける「普遍主義的特殊主義」が注目すべき変容を遂げていることが見えてくる。ここにおける「普遍主義」の射程は、フランス共和主義にも、西洋近代的政治制度をそなえた「イスラエル国家」にも限定されず、民族としての「イスラエル」すらをも超え出て、他なる民族や他なる宗派との「共棲」の可能性すら垣間見させるほど拡張されるのだ。

この「転回」の契機としては、公刊されたテクストから確認できるかぎりは、先に触れた「成年者の宗教」の元をなす一九五七年のモロッコのキリスト教修道院での講演に加え、その翌年のジャン・ダニエルーという高名なカトリックの神学者の講演に反応してレヴィナスが残した小論「イスラエルと普遍主義」が注目に値する。異教徒――ここではとりわけキリスト教徒――との対話こそ、先にも述べた『困難な自由』の序文が示すキリスト教的な考え方に対する批判的な態度が徐々に和らぎ、「ユダヤ‐キリスト教友好会」へと方向づけられてゆく契機となる。シモーヌ・ヴェイユ論に顕著に現れていたキリスト教的な考えへの「論争」的姿勢は影を潜め、ある種の「開放」の機運が芽生えはじめるわけだ。ただし同時に指摘しておくべきは、逆説的なことに、この「開放」への志向においてこそ、「イスラエル」の「特殊主義」の内実が固められるようになるということである。

ここでは「イスラエルの普遍性」という小論に注目しよう。一九五八年一二月、レヴィナスは、カトリックの教育機関が主催するダニエルーの講演「地中海文明の共通の土台」を傍聴する。これは、次のように語られるほど、レヴィナスのキリスト教理解とっては一つの動因となるものであった。

私はこれまで、慈愛という次元は、カトリック教徒が、自分と同じようには信仰をもたない人々とふたたび一緒になるような次元のみだと思っていた。共通の文明について配慮すること、それは諸々の制度を勧奨すること、心の高邁さを超えて、共存と共生のための客観的な土台を勧奨することなのだ。このことはとても新しいことであり、とても励まされるものである。この励ましについて、私はダニエルー神父に謝辞を送りたい。［DL 245f／二三二］

見られるように、こうしたキリスト教理解とは、「地中海文明の共通の土台」への配慮、とりわけ「自分と同じようには信仰しない人々」との「共存と共生のための客観的な土台」の配慮へと結びついている。ただし、興味深いのは、レヴィナスが、ダニエルーが示したキリスト教における「共通の文明」への「配慮」の勧奨を讃えつつ、むしろそうした「土台」は、キリスト教ばかりでなく――あるいはキリスト教以上に――ユダヤ教においてこそ見出されると述べはじめようとしていることだ。すなわち、西洋的・キリスト教的な普遍性に特殊的な「イスラエル」がそれなりに関与するということではもはやなく、ユダヤ教的の特殊性に基づいた普遍性がありうるということだ。それこそが、レヴィナスが「われわれの普遍性」と呼ぶものにほかならない。

神を知ることの真理は、「エレミヤ記」二二章が言うように、彼ら〔ユダヤ人〕にとっては教義の問題ではなく活動の問題である。ユダヤ人は、道徳を実践する非ユダヤ人とも、つまりノアの末裔とも、ユダヤ人と同じくらい親密に、また宗教的に交流することができる。あらゆる民族の義人はみな来るべき世界に参与するというラビ派の原則は、終末論的な見地を表現しているだけではない。それが認めているのは、各々が認める教義を超えた、この究極の親密性が可能だということ、留保なき親密性が可能だということである。

そこにこそわれわれの普遍主義がある。族長とわれわれの母たちが休む洞穴に、タルムードはアダムとイヴを休ませている。ユダヤ教が到来したのは、人類全体のためなのだ。〔…〕選びとは、道徳的意識の「私」が発せられる義務の余剰である。［DL 247／二三三―四：強調は引用者］

この引用に基づくと、「われわれの普遍性」を支える特殊的な源泉は二つの種類がある。

一つは、末尾に現れるように、レヴィナスが「成年者の宗教」の倫理的本質とした「道徳的意識」に課せられた「義務」である。「選ばれた民」とは、他の民族への無関心や自民族中心主義によって規定されるのではない。「選び」による特権があるとすれば、それは、「私のため」ではなく「私以外のもののため」に義務を負わなければならないことにある。「義務の余剰」とは、自分が負うべき義務以上の義務を自らの義務として認めることにある。そのような「私」こそが「道徳的意識」の表明にほかならないということだ（考えてみれば、自分が負うべき義務のみを履行することは、宿題をこなしたり債務を返済するときがそうであるように、必ずしも「道徳的」なことではないだろう）。こうした「余分な義務」を自らのものとして引き受けなければならないという意味での「選ばれた民」が「ユダヤ民族」であると言われているのである。ここでも卑近な例を出すならば、「選び」とは、いわゆる「エリート意識」がそうであるように「選りすぐり」の特権を有した者よりは、掃除当番や雪かき当番のように、他者のためになるがあまり率先してやりたくないような「奉仕」を義務づけられることだ。ちなみに、『困難な自由』序文末尾では、「ユダヤ人を、報酬なき奉仕や、自分で費用を負担してなされる任務、自分のリスクと危険でなされる任務へと定めるような儀礼」のことを、「典礼（liturgie）のギリシア語が元来の疑問の余地のない意味で意味しているもの」とされている［DL 10／xv］。ここでの「典礼」が「選び」の内実をなしているといってもよい。「レイトゥルギア」とは、古代ギリシアにおいては、自分自身が出費をしつつ公共の用務のために仕える公共奉仕を意味していたのだった。

ただし、先の引用では、こうした倫理的な義務の余剰を担う「選び」の源泉は、ギリシアではなくユダヤ教の伝統的な考えにある。引用冒頭での「エレミヤ」への言及は、具体的にはその二二章一六節を指している。「神を知る」ことは、内的生への啓示ではない。そうではなく、「貧しい人、乏しい人」に対し「正義」を行なうことだと。レヴィナスが、「教義の問題ではなく活動の問題である」と述べているとき、「活動」とは、このような意味で理解されるだろう。付言しておけば、同時期の別のテクストでは、同じ箇所が引かれ、次のように言われている。「倫理的関係は、正義なしには不可能である。それは、単に宗教的生活を準備するものでも、単にそこから由来するだけのものでもなく、この生そのものなのだ」［IH 160／一六五］。レヴィナスの言う「本質的に倫理的なもの」としての宗教という考えは、このような「正義」の考えに基づいていると言うこともできるだろう。

ただし、先の引用で注目しておくべきもう一つの点は、「道徳を実践する非ユダヤ人」の言い換えとして提示されている「ノアの末裔」という考えだ。事実、この「ノアの末裔」という考えこそ、「イスラエルと普遍主義」の翌年、「ライシテ」をめぐる講演に主題的にとりあげるものにほかならない。この点については本書第Ⅳ部で立ち戻ろう。

第Ⅲ部　タルムード講話とキリスト教への接近

レヴィナスの「タルムード講話」をどう読むか

『全体性と無限』という主著の公刊によって、東方イスラエリット学校におけるユダヤ教育に一区切りをつけてフランスの大学に職を得たレヴィナスにとって、トーラーの「学び」と「教え」を実践する舞台は、仏語圏ユダヤ人知識人会議に移行する。そこで長年にわたって行なわれた「タルムード講話」は、フランスのユダヤ人社会にもきわめて大きなインパクトを残したのだった(1)。現時点から振り返ると、レヴィナスの「タルムード講話」は、「ユダヤ思想」と「現象学」、「倫理」と「存在論」、「イェルサレム」と「アテネ」という、レヴィナスの思想地図のなかで双竜のようにそびえたつ二つの巨大な問題圏の一つを占めているように見える。

だが、このレヴィナスの「タルムード講話」をどのように読み、またどのように位置づけたらいいだろうか(2)。

もちろんこの「タルムード講話」を、レヴィナスに固有の「タルムード解釈」として論じる道はあるが [Moyn 2003; Kleinberg 2019; Aronowicz 2019]、聖典解釈の歴史や技法にまったく通じていない筆者は、この道に進むことはできない。ただし、せめて付言しておくとすれば、解釈の技法について、レヴィナス自身はそれほど明示的に説明することはせず、むしろ自らがタルムードの「専門家」ではなく「愛好家（amateur）」、「日曜タルムード学者」にすぎないことを断ってもいたことだ。あるいは、レヴィナスのタルムード解釈の方法論やテーマ設定については、タルムードについての伝統的な解釈を踏まえたものというより、そこにレヴィナス独自の（しばしば固有の解釈枠組みに基づいた）解釈があるとの指摘もなされている [Moyn 2003; Banon 2022]。

また、「タルムード講話」に出てくるいくつかの論点をレヴィナスの哲学的なテクストと照らし合わせて読むという道もありうるだろう。実際、後で見るように、レヴィナスの哲学的なテクストに出てくる概念のうち主要なもののほとんどはタルムード講話にその源泉を見出しうると主張することもできるかもしれない。ただし、この作業は一見容易であるように見えて、この道に踏み込むための前提として「ユダヤ的著作」がレヴィナスにおいてどのような関係にあるかというもっとも重要な問題の一つを避けて通るわけにはいかない。この課題こそ本書が全体として取り組むものといってもよい。

レヴィナスの「ユダヤ性」のあり方をその思想形成の過程との関係から把握することを目指す本書にとっては、「タルムード講話」に関しても、その成立の経緯を確認し、また各々の講話を概観した上で、それをレヴィナスのテクストの全体のなかに置き直すという作業にとどまらざるをえない。ただし、このような読み方の利点は以下にあるだろう。すなわち、「タルムード講話」が完成した後の地点からの回顧的な視点に立って、あたかも最初からそこに一定の指針があったかのように想定する読み方を避けられる、ということだ。「タルムード講話」を一つ一つ読むことによって、通常それについて抱かれる印象や想定を覆すような特徴が浮かび上がってくるかもしれない。

「タルムード講話」にいたるまで

そもそも、「タルムード講話」はレヴィナスの発案に基づくというよりも、かなり偶然的な事情によってはじめられ、徐々に慣例行事化されていったように思われる。とはいえそこには、レヴィナスがそれ以前から続けていたタルムードの「教え」という営みを継続するという要請があったことは確かだろう。

第一に重要なのは、東方イスラエリット師範学校で毎週土曜日午前に行なわれていたラシー講義である。ラシー（一〇四〇～一一〇五年）は中世フランスのラビで、タルムードの解釈で知られている。この講義は、東方イスラエリット師範学校の生徒だけでなく一般にも開かれていた。前日の金曜日に、発表学生に対してヘブライ語ないしアラム語の原文の仏訳を渡し、注釈を要請する。当日はそれをめぐって対話的なかたちで講義を行なう。「私はいくつか聖句を選び、それについて学校の生徒のほかにも聞きにくるあらゆる種類の人々の前でそれについて解説し、シュシャーニの精神を延長させようとしていた」とレヴィナスは述べている［ポワリエ 158／一七四］。この講義は基本的に口述のものであり、その記録は残されていない(3)。しかし、この講義は聴衆や生徒に大きな意義を与えただけでない。レヴィナスに対して「ユダヤ教の聖典についての自分自身の解釈の仕方や教え方を発展させ、残り火に息を吹きかけることで炎をふたたび灯す」ことにつながったと言うことはできるだろう［Kleinberg 2021, 81］。

さらにレヴィナスは、土曜日だけでなく火曜日の夕方にもタルムードに関する講義をもつことになる。この火曜講義は六〇年代初頭に生まれた。モロッコのユダヤ人学校では高校の最終学年でヘブライ語を教えられる教員が足りなくなっていたため、特別課程が必要とされたことによる。レヴィナスはネルソンとともにこの講義を担当するが、ここにはすでにタルムードの学びを深めていた「タルムード・グループ」と呼ばれる学生たちも参加した［マルカ 113／一三八］。

しかし、レヴィナス自身が『全体性と無限』の公刊により大学に職を得ることで、東方イスラエリット師範学校の校長の職は名目上のものになり、これまでのような継続的な講義はもてなくなる。他方では、一九六〇年を頂点とするフランスの旧植民地の独立によって、東方イスラエリット師範学校が教育対象としていた主に北アフリカのユダヤ人たちの大部分はフランスないしイスラエルへと移住することになる。こうした外的な要因からも、シュシャーニとの出会いを契機にして、東方イスラエリット師範学校での土曜日のラシー講義およびその後の火曜日のタルムード講義の延長線上に「タルムード講話」を位置づけることは十分可能だろう［cf. Kleinberg 2021, 82, 94］。少なくとも時期的には、一九五七年に創設される仏語圏ユダヤ人知識人会議における「タルムード講話」は、まさにこのタイミングではじめられるのである。

第1章　「仏語圏ユダヤ人知識人会議」とは何か

　そもそもレヴィナスが「タルムード講話」を行なっていた「仏語圏ユダヤ人知識人会議」（Colloques d'intellectuels juifs de langue française）とは一体何なのか。レヴィナスの「タルムード講話」の内容や特徴を見るまえに、この会議がどのような組織だったのかを見ておく必要がある。

　レヴィナスは、この会議にほぼ毎回参加し、次第に会議を締めくくるようになるその講演──「タルムード講話」──はいわば恒例行事となっていったために、彼自身の書いたテクスト、あるいは二次文献においてこの会議への言及を目にすることがしばしばある。たとえば、その伝記の著者マリー＝アンヌ・レスクレは、けっして少なくない頁をこの会議およびそれへのレヴィナスの参加の記述に捧げている。ところで、そこに見られる次のような指摘は、とりわけ目を引くものである。

> 一九六九年の会議では、われわれはふたたびジャン・ヴァールや──彼はこの企て自体には反対はしていなかった──、ウラジーミル・ジャンケレヴィッチに出くわす。とはいえ、ユダヤ系の出自をもつフランスの哲学者のなかでも、ジャック・デリダに出くわすことはけっしてないだろう。［Lescourret 1994, 170］

同様の指摘は、合田正人による浩瀚なレヴィナス論においても見られる。

この会議がフランス現代思想を考えるうえで不可欠な影の運動体であることは強調しておきたい。たとえばデリダは同会議を傍聴したことはあるが、そこで講演を行なったことは一度もない。そのこと自体が重大な選択を意味しているのである。〔…〕モロッコの作家、アブデルケビル・ハティビが〔…〕「レヴィナスのような偉大な哲学者がこのようなシオニストの会議に出席して何をしようというのか」と断じていることもつけ加えておきたい。［合田 二〇〇〇、四二六］

これらの指摘は、デリダが実際に一九九八年開催の第三七回会議「いかに共に生きるか」で講演を行なう前、[4] ないしは少なくともその記録が公刊されるのに先立ったものであり、ここで引用したのはその診断の誤りを指摘したいためではない。そうではなく、さしあたり問いたいのは、デリダの不参加を強調するこうした指摘の背後にあると思われる一つの共通前提である。すなわち、「仏語圏ユダヤ人知識人会議」とは、何らかのイニシエーションを必要としたり、あるいはそこへの参加を選択することが参加者自身の何がしかの政治的な態度表明と同一視されたりする性格を有するものなのか。

公刊された会議の議事録、さらに近年増えつつあるこの会議についての研究を踏まえると、[5] 知識人会議は、なんらかの主義主張によって識別しうる組織というよりも、よりいっそう多様な主張の集う会合の場であったように思われる。それだけにとどまらない。合田が強調しているように、この会議は「フランス現代思想を考えるうえで不可欠な影の運動体」であることに加え、半世紀にわたるその活動自体が、一種のプリズムとして、戦後フランスにおける「ユダヤ性」の問いの複雑性を表現するものであるように思われるのである。以下では、こうした点を念頭において、まず、この会議の設立にいたる歴史的経緯を概観した後に、主として時系列に沿い、とくに同時代の歴史的文脈を考慮しつつ、「知識人会議」の特質を確認していきたい。

「仏語圏ユダヤ人知識人会議」の特徴

「知識人会議」は、一九五七年、世界ユダヤ人会議[6]のフランス支部（支部長E・フレッグ）の後援のもとに創設された。年に一度、パリないしパリ郊外で、ユダヤ人（とはいえ非ユダヤ人が排除されるわけではない）の学者、研究者、著述家等々が集い、会の運営にあたる「準備委員会（Comité préparatoire）」が毎回設定する特定のテーマのもとに数名の発表者が講演を行ない、それに対して討論をするという形式をとっている。各大会の記録はおおよそのところ活字にされ、公刊されている[7]。一九九〇年代から隔年開催になるまで毎年開催されていたが、二〇〇四年にその幕が下ろされることになる。

ちなみに、「世界ユダヤ人会議」の後援を受けているとはいえ、これはとくに財政的・事務的なものであり、知識人会議自体が、この世界的なユダヤ人組織のうちの、フランスにおける学術部門を担う一つの分枝として設立・維持されたというわけではない。実質的には、世界ユダヤ人会議からは独立しており、主たるメンバーらによって構成されていた「準備委員会」が、いわば自治的に各大会のテーマおよび発表者の選定にあたり、運営を行なっている[8]。

こうして開かれた会議には、哲学者、宗教家、社会学者、医者、弁護士、エッセイスト等々それぞれ独自の領域で活躍する知識人らが一堂に会し、学術的な発表や討論を行なった。この点でこの会議はフランス・ユダヤ社会における「学会」型組織と言える。参加者は、報告者に限っても、総計で二〇〇名を優に超え、アンドレ・ネエル、エマニュエル・レヴィナス、エリ・ヴィーゼル、さらにアラン・フィンケルクロートといった「ユダヤ系」の思想家・作家から、「ユダヤ的」ではあることはさほど強調されない哲学者としてもジャンケレヴィッチ、ジャン・ヴァールからクロード・ルフォール、社会学においてはアルベール・メンミ、レイモン・アロン、ドミニク・シュナペール、歴史学においてはレオン・ポリアコフやピエール・ノラ、さらには精神病理学のウジェーヌ・ミンコフスキー、科学哲学のアンリ・アトラン、映画監督のクロード・ランズマンといった多くの著名人の名をそこに認めることができる。もちろん、全体のトーンとしては、アンドレ・ネエルの「聖書講話」、レヴィナスの「タルムード講話」(9)がこの会議の大勢の中核をなしていたこともあり、思想的、宗教的なテーマが大勢を占めていたことは確かである。ただし、会議では、大ラビに象徴される宗教的に保守的な論者も、宗教に中立的な立場の論者も発言したし、政治的にはシオニストも非シオニストもいた。少なくとも、政治ないし宗教的なテーマについて、会議としての統一見解を示したり、活動指針を示したりすることはなかった。第一回会議の議事録の序文でエリアヌ・アマド・レヴィ＝ヴァランシが言うように、「単に本来的のみならず、敬虔な、あるいは知識のある」ユダヤ人、さらにはこうした会議の存在自体に対して「当惑」を隠さないユダヤ人(10)、あるいはさらにジャンケレヴィッチの言葉では「ユダヤ教の意識をもっていなかった」ユダヤ人ですら(11)、それぞれの立場を踏まえ一堂に会する「討議、意見交換、対話の場」(12)こそ、少なくとも発足当時はその目指すところであったと言える。

こうした知識人会議の特徴、あるいは「功績」の一つは、通常各自さまざまな分野で活躍する知識人たちが、具体的な時代背景とも呼応しながら、各々の「ユダヤ性」についての省察を重ねて、多くの貴重な資料体を残したことにあるだろう。実際、知識人会議はそこに参加する知識人のさまざまな「ユダヤ性」のかたちを見せる場であった。たとえば、ネエルが言うように、そこでのジャンケレヴィッチの一連の発表を集めると、もし公刊されていれば非常に興味深いはずの『ジャンケレヴィッチ・ユダヤ著作集』のようなものを編むことができるだろうし［Neher 1978, 171］、あるいはさらに、レヴィナスの著作群のうちの半分、すなわち哲学的テクストの傍らで、それに劣らぬ影響を有しているユダヤ教に関する諸テクストも、この知識人会議なしには日の目を見ることはなかっただろう(13)。

知識人会議の経緯と変遷

I 一九五〇年代——最盛期と「ユダヤ意識」のジレンマ

この会議はどのように誕生したのか。

会議の着想自体はさらに時代を遡る。第二次世界大戦中に、音楽家のレオン・アルガジが開いていた地下研究会において、「ユダヤ教の失われた輝き」に「道徳的、知的、精神的な助力」を与えるという展望が提示され、戦後、これに賛同した当時世界ユダヤ人会議のフランス支部長を務めていた詩人エドモン・フレッグの協力によって、会議開催が具体化することになった。(14)

旗振り役を務めたフレッグは、知識人会議の開催に先立つ会合において、三〇人あまりのユダヤ人を集め、会議の方針を議論にするために、「あなたはいかにユダヤ人になったのか」という問いを参加者らに提起したという [Neher 1978, 166]。設立の出発点には、第二次世界大戦後——あるいは「アウシュヴィッツ以降」——いかなる仕方でユダヤ人として存在するのか、「ユダヤ意識」にいかなる意味を与えるのか、という問いかけがあったのである。

こうした問いかけは、実質的には学者らによる講演や討議によって練り上げられるわけだが、その向かう先には、「ユダヤ人共同体」、より正確には、「脱ユダヤ化したユダヤ人 (Juifs déjudaïsés)」が想定されていた。(15) とはいえ、単に知識人による啓蒙を目指すというよりも、「ユダヤ性」に対するユダヤ人自身（知識人を含む）の無理解、無関心から、(16) 自らの「源泉」に戻ることが問題となっていたと言える。こうした要請に呼応するかのように、一九六〇年代には、アンドレ・ネエルが『ユダヤ的存在——孤独と衝突』（一九六二年）を、レヴィナスが「ユダヤ教についての試論」を副題にもつ『困難な自由』（一九六三年）を、レヴィ＝ヴァランシが同じく「ユダヤ教についての試論」を副題にもつ『根源と源泉』（一九六八年）をそれぞれ上梓していることは興味深い。(17)

一九五七年五月二四日、ヴェルサイユで開かれた第一回知識人会議は、エドモン・フレッグの基調講演「ユダヤの歴史の意味」によって幕を開けた。フレッグはそこでイスラエルの「夢」と「期待」について熱く語り、「預言者を継承するヘルツル、ヴァイツマン、ベン＝グリオンという三人の創設者が約束したように、イスラエル国はイスラエルの夢の継承者である。とすると、われわれは、今日、あらゆる人々とともにわれわれの夢を成し遂げることによってこそ、世界のうちに自らの場所を有することになるだろう」と締めくくっている。[18] 言うまでもなく、ヘルツルは「シオニズム」運動の創設者、ヴァイツマンはイギリス出身の科学者にしてイスラエル建国に携わり、初代イスラエル大統領になった人物であり、ベン＝グリオンはと言えば初代首相を務めた人物である。

だが、知識人会議の創始を告げるこのような「シオニズム」色の強い宣言とは裏腹に、会議自体は、こうした見地を共有することのみを目指すのではなかった。このフレッグの講演に続く討論において、すぐさま発言した哲学者ジャン・ヴァールは、「ユダヤ人であること」とは自明なことなのかという問いを提起し、議論の口火を切るのである[19]（ちなみに、レヴィナスが「ユダヤ教とは宗教ではない。〔…〕それは一つの存在了解である」と言うのは、このヴァールの問いへの応答としてである[20]）。

ジャンケレヴィッチもまた、同じ第一回会議での講演「ユダヤ教、内面の問題」を、ある種の当惑を打ち明けることからはじめている。自らの「内面の問題」と思われてきた「ユダヤ人であること」の問いを、——とりわけ伝統的ユダヤ思想の専門家でない者が——どのように語るべきかという当惑である。ジャンケレヴィッチは、「ユダヤ人であること」のジレンマをいくつか挙げているが、なかでも特筆すべきが、フランスのユダヤ人が自らの「アイデンティティ」について抱かざるをえないジレンマ、「フランス人であると同時にユダヤ人であること」の問題である。

フランス人であると同時にユダヤ人であること、それはよりいっそう危険な要請に起因するものである。それは、フランス国と、他の諸国のうちの一つの国家と見なされたイスラエル国とに同時に帰属するということではない。〔…〕ユダヤ教は一つの観念、超自然的彼岸、常軌を逸した要請であり、存在全体に関わるものなのである。こうした条件のもとでは、私は日常的な義務の次元を超えてもなお――こうした次元が問いに付されることなく――フランス人のままであり続けることはできるのか。もし私が「二重国籍」を得て、同時にどちらでもあることができるようになったとしても、それでも安らぎがもたらされることはなかろう。フランス・ユダヤ人ないしユダヤ教信仰のフランス人という観念は、安心させてくれる観念であり、それがもたらす安寧は是非ともいただきたいが、しかしそうしたことを認めることができるのは、もうそれ以上深く問わないという条件でのことにすぎないのだ。(21)

知識人会議の題目、とりわけ公刊された初期の議事録のタイトルに目を転じるとすぐに気がつくのは、一貫して「ユダヤ意識（conscience juive）」という語が用いられていることである。実際、一九五〇年代のフランスにおいて、「ユダヤ・アイデンティティ」を公然と主張することはそれほど容易なものではなかったように思われる。「革命」以来の「共和国原理」に従って、ユダヤ人は「ユダヤ人」である前に「フランス人」であり、せいぜいのところ「ユダヤ教信仰のフランス人」であるという「フランス・ユダヤ人」型モデルがある程度定着していたが、しかしこれと「常軌を逸した要請」たるユダヤ教への帰属意識はいかに両立しうるのか。こうしたジレンマこそ、当時のフランス・ユダヤ人社会全般の不安を反映した、初期の知識人会議の中心的な検討課題であったと言える［Coulon 2006, 111-113; Simon-Nahum 2005, 95］。アンドレ・ネエルは、よりいっそう正統的ないし保守的であったと言えようが、彼の表現によれば、このジレンマは、「われわれを呼び求めるイスラエルと、われわれを引きとめるディアスポラとのあいだの永遠のゆらぎ」である［Neher 1972, 25］。

第二回会議では、ジャン・ヴァールが閉会の辞を述べている。哲学者であり詩人であるヴァールによる、自らの詩を引用したこの総括は、同時に彼が自分自身の「ユダヤ性」の問題について率直に打ち明ける稀なテクストである。彼はそこで自分自身がベルクソンやシモーヌ・ヴェイユ同様「ユダヤ教に対して無知」であったことを率直に公言するばかりではない。「私はユダヤ人である」という命題型の主張にひそむ「危険」を指摘することで会議を締めくくるのである。(22) 初期の知識人会議はこうした議論の差異にこそ敏感であったのだろう。レヴィ＝ヴァランシは、「ユダヤ意識の内気さと大胆さ」と題されたこの第二回会議議事録への序文において、このヴァールの発言に注意を促し、こうした批判に謝意をすら示している。(23)

したがって、知識人会議は、その歩みの発端においては、なんらかのメッセージを有した一枚岩の組織といった特徴を有するものとは言いにくい。むしろ、第三回会議の総括でジャンケレヴィッチが語るように、初期の知識人会議は「非常に大きな異質性」——すなわち一方の極にネエルやレヴィナスのように聖書やタルムードといった「真にユダヤ的な事柄」に関わる講演、もう一方の極に、(24) ヴァール、ジャンケレヴィッチなどのむしろ世俗的な哲学者の議論、さらに彼らにとどまらず、ウラジーミル・ラビやアルベール・メンミらよりいっそう革新的・活動的なユダヤ知識人の介入にまたがる「異質性」——を宿していたのである。(25)

Ⅱ　一九六〇年代——戦争と「フランス・ユダヤ人」のゆらぎ

フランス・ユダヤ史は一九六〇年代にいくつかの転換点を迎えることになる。概して、六一年のアイヒマン裁判は、ショアの記憶をふたたび想起させただけでなく、イスラエルとディアスポラのユダヤ人との一体感を強める効果をもたらしたと言えよう。だがさらに、特殊フランス的な現象としては、北アフリカの旧植民地諸国の独立にともなって——五六年にチュニジア・モロッコ、六二年にアルジェリア——、これらマグレブ地域のユダヤ人がフランスに大挙して移入してくることが挙げられる。統計によれば、一九五五年に二五万人であったフランスのユダヤ人人口は、二〇万人以上のセファルディの移入によって、七〇年には五〇万を超えるにいたる。これにより、フランスにおけるユダヤ人コミュニティの勢力図が徐々に塗り替えられていくことになる［cf. Abitbol 1998］。

知識人会議に戻れば、第四回に「メシアニズム」を、第五回に「赦し」を主題とし、むしろ逆にその哲学的、思弁的性格を強めている印象も与える。しかし、これらの回の議事録の公刊に際して序文でネエルが語るように、議事録第一巻（第一回から第三回会議をまとめて収録）は「ユダヤ意識」に内的にアプローチしていたのに対し、第二巻では「歴史に直面」した「ユダヤ意識」が、外在的関係においてどのように自らの姿を求め、表わすのかが問われているのである。(26) この点でとりわけ注目すべきは、第四回会議と第五回会議のあいだに開催された、いわば番外編とも言うべき「フランスのユダヤ人知識人とアルジェリア帰還ユダヤ人知識人の会合」である。「独話から対話へ」と題されたこの会合の閉会の辞で、エマニュエル・レヴィナスが、このアルジェリアのユダヤ人との出会いを称えながら、そこに、ユダヤ性の「特殊性」に立脚した「普遍主義」という、自らの哲学的主張の現れを見てとっていることは指摘しておいてよいだろう。(27)

また「赦し」がテーマとなった第五回会議において、もちろんジャンケレヴィッチおよびレヴィナスによる哲学的「赦し」論が展開され、さらにドイツに対する罪、赦し、補償といった論点が提起されるとはいえ、レヴィ＝ヴァランシが「ユダヤ人と黒人」というテーマを、ジャン・アルペランが「イスラエルとアラブ人」というテーマを選択していることも付言しておこう。ただ、もっとも目を引くのが、アンドレ・ネエルが、この会議の閉会の辞の末尾において、キング牧師とアメリカの公民権運動に触れ、会全体を次の文句で締めくくっていることである。「第五回仏語圏・ユダヤ人知識人会議のメンバーはみな、兄弟である黒人たちによる完全な平等への戦いにおいてあなたたちの傍にいることを確言する(28)」。管見では、知識人会議が特定の政治問題に対して統一見解と呼びうるものを表明しているとすれば、唯一この公民権運動への連帯の表明くらいである。

ところで、戦後フランスにおける「ユダヤ意識」にとって、もっとも避けて通れない問いの一つが「イスラエル」の問題にあったことは疑いない。第三次中東戦争こそ、二〇世紀後半の西洋のユダヤ人の経験においてもっとも大きな影響を有した出来事の最初のものと言える。かつてシオニズムを厳しく批判し、アイヒマン裁判の報告書では世界各地のユダヤ人社会から激しい非難を浴びたハンナ・アーレントも、このイスラエルの勝利には「戦場の花嫁」のように振る舞ったと伝えられているが［Young-Bruehl 2004, 454］、類似のケースはフランスにおいてはレイモン・アロンにおいて顕著である。それまで自らのユダヤの出自にはほとんど関心を示さなかったアロンであるが、この機会にはじめて積極的にイスラエル支持を公言するようになる［Aron 1968; Aron 1983, 498-526］。レヴィナスは後年、この二人について触れ、次のように語っている。

私は一九六七年のレイモン・アロンの次のような発言を覚えています。「もしイスラエルが負けることになれば、私にとってこれまでと同じであるものは何もなくなるだろう」。アメリカに旅行した際、ハンナ・アーレントに会いました。彼女はアイヒマンの件以来、シオニズムには非常に留保を付けた立場をとっていました。レイモン・アロンが話題にのぼったので、彼女にこう言いました。レイモン・アロンは一五〇％フランス人だったのに、一九六七年にはこのように言ったのですよと。ハンナ・アーレントはこう答えました。「私も同じように言うでしょう」。［Levinas 1987, 17］

こうして第三次中東戦争は、それまでイスラエルあるいは少なくともシオニズムと距離をとっていたユダヤ人においてすらも連帯の感情を惹起するほどに大きなインパクトを有していた。とりわけ一九六七年一一月の講演でフランス共和国大統領ドゴールがユダヤ人を「自らを過信した支配者たるエリート民族」と非難したことが、フランスにおけるユダヤ人の多くをイスラエル支持へと向かわせ、「ユダヤ人」としての一体感を強める一因ともなった。レイモン・アロンはと言えば、第四次中東戦争直後の第一四回知識人会議で急遽設けられた「イスラエル」をめぐる特別セクションに招かれ、はじめての講演を行なうことになる［Aron 1975］。

知識人会議も第七回会議を皮切りに、第九回、第一一回、第一五回と、この主題を繰り返し取り上げている。だが、問題の膨大さ、デリケートさゆえに「長いあいだの躊躇」の末にようやくこの問いが主題化された第七回（一九六五年）と、一九六八年一月に開催された第九回とでは同じ問題の重みがまったく異なっていることを強調しなければならない。「ユダヤ意識におけるイスラエル」と他の「諸国民の意識」における「イスラエル」という内と外の二つの「イスラエル」像が問題となった第七回は、先立つ会議でもつねに問題となってきた「ユダヤ意識」のゆらぎをふたたび主題化していると言えるが、一九六七年六月の第三次中東戦争におけるイスラエルの劇的な勝利の後に行なわれた第九回はまったくトーンを異にする。第九回の開会の辞を担ったアンドレ・ネエルは、この知識人会議の創設者の一人であったにもかかわらず、この会議の存在様態そのものに対して当惑を隠していない。「今日、一九六八年一月、ユダヤの離散の都市であるパリで開催された会議で私をもっとも当惑させるものは、まさに、この会議がここで開催されており、イスラエルにおいて開催されているのではないということです。というのも、空間もまた変わったからです。この種の会議はすべて、通常イスラエルにおいて開催されるべきだと思わせる革命があったのです(29)」。

だが、こうした見地はかならずしも知識人会議の主要な参加者によって共有されたものではなかった。とりわけ、ウラジーミル・ラビなどは、初期の討議においてときに激しい口調で批判や問題提起を行なったりもしていたが、一九六七年七月に、次回会議（すなわち上述の第九回の「イスラエル」についての大会）の参加者選定に対して異議を申し立てるため、自らも属していた「準備委員会」のメンバーに書簡を送り、会議プログラムには「反シオニストの言説の分析と批判」とあるのに、参加者として反シオニストが一人も呼ばれないのはどうしてかと詰問している(30)。主要メンバー間での意見の相違は、同じ年の一一月、もう一方の側からも現われる。第三次中東戦争の熱狂覚めやらぬなか、一九六七年一一月一二日の準備委員会において、イスラエルの側に一貫した「正義」があると譲らぬアンドレ・ネエルと、それに疑義を唱えるレヴィナスたちとのあいだで一種の論争が起きる。[31] この論争を受け、それまで準備委員会の委員長を務め、知識人会議の中心であったネエルその人が、この会議への参加を今後やめようとするのである。[32]

いずれにしても、第三次中東戦争の衝撃は知識人会議にとってきわめて決定的であった。ネエル、レヴィ＝ヴァランシら主要メンバーに加え、レオン・アシュケナジら戦後フランスにおけるユダヤ思想の再興を図ってきた立役者たちがイスラエルへの「移住《アーリヤ》」を決意し［cf. Charbit 2008］、フランスに残るのはレヴィナスおよびその後準備委員会の委員長を引き受けるジャン・アルペランくらいとなる。[33] レヴィナスが「残った」ことの意味についてはここでは問うまい。目下の文脈で重要なのは、こうした「移住《アーリヤ》」の結果、一九六九年の第一一回会議では、その主題「イスラエルの若さ」が暗示するように、かつての主要メンバーの代わりにエリザベット・ド・フォントゥネをはじめとする若い世代がはじめて登場し、知識人会議が一種の若返り——見方によっては「衰退」［Eladan 1999-2000］——を見せることになるということである。

Ⅲ　一九七〇年代——世俗化と新たな「ユダヤ性」

一九七〇年代の知識人会議の特徴は、七一年の第一二回会議の題目「脱聖化された社会におけるユダヤ人」が示唆するように、これまでの宗教色、哲学色が薄れ、「脱聖化」ないし世俗化された社会におけるユダヤ教という問題がクローズ・アップされてくることにある。講演のテーマとしても、社会的問題やアクチュアルな問題が取り上げられ、「開かれたユダヤ教」というテーマが共通した前提となってくる［Simon-Nahum 2005, 92］。

だが他方で、一九七三年の第四次中東戦争は、第三次中東戦争で口火が切られた新たな「ユダヤ・アイデンティティ」の要請をいっそう強めるものとなった。フランスにおいては、主として「フランス・イスラエリット代表者評議会：クリフ」(Conseil représentatif des Israélites de France: CRIF) が内外に対してユダヤ人共同体の意見や利益を代表する機関であったが、戦後ユダヤ人社会は、明白な政治的な要求を掲げてはこなかった。しかし、先に触れたドゴール発言や、フランスの親アラブ的な態度に直面したフランスのユダヤ人社会においては、六七年の第三次中東戦争を機に「共同体」意識が形成され、「政治的」な主張が徐々に展開されるようになる [cf. Wieviorka 1998]。七二年には、同組織が略号をそのままにしつつ「イスラエリット」の言葉を削除し、「ユダヤ組織」に変更し、以降「フランス・ユダヤ組織代表評議会」(Conseil représentatif des institutions juives de France) となったことは、この変化を象徴するものだろう [cf. 菅野 二〇一六下、二五七]。第四次中東戦争後には、イスラエルに批判的なスタンスを取るフランス政府に対して、クリフおよび知識人会議を後援していた世界ユダヤ会議フランス支部は、はじめて公的にフランス政府に対する批判を展開し、クリフはさらに、七七年、次のような声明を出すにいたる。

> 四〇〇〇年にわたりユダヤの精神をイスラエルの地およびパレスチナに結びつけてきた絆。この歴史的、精神的、生的紐帯があるからこそ、フランスのユダヤ人共同体がイスラエルのうちにユダヤ的存在の特権的表現を認めるということが説明されるのである。イスラエル国家の存立に対するあらゆる脅威を、フランスのユダヤ人共同体は、自らの統一、「集合的記憶」、信仰、希望、品位に対する攻撃と見なす。[34]

こうしてイスラエルとディアスポラのあいだでゆらぎつつも、確かに存在していた「フランス・ユダヤ人」モデルは綻びを見せ、新たなアイデンティティの要請が明白なかたちで生まれてくる。フランス国籍を有しつつも、「ユダヤ人」としてイスラエル国家との連帯を留保なく表明する「ユダヤ人」である。かつて、「革命」に由来するユダヤ人の政治的解放によって、「ユダヤ教徒（juif）」からユダヤ教を信仰するフランス市民たる「イスラエリット」（Israélite）へと転換した彼らのアイデンティティは、(35) こうしたフランスの現実政治と距離をとることで、その「共和国原理」とも袂を分かつこととなり、新たな――「共同体論的」とも言いうる――ユダヤ人・アイデンティティを積極的に主張するようになるのである［菅野 二〇〇八］。

知識人会議の文脈で重要だと思われるのは、こうした問い直しを行なう世代こそが七〇年代後半以降知識人会議に参加するようになることである。その世代の仕事としては、とりわけ、全体主義体制に連なる「政治」の支配に対して一神教的道徳の価値を「ユダヤ教」に求めるベルナール＝アンリ・レヴィ『神の遺言』［Lévy 1979］、近代以降のユダヤ教の形骸化に抗して「政治的存在」としての「ユダヤ人」アイデンティティの再興を訴えるシュムエル・トリガノ『新ユダヤ問題』［Trigano 1979］、前二者に比して現状の分析を重視し、「ユダヤ人」の象徴化と具体的なユダヤ人の経験との齟齬から現代のユダヤ人の存在様態を「想像的ユダヤ人」として描き出したアラン・フィンケルクロート『想像的ユダヤ人』［Finkielkraut 1980］、社会学者のドミニク・シュナペールによる「ユダヤ・アイデンティティ」の社会学的分析『ユダヤ人とイスラエル人』［Schnapper 1980］を挙げておこう。

Ⅳ　一九八〇年代以降――知識人会議のフェイド・アウト

とはいえ、若い世代に属する研究者・著述家から提示された「フランス・ユダヤ人」像の問い直しは、八〇年代以降の知識人会議の中心的なトーンを形成するにはいたらない。その理由の一つには、八〇年代以降、会議自体の雰囲気・内容が形骸化、画一化していくことがある。五〇年代、六〇年代は知識人会議には当時の代表的なユダヤ人知識人が一堂に集い、名実ともにフランス・ユダヤ思想の中心を占めていたが、八〇年代以降、こうした場それ自体が分散していったようにも思われる。もしこの時期の特徴をあえて見つけようとすれば、テーマや参加者の選定に、かつての中心メンバーらが皆イスラエルに移住した後にただ独り残ったレヴィナスの意見がより強く反映されるようになったと言えるかもしれない(36)。実際、レヴィナスのタルムード講話は、会議のテーマと密接に絡んだ内容となり、また次第に会議を締めくくる慣例行事になっていく。だが、これにはすぐさま批判の声も上がった。著名なジャーナリスト、ヴィクトール・マルカは、八三年の第二三回大会「イスラエル、ユダヤ教、ヨーロッパ」の直後、ユダヤ人共同体でよく読まれているある新聞紙上で、知識人会議ではもはや、テーマや発表者の選定にあたって「政治的」な都合や仲間内の関係などが優先されるようになり、その創設時の精神が忘れさられ、「ユダヤ人知識人」ならぬ「知的なユダヤ人」らの「サロン」と化してしまったと述べている[Malka 1983, 11]。

一方、上に挙げた若い世代の知識人は、フィンケルクロートを除くと、時折知識人会議には参加するものの、それは彼らの知的活動の中心を占めるようなことにはならない。八〇年代におけるユダヤ思想の新たな再興を盛り上げた彼らは、ネエルやレヴィナスといった知識人会議第一世代の影響を受けた、いわば「弟子」筋にあたると言ってもよいだろうが、彼らの活動の活発化は、逆説的にも知識人会議の衰退と時を同じくしている。「ヌーボー・フィロゾフ」と称されたベルナール=アンリ・レヴィやフィンケルクロートらは、マスメディアに姿を現し、シュナペールはより社会学研究の方へと進み、ユダヤ性の問いというよりも「市民権」概念についてのより一般的な研究を展開していく。そのなかでも特筆すべきだと思われるのが、パリ第一〇大学で社会学講座を受けもっていたシュムエル・トリガノである。彼は、同様に知識人会議の参加者であったアニー・クリージェルとともに(37)、レヴィナスがかつて所属していた「世界イスラエリット連盟」に「ユダヤ研究コレージュ（Collège des études juives）」を創設、雑誌『パルデス』を創刊し、ユダヤ研究・教育の普及をはかりつつ、積極的に数々のシンポジウムを主宰するようになる。その活動は、かつて知識人会議が担っていた役割を一手に引き受けようとしているという印象すら与える。

こうした知のあり方の変容、世代交代、議論の場の多様化などによって、一九九〇年代以降、知識人会議は徐々にその活動が停滞していくように見える。九〇年代前半まで毎年開催されていた会議は、レヴィナスの死を境にするかのように、九六年の第三六回会議を彼に捧げて以降、隔年開催となっていく。ジャック・デリダがはじめて講演を引き受けるのは、その次の第三七回会議のことである。

＊

さらに二〇〇〇年代に入ると、知識人会議は活動を休止していくようにも見える。管見では二〇〇四年の第四〇回会議がその締めくくりのように思われる。おそらく二〇〇〇年の第二次インティファーダ以降の中東情勢の激化に対応して、この四〇回会議「中東和平を思考すること、建立すること」が開催されたのだろうが、その議事録の公刊も確認できていない。

ただし、フランスのユダヤ人を取り巻く環境に目を転ずれば、とりわけこの第二次インティファーダ以降、「ユダヤ問題」の議論はかつてないほど再燃しているようにも見える［増田 二〇〇九］。一方で、上に挙げた「ヌーボー・フィロゾフ」の世代に属する論者を中心に、「共同体論的イデオロギー」とも評されるきわめて強い「ユダヤ・アイデンティティ」の主張がさらに勢いを増し、反イスラエル的主張に対する厳しい批判・非難が展開されるようになる［Segré 2009］。他方、こうした趨勢に対する思想的な検討・再批判も活発に行なわれているが(38)、互いの歩み寄りはほとんど見られないように思われる。

フランス・ユダヤ人の現代史においては、上述のように、初期においてすでに芽生えていた「フランス人」と「ユダヤ人」とのあいだでの「ユダヤ意識」の「ゆらぎ」が、中東戦争をはじめとする諸々の出来事を経るかたちで、新たな「ユダヤ・アイデンティティ」の要請へと傾いていくこととなった。だが、知識人会議の活動はこれと反比例するかのように画一化・形骸化していくわけであり、このかぎりにおいては、知識人会議はこうした史的展開に応えるにはもはや十分ではなかったという評価を下すこともできるかもしれない。しかし同時に、これまで見てきたように、知識人会議の活動の本質的な部分が、その時代ごとに特定の問題に応えるかたちで、「異質性」を許容した論議の場を提供することにあったとするならば、その活動のフェイド・アウトは、一つの時代の終焉ということ以上に、現代フランスにおけるユダヤ問題に関する議論のある種の行き詰まりを示唆するものかもしれない。

21）共同体	1980?	?	「最後に残るのは誰か」（ADV）
22）現在における聖書	1981	*La Bible au present*, Gallimard, 1981	「聖典の翻訳」（HN）
23）イスラエル、ユダヤ教、ヨーロッパ	1983	*Israël, le judaïsme et l'Europe*, Gallimard, 1984	「聖書に場所を得るために」（HN）
24）偶像	1984	*Idoles*, Denoël, 1985	「偶像崇拝としてのトーラー蔑視」（HN）
25）記憶と歴史	1984	*Mémoire et Histoire*, Denoël, 1986	「思い出を超えて」（HN）
26）マイモニデス、普遍的なものの挑戦	1983?	?	
27）70の民	1986	*Les soixante-dix nations*, Denoël, 1987	「諸国民とイスラエルの現存」（HN）
28）貨幣	1987	*L'Argent*, Denoël, 1989	「社会性と貨幣」（Herne）
29）国家の問い	1988	*La Question de l'État*, Denoël, 1989	「国家において国家を超えて」（NLT）
30）自らについて	1989	*Le Quant-à-soi*, Denoël, 1991	「自己自身とは誰か」（NLT）
31）根づきと流浪	1990?	?	
32）危機に瀕した道徳と政治	1991	*Morale et politique en peril*, Denoël, 1993	
33）指針を失った時間	1992	*Le Temps désorienté*, Albin Michel, 1993	
34）人類という理念	1993	*L'Idée d'humanité*, Albin Michel, 1995	
35）身体	1994	*Le Corps*, Albin Michel, 1996	
36）困難な正義：エマニュエル・レヴィナスの痕跡のなかで	1996	*Difficile justice. Dans la trace d'Emmanuel Levinas*, Albin Michel, 1999	
37）いかに共に生きるか	1998	*Comment vivre ensemble?*, Albin Michel, 2000	
38）責任：ユートピアと現実	2000	*La Responsabilité. Utopie et réalités*, Albin Michel, 2003	
39）ヨベルの倫理	2002	*Ethique du Jubilé: vers une réparation du monde*, Albin Michel, 2005	
40）中東和平を思考すること・建立すること	2004	?	

仏語圏ユダヤ人知識人会議の一覧

会議のタイトル	開催年	会議録	レヴィナスの講話
1) ユダヤ意識についての最初の省察	1957	*La Conscience juive*, PUF, 1963	
2) ユダヤ思想の内気さと大胆さ	1959	*Ibid.*	「「二つの世界のあいだで」」(DL)
3) ユダヤ的道徳と政治	1960	*Ibid.*	「メシアについてのテクスト」前半 (DL)
4) ユダヤ的メシアニズムと歴史の終わり	1961	*La Conscience juive. Face à l'histoire: le pardon*, PUF, 1965	「メシアについてのテクスト」後半 (DL)
フランスのユダヤ人知識人とアルジェリア帰還ユダヤ人知識人	1963	*Ibid.*	
5) 赦し	1963	*Ibid.*	「他者に対して」(QLT)
6) ユダヤ人の誘惑	1964	*Tentations et actions de la conscience juive*, PUF, 1971	「誘惑の誘惑」(QLT)
7) ユダヤ意識および諸国民の意識におけるイスラエル	1965	*Israël dans la conscience juive*, PUF, 1971	「約束の土地か許された土地か」(QLT)
8) 世界はユダヤ人を欲するか?	1966	*Tentations et actions de la conscience juive*, *op. cit.*	「世界と同じだけ古く」(QLT)
9) イスラエル	1968	*Israël dans la conscience juive*, *op. cit.*	
10) ユダヤ教と革命	1969	*Jeunesse et révolution dans la conscience juive*, PUF, 1972	「ユダヤ教と革命」(SS)
11) イスラエルの若さ	1970	*Ibid.*	「イスラエルの若さ」(SS)
12) 脱聖化された社会におけるユダヤ人	1971	*L'Autre dans la conscience juive. Le sacré et le couple*, PUF, 1973	「脱聖化と脱魔術化」(SS)
13)「イシュとイシャ」あるいは卓越した他者	1972	*Ibid.*	「そして神は女を作った」(SS)
14) ユダヤ意識におけるシャバト	1973	*Le Shabbat dans la conscience juive*, PUF, 1975	
15) イスラエルの孤独	1974	*Solitude d'Israël*, PUF, 1975	「イスラエルの孤独」(Herne)
16) 戦争に直面したユダヤ意識	1975	*La Conscience juive face à la guerre*, PUF, 1976	「火事によってもたらされた被害」(SS)
17) 西洋のモデル	1976	*Le Modèle de l'Occident*, PUF, 1977	「西洋のモデル」(ADV)
18) ムスリム共同体	1977	*Communauté musulmane*, PUF, 1978	
19) イェルサレム、特異と普遍	1978	*Jérusalem, l'unique et l'universel*, PUF, 1979	「逃れの町」(ADV)
20) 政治と宗教	1979	*Politique et religion*, Gallimard, 1980.	「契約」(ADV)

第2章　レヴィナスのタルムード講話

レヴィナスの「タルムード講話」とは、基本的には仏語圏ユダヤ人知識人会議において発表されたものを指す。そのほとんどは、『タルムード四講話』、『神聖から聖潔へ』(邦題は『新タルムード五講話』)、『聖句の彼方』、『諸国民の時に』、『新タルムード講話』というレヴィナスの「タルムード講話」シリーズと呼びうる著作に収められた。ただし、前章末尾の表が示すように、同大会で発表されたがこれらの著作に収められなかったものもわずかにあるし、また他所で発表されたがこれらのシリーズに収められたものもある。とはいえ、仏語圏ユダヤ人知識人会議における一連の発表こそがそのスタイルを固めていったことは確かだろう。

タルムード読解に対するレヴィナスの方針は、『タルムード四講話』序文において語られている。

われわれの講話が求めているのは、文献学にも、「貴重だが時代遅れの」過去への敬虔さにも、崇敬という宗教的な行為にも限定されないようなタルムードの読み方が可能になるような面を描き出すことである。それは、問題と真実とを求めるような読み方であり、——イスラエルにおける独立した政治的な生活への回帰に劣らず——現代世界において自己意識を保持せんとするイスラエルにとって必要となるような読み方である。純粋に政治的たらんとするこうした回帰を前にして躊躇しうる読み方である。〔QLT 23／二〇〕

ここに示されている方針は、『困難な自由』に関してすでに確認したレヴィナスの立場がかなり踏襲されている。それは第一に、文献学的なかたちで「過去」の知を客観的に考察することを目指すものではない。第二に、「崇敬」といったような宗教性を伝えるためのものではない。さらに第三に、もちろんタルムードの参照は過去のテクストへの回帰なのだが、これは「純粋に政治的たらんとする」ような回帰ではない。こうして文献学的、宗教的敬虔さ、政治的シオニズムの立場をそれぞれ却けるかたちでレヴィナスが強調するのは、「現代世界において自己意識を保持せんとするイスラエルにとって必要となるような読み方」である。すなわち、イスラエル国という「土地」への回帰ではなく、ディアスポラ状態にある現代のユダヤ人たちがそれでもなおユダヤ人としての「自己意識」を保持するための知の継承である。「タルムードの知恵を現代的に言い表すことは、イスラエルの土地の外でもユダヤ人たらんとする者たち皆に必要なのである」［QLT 23／二二］。

この「タルムードの知恵を現代的に言い表すこと」とは、別の言い方では「翻訳」することでもある。右の引用の数行先で、レヴィナスは次のように述べる。

ユダヤ文化は「西欧」との対話および論争に対し身を閉ざしてきたが、そうした態度に忠実であったユダヤ人たちは、ゲットーと物理的な絶滅へと追い込まれていった。〈都市〉へと参入したユダヤ人たちは「宿主」の文明のなかに消えていった。シオニズムは自律的な政治的・文化的存在という形態をとることで、あらゆる場所に西欧的ユダヤ人であること、つまりユダヤ的でありかつギリシア的でもあることを可能にした。それゆえ、タルムードの知恵を「ギリシア語で」翻訳することが、ユダヤ人国家における大学の本質的な任務となるのである。［QLT 24／二三―四］

「タルムードの知恵を「ギリシア語で」翻訳すること」――それはしたがって、単にタルムードの知恵を現代の、しかも「イスラエル」以外のところにいる読者たちにも伝えるという要請のみならず、一つの態度決定を示す。一方では、ヨーロッパの文明に「参入」することによってユダヤ人としては「消失」するという、「同化」の苦い経験を避けることである。もう一つは、先にも見たように、「イスラエルにおける独立した政治的な生」に満足しないということである。それは、逆説的にも「イスラエルの土地の外でもユダヤ人たらん」とする道を可能にした。「あらゆる場所に西欧的ユダヤ人であること、つまりユダヤ的でありかつギリシア的でもあることを可能にした」というのである。このような状態において、それでもなお「タルムードの知恵」を「ギリシア語で」、すなわち西洋的な言語で言い表すことこそ、レヴィナス自身が自らのタルムード読解の指針にしたものにほかならないだろう。先に、シュシャーニから得た影響に関して、「私のタルムードへの関わりはしたがってヨーロッパ的なものです」というレヴィナスの後年の回顧を引用したが、この「ヨーロッパ的なもの」は、ここでの「ギリシア語」への「翻訳」の必要性と呼応しているだろう。

以下では、レヴィナスが仏語圏ユダヤ人知識人会議で行なったタルムード講話を一つ一つ確認していくことで、この「翻訳」の内実に迫りたい。

『タルムード四講話』

『タルムード四講話』には、一九六三年から六六年にかけて仏語圏ユダヤ人知識人会議で行なわれた四つの講演が収められている。

一九六三年の「他者に対して」は、神に対する罪と他人に対する罪の差異について論じたタルムードの「ヨマ篇」八五a―bをめぐるものである。この講話は、内容的にはすでに見た『困難な自由』における議論にかなりの程度呼応している。逆に言うと、『困難な自由』における「赦し」をめぐる考察は、タルムード講話の形態をとっていないが、レヴィナスがタルムードの読解を通じて得た考えがすでに反映されていたと言うことも可能だろう。冒頭ではまず、タルムードが「神学的言語」にとどまるものでないことが強調され、これに対し「成年者の宗教」としてのユダヤ教が強調される。「ここでは神学的なものは、注目すべき普遍性をもった道徳的な意味を帯びます。そこでは理性が認められるのです。ユダヤ教ということで問題となっているのは、もちろん成年者の宗教です」[QLT 34／三七]。その上で、『困難な自由』ですでに述べられていた神ではなく人間によってのみ担われる「応答責任」が「発話」に宿るという発想が示される［QLT 46／四九］。

続いて、一九六四年の「誘惑の誘惑」では、「シャバト篇」八八a—bに関する読解が試みられる。この講話はレヴィナスのタルムード講話のなかでももっとも言及されるものの一つと言える。というのも、ここには「西洋的」なあり方と「ユダヤ的」なあり方の典型的な対立がはっきり見てとれるからだ。レヴィナスの講話のタイトルは一九六四年の大会の主題「ユダヤ人の誘惑」に呼応している。レヴィナスが「誘惑の誘惑」というのは、西洋に特有の合理主義的な「知」のあり方を指す。それは、キリスト教以来、あらゆるものを際限なく知ろうとする、いわば「知」の全体化的なあり方である。これに対し、レヴィナスが注意を促すのは、聖書に見られる「了解する前に為せ」という考えである［QLT 98／一〇九］(39)。ここには、知を探る自由で能動的な主体とは異なり、啓示を受け入れそれに対し抗いがたく応答責任を引き受ける受動的な主体性のあり方が示唆されているというのである。この点には、たとえばリオタールの一面で賛同しつつ一面で疑義を呈するような、レヴィナスの主体性の考えをめぐる現象学的発想とユダヤ的源泉の絡み合いが見えるだろう［Lyotard 2015；渡名喜 二〇二四a、第一章］。それればかりではない。一九六四年、すなわちデリダの「暴力と形而上学」と同じ年になされたこの講話の末尾には、「自分が犯した以上のことについても応答責任をもつ」ということが「他者たちへの身代わり」だと言われ［QLT 107／一一九］、『存在の彼方へ』において定式化される発想の萌芽がはっきり示されているのである。

三つ目の、一九六五年の「約束の土地か許された土地か」では「ソター篇」三四b―三五aに関する読解が試みられる。ここで問題になるのは「申命記」一章二二節に言われる、神から与えられた土地を「探る」探索者の役割である。レヴィナスは冒頭から「探索する」ことがヘブライ語において「恥じる」ことをも意味する点に目をむけて、「約束の地を欲し待望するあらゆる人々に対する恥」を喚起することを辞さない［QLT 121／一四〇］。それだけでない。レヴィナスは、「ユダヤ意識および諸国民の意識におけるイスラエル」を主題としたこの六五年大会において、「探求者がこの地へと向かうのは、この地が恥じるため、この地の崇拝者――たとえば当時のシオニストたち――が恥じるためである」とすら述べるのである［QLT 120f／一四二］。このように、この講話は、明示的に「土地」へと執着しようとするシオニズムの姿勢に対して明白に距離をとる点に加えて、(40) こうした土地への根づきと「建てること、住まうこと、存在すること」という「ハイデガー的秩序」とのつながりを見る点でもきわめて注目すべきものだろう［QLT 129／一四九］。

四つ目の一九六六年の「世界と同じだけ古く」は「サンヘドリン篇」三六b―三七aを扱う。大会の総題は「世界はユダヤ人を欲するか」というものであるが、これについてレヴィナスは「サンヘドリン（法廷）」をめぐるタルムードの議論を起点とする。「サンヘドリン」という語はギリシア語のシュンヘドリオン、すなわち「共に座る」こと、転じて「集会」「議会」を指していた。公正さを旨とし裁きを下す場にはこうしてギリシア的な民主的な制度設計が見られるのだが、タルムードではその根幹に「雅歌」が歌う愛やエロスの要素が喚起されているという。こうしてタルムードで同時に「世界の臍」と形容されるサンヘドリンは、その内奥に「創造の痕跡」をもっているとも言われる［QLT 165／一九二］。ただし、このような「世界の臍」とは、同時にアイスキュロス『エウメニデス』によればギリシアのデルポイにあったとも言われている。だとすると、正義の秩序の淵源となる「臍」はギリシアなのかイェルサレムなのか。もし後者ならばその特性はどこにあるのか。この講話の後半では、『存在の彼方へ』以降に定式化されるレヴィナスの正義論の概要――無限の責任に条件づけられる正義――が、ただし注目すべきことに、選ばれしユダヤ人が担うべき責務として素描される。「イスラエルの特権」があるとすれば、それは戒律を遵守しつつ、「自分が犯さなかった過失に対する責任」をも担うことにあると言われるのである［QLT 182／二一一］。ここにも、先の「誘惑の誘惑」と合わせて、レヴィナス「正義論」とのつながりを見ることができるだろう。

『神聖から聖潔へ』

『神聖から聖潔へ』は『タルムード四講話』に続いて、一九六九年から七五年まで仏語圏ユダヤ人知識人会議でなされた講演のうち五つを集めたものである。なお、七三年の会議「ユダヤ意識におけるシャバト」ではレヴィナスは講演を行なっておらず、また七四年の会議「イスラエルの孤独」でなされた同名の講演は同書には収録されていない(41)。

『タルムード四講話』に続き、同書序文でも、タルムードをどう読むかについてのレヴィナスの指針が開陳される。それは、かつてのような敬虔さを旨とする「トーラーの学び」でも、ユダヤ教学のような文献学的な学術的読解でもない。「タルムードの語ることのレトリック的ではない特徴を考慮し、一見矛盾しているように見える連関を無視することなく読む」ことで、そこに隠された「本質的なもの」を摑み、それを通じて「人間的なものの究極の知解可能性としての倫理的意味」を引き出すという方針が示される［SS 10／九］。

ただし『神聖から聖潔へ』の特徴として、「われわれ現代人の問題に応じてテクストに問う」という観点が明示されていることがある。当時のフランス社会は、〈六八年五月〉に代表される若者の異議申し立てを筆頭に、女性解放運動や労働運動といった社会運動、また後述するようなカトリック教会の世俗化、さらにヴェトナム戦争や中東戦争など、さまざまな激動のなかにあった。レヴィナスもまた、六〇年代後半から七〇年代前半のこうした社会的な情勢を意識しながらタルムード講話のテーマを設定している形跡が窺われる。

第一章「ユダヤ教と革命」は、「ユダヤ意識における若者と革命」を主題とした六九年の会議での講話である。そこから明らかなように、〈六八年五月〉と総称される前年の学生や労働者による異議申し立て運動を念頭においたものである。伝記によれば、レヴィナスはこうした学生の抗議行動に必ずしも親和的でなかったとされるが［Lescourret 1994, 240］、そのレヴィナスの「革命観」の一端がここに示されていると言ってもよいかもしれない。タルムードのテクストは、「労働者」の権利をめぐる「ババ・メツィア篇」八三ａ―ｂである。他者の権利、および他者に対する無限の責任というレヴィナスに馴染み深い考えをタルムードに認めつつ、レヴィナスが「革命」の意義を、「経済的決定論」から「人間を解放する」ことに見ているのは興味深い［SS 24／三二］。

第二章「イスラエルの若さ」は、七〇年の同じ主題を掲げた会議での講話である。ただし、このタイトルにかかわらず、ここでの「若さ」は、「イスラエル」のそれというよりは、前年に引き継いだ現代社会における「若者」をまずは念頭に置いたものである。「ナジル人の誓約」をめぐるタルムードの「ナジル篇」六六ａ―ｂをもとに、ナジル人に課せられたさまざまな規定のうち、とりわけ髪を切ることの禁止に注目し、これを現代の「若者」の「長髪」と重ね合わせる。レヴィナスによれば、髪を伸ばしたままにするその姿勢は、「若者」の画一主義に陥る恐れもあるが、とはいえ、自己自身の配慮を旨とする西洋思想に特徴的なナルシシズムの拒否を告げるものでもある。そこにこそ、個人的なアンガジュマンに先立つ、「前根源的な若さ」があるというのである［SS 81／一〇六］。

第三章「脱聖化と脱魔術化」は、七一年の会議「脱聖化された社会におけるユダヤ人」での講演である。この回は、現代文明の科学技術の進歩において、宗教的な価値や超越的なものの地位が疑われるようになり、「世俗化」ないし「脱魔術化」したと言われる時代それ自体を主題としたものである。「魔術」を扱う「サンヘドリン篇」六七ａ―六八ａをもとに、レヴィナスは、『神聖から聖潔へ』全体の表題ともなる「神聖／聖なるもの（sacré）」と「聖潔

(sainteté)」の区別を強調する。後者は超越的なものの隔絶性を特徴とするのに対し、前者は、自らの理解の範囲を超えるものに対して、「魔術」によるかのようにして自らの理解範疇に取り込もうとする。その観点からすると、現代の「脱聖化」ないし「脱魔術化」は、「魔術化」の消滅ではなくその退化した姿にほかならない。そこから、「聖なるもの」とも「脱聖化」とも異なる「聖潔」の探究こそがユダヤ教に委ねられた現代的な課題だとされる。

第四章「そして神は女を作った」は、「創世記」二章における「男（イシュ）」と「女（イシャ）」の関係を主題とする七二年の会議での講話である。「主なる神は人から取ったあばら骨で一人の女を造り」という「創世記」の章句の「あばら骨」が何を意味するのかについてのタルムードでの議論をもとに、レヴィナス自身が「女性」ないし「性差」の問題に挑むタルムード講話として、これまでも多くの解釈を引き起こしている。レヴィナスは、聖典に明白に認められる男性の先行性および女性の事後性という発想について、両性の平等の原理という現代的見地から批判するという方針をとることはない。だがそれは、こうした男性中心的な観念を素朴に肯定するものでもない。むしろあえて両性の本質的な差異に注目することによって、「男性」と「女性」の序列ではなく、「性差に基づく関係」と、（性差に関わらない）「間人間的関係」の序列こそが問われているとする。この点で、人間存在の「有性」性に着目したレヴィナスの哲学的テクストにおける性差の問題との関係が問われるだろう。

第五章「火事によってもたらされた被害」が興味深いのは、これが第四次中東戦争（一九七四年）を明らかに意識した七五年の会議「戦争に直面したユダヤ意識」で行なわれたものでありつつ、レヴィナスが「戦争」を直接の主題とせず、火事、疫病、飢饉といったさまざまな災厄をめぐるタルムードの議論を通じて、「戦争」という現象の背後に控える、「戦争以上に戦争である」ような「本質」の把握を目指していることだ［SS 154／二二七］。ここでは、破壊や災害の人為性の有無、「戦争」の合理性の有無といった政治的な主題はもちろん取り上げられるものの、前年に公刊された『存在の彼方へ』と合流するような、苦しみ、無益な犠牲としての無限の責任といった倫理的な主題が提示される。レヴィナスにおける「倫理」と「正義」ないし「政治」の問題を検討するには欠かせないテクストだろう。

『聖句の彼方』

『聖句の彼方』には一九七六年から八〇年に発表された四つのタルムード講話が収められている（七七年の「ムスリム共同体」を主題とした知識人会議ではレヴィナスの発表は確認されない）(42)。ただし、『聖句の彼方』がこれまでの『タルムード四講話』や『神聖から聖潔へ』と明らかに異なるのは、同書にはタルムード講話のみが収められているわけではないということだ。続く『諸国民の時に』と同様、知識人会議で発表されたタルムード講話に加えて、そのほかの出自をもつテクストが合わせて収録されている。『聖句の彼方』の場合には、次章で見るエンリコ・カステッリのローマのシンポジウムでの講演などを収めた「神学」の部、そして「シオニズム」と題された政治に関わるテクストが収められている。

第一の「西洋のモデル」は一九七六年の同名の知識人会議で発表されたものである。「出エジプト記」二五章二三—三〇節における神への献納物のパンを置く机についての規定をめぐる「メナホート篇」九九b—一〇〇aが主題である。聖書の規定によれば、この机には金でできた縁取りをつけなければならないが、この縁取りは「王冠」をも意味する。この点でこの机は政治権力を象徴するものである。他方でこの机にパンが置かれることは、「人間の飢えについて考慮することが政治的なものの第一の機能である」ことを意味する［ADV 34／三七］。ここからレヴィナスは、こうした人々の飢えへの配慮という問題こそ、「西洋の政治が解決するにいたらなかった」問題だと言う［ADV 35／三八］。この背後には、西洋的な歴史性とユダヤ的な歴史性の違いがある。西洋的モデルは、個別的なものを相対化し、歴史の動きそのものに諸価値を判定する権利を見るのに対し、「イスラエルの永続性は、高揚する聖潔さの意識および歴史を裁く可能性にある」［ADV 37／四二］。ローゼンツヴァイクを念頭に置くかのように、レヴィナスは

「イスラエル」の側に、「学び」および日々の「典礼」によって刻まれる「永続性」を見る。ここに、「哲学を超えて、人格的な現前へと向かう教えの還元しえないカテゴリー」があると言うのである［ADV 48／五九］。

「逃れの町」は、その二年後「特異的なものと普遍的なもの」を主題とする一九七八年の知識人会議で発表されたものである。「申命記」四章四二節には、意図せずに隣人を殺してしまった者に対し、「その町の一つに逃れて生き延びることができるようにした」という記述がある。このような「監獄でも労役でも強制収容所でもない」かたちで残された「逃れの町」が主題となる［ADV 59／七六―七］。「マコート篇」一〇ａによれば、こうした意図せざる殺害者にとって必要なのは「太陽」と「トーラー」である。「トーラー」の学びにおける教師と弟子という関係こそが、この殺害者の更正のための「固い社会構造」の基盤となりうるためだ。この意味で、「トーラーは逃れの町」そのものとも言われる。ただし、この講話の後半では、正義の原理としての「トーラー」によってこそ、「究極の意識＝良心をもった都市としてのイェルサレム」が逃れの町たりうるとされる［ADV 64／八四］。ただしそれは具体的な場所のことではない。末尾において、タルムードに従えば「シオンへの渇望としてのシオニズムは、ナショナリズムでも特殊主義でもない。それは単に避難地の探求でもない。それは、社会についての学知への希望であり、十全に人間的な社会への希望なのである」とされる［ADV 70／九三］。このような宣告は、単なる政治的シオニズムの肯定というよりも、『困難な自由』以降の「正義の要請」として理解すべきだろう。あるいは、デリダのように、この「逃れの町」を「歓待」という観点から読むことで、レヴィナスの「シオン」と「イスラエル」の土地との結びつきを解く鍵をここに見出すこともできるかもしれない［Derrida 1997; Eisenstadt 2003］。

第三の「最後に残るのは誰か」は、一九八一年の「政治と宗教」を主題とする知識人会議で発表されたものである。ローマがペルシアの手に落ちた後、ダヴィデの末裔たるメシアがどのように現れるかを論じる「ヨマ篇」一〇ａが読解対象となる。レヴィナスが注目するのは、「ヨマ篇」において聖書によるペルシアの動物的な描写が強調されていることだ。レヴィナスによれば、ペルシア的な政治のこのような動物的な象徴化は、「純粋な政治」が「純粋に生物学的な力」、「存在への執着という動物的なエネルギー」、すなわち「コナトゥス」という特徴をもつことを表す［ADV 76f／一〇二―三］。これに対しレヴィナスは「ユダヤ教の最初の啓示とは、コナトゥスそのものという異論の余地なく認められている権利、存在に固執する権利を問いに付すことにあるのではないか」と問う［ADV 77／一〇四］。興味深いのは、レヴィナスはこのようにペルシア的な政治秩序に対し、単にユダヤ的な倫理の秩序を対置しようとするのではないことだ。タルムードではさらに「ペルシアがローマの手に落ちるだろう」と言われていることに関し、レヴィナスは単にダヴィデの末裔たるメシアの到来が政治的な「悪」を崩壊させるという仮説を支持するわけではない。そうではなく、レヴィナスが支持するのは、「ローマ」が象徴する「西洋の秩序」――これは動物性や戦争よりも客観性や普遍性を内容とする――こそが「正義およびメシア的な平和そのものにとっても必要だ」という見地なのである［ADV 85／一一五］。ここにはむしろ『存在の彼方へ』以降の正義論における「正義が必要だ」との呼応を見ることもできる。他方で、「西洋の秩序」の「必要性」という見地は、続く『諸国民の時に』でいっそう全面に出てくるように、「イスラエル」とそれをとりまく「諸国民」という主題にも関わってくるだろう。

「契約」は、一九八〇年の「共同体」を主題とした知識人会議で発表された。「申命記」二八章六九節および第二九章八節で言われるモアブの地での神とイスラエルとの契約に関する「ソター篇」三七a―bがテクストとなっている。この契約こそが「イスラエル」という共同体を創設させたものであるだけに会議の主題と合致しているのだが、複雑なのはこのテクストが置かれた文脈である。この箇所はゲマラといって、それに先立つミシュナという本文の注釈にあたる。だがこのミシュナが主題にしているのは契約や共同体ではなく、典礼において用いるべき言語ないし用いるべきでない言語に関する問題なのである。このようにレヴィナスが、共同体という主題をめぐり、単に「イスラエル」を創設した契約ではなく、言語の問題に注目していることは意味深い。ここでもまた問題なのは、「ヘブライ語の、私がギリシア的と呼ぶ普遍性への移行」、その「全体的な翻訳可能性」である［ADV 94／一二八］。言い換えれば、「対面的」な次元で特殊性を保つ限定的な共同体が「人類」全体にどのように関わることができるか、ということである［ADV 95／一二八］。レヴィナスはこの問題について、「書かれた掟」と「口承の掟」の関係に注目する。ユダヤ教は、精神面での受容を重視した「内面化」を拒むとはいえ、「書かれた掟」のみを重視するわけではない。「精神の凝固」を防ぐためにも、口承による教えと学びが求められる。教えの真理が「ただ一人の人間の内面」にとどまるのでなく、「他人に向かう」というこの運動こそが、世代をつなぐ伝承となる［ADV 99f／一三四―五］。「教え」こそ、「匿名の合法性の形式主義」を防ぎつつ、そこで「告げられた真理の普遍性が、それを語った者の名前と人格を消去しない」ようにする［ADV 105／一四二］。このような特殊性と普遍性の関わりこそ、タルムードのテクストの言う「責任」と「責任の責任」との違い、すなわち対面的な他人に向かう責任と、あらゆる人に「無限に」向かう責任（このテクストでは用いられていない語だが「身代わり」）という差異があるというのである［ADV 106／一四四］。このように、「共同体」というテーマをめぐって、書かれたもの、翻訳、責任の問題が重層的に関わる重要な講話である。

「宗教的言語と神への畏れについて」は、仏語圏ユダヤ人知識人会議で行なわれたものではない。その意味では例外に属する。ポール・リクールの六五歳を記念し、『人間と世界』という英語の哲学学術誌に掲載されたものである。問題となる「宗教的言語」とは、神に関する言語であると同時に（祈りのような）神に向けられる言葉でもある。レヴィナスは、「ベラホート篇」三三bにおける祈りについての規定をめぐり、「神との関係の根本的な体験」とは何か、「祈り」という「神に語ることが真に可能になる」にはどのような敬虔さが必要かを検討する。タルムードのテクストで言及される鳥の巣の母鳥への配慮（「申命記」二二章六節）は神の慈愛を示すものの、慈愛は選り好みや、それゆえ嫉妬や争いにもいたりうる。この慈愛が批判されるのは、慈愛よりも強い神の正義の観念が求められているからである。だが、こうした厳格な神の正義に対して人間はどのように関わればよいのか。ここでレヴィナスが注目するのが、単なる純粋に他律的な従属にならないような関わり方としての「神への畏れ」である。この「畏れ」は単なる脅威に対する恐れのことではない。これは、絶対的に〈他なるもの〉に応答するという点で、「隷従なき従属」となる［ADV 119／一六二］。このまったき他性の「高さ」をこの従属を通じて証言するという点で、この畏れは人間の自由や自律を示すものともなる。具体的には、結局のところ、「神の言葉の学びが、おそらく典礼よりも直接的な、神へのもっとも直接的な関係を樹立ないし構成する」とされる［ADV 121f／一六三］。ここにも、内面における信仰の敬虔さではなく、あくまで他人との関係における「学び」を神との関係の根本的な基盤とする考えが示されているだろう。

『諸国民の時に』

『諸国民の時に』は、一九八八年に公刊された。「タルムード講話」として五つのテクストが収められているほか、「思想と聖潔」と題された節には「ユダヤ教とケノーシス」を含む二つのテクストが、「聖書とギリシア人」にはメンデルスゾーン論など三つのテクストが、そして「ユダヤ - キリスト教友好」と題された部にはローゼンツヴァイク論が収められ、最後に「ユダヤ教「と」キリスト教」を含む二つの対談が収められている。

同書の特徴はそのタイトルが告げるように「諸国民の時」にある。同書は、ドイツの神学者でとりわけローゼンツヴァイクの研究者でもあったベルンハルト・カスパーに捧げられているが、その全体を通じて、メンデルスゾーンやローゼンツヴァイクといった西洋ないしキリスト教と格闘したユダヤ人哲学者の足跡を辿りつつ、「聖書」と「ギリシア」、「ユダヤ教」と「キリスト教」の関わりが主題となっている。それだけではない。同書が全体として問題にするのは、「イスラエル」が近代西洋社会に参入し、西洋的でキリスト教的な諸共同体と関わりを結ばざるをえなくなった時代に、どのように振る舞うことができるのか、そうした「諸国民」とどのような関わりを結ぶのかという問題である。同書の序文によれば、「魂と意識におけるイスラエル——すなわちトーラーの学びにおけるイスラエル——は、すでに諸国民の世界全体とのつながりのなかにいる」［HN 11／四］。ただし、その「共生」は実現しているわけではない。レヴィナスはブランショの「共生かつ〈いまだない〉」という言葉を引いているが、こうした「〈いまだない〉共生」への展望こそ同書を貫くものだろう［HN 10／三］。

一つ目のタルムード講話「聖書に場所を得るために」は、「現在における聖書」を主題とした一九八二年の大会で発表されたものだ。読解の対象となるのは「メギラー篇」七ａである。ペルシアが企てたユダヤ人虐殺の計画をエステルとモルデカイが阻止したという故事（プーリムというユダヤ教の祭はこの出来事を祝うものである）についての記述がある「エステル記」を聖典のなかに取り入れるか否かをめぐるものである。この適否については、「悪」を象徴するアマレクとの戦いはすでに聖書のなかで三度描かれているので追加は不要ではないか、「エステル記」はそれに触れる手を「不浄」にするため秘匿すべきではないかといった等、さまざまの議論があったようだ。「不浄さ」についてレヴィナスは、むしろ言語学や文献学のように、テクストを「そこに生きる息吹」から切り離す「客観的」で「科学的」な読み方にこそ「不浄さ」が宿るとする［HN 33／三七］。こうした読み方に対して、レヴィナスは「エステル記」の「霊感を吹き込まれた性格は、イスラエルの歴史のなかでプーリム祭が永続しているということそのものによって確証されているかもしれない」と言う［HN 39／四七］。実際、イスラエルの戦いをめぐる「エステル記」に描かれているのは、イスラエルの受難であり、別のタルムード講話ではこの点で「エステル記」をディアスポラのユダヤ人が被った迫害、反ユダヤ主義を語る唯一の書物とみなしてもいる［HN 56／七二］。レヴィナスからすると、ここにはエステルが他者を死ぬままに任せるのではなく、他者の死を自らの死よりも重視したという「根本的に倫理的な出来事」が描かれている［HN 40／四八］。以上のように、この講話では、「エステル記」に描かれたユダヤ人の迫害の記憶をどのように「現在時」のユダヤ人が引き受けるかに最終的な焦点があてられると言えるだろう。

『諸国民の時に』の第二のタルムード講話「聖典の翻訳」は、一九八三年の「イスラエル、ユダヤ教、ヨーロッパ」を主題とした知識人会議で発表されたものである。ヘブライ語聖書を他の言語（とりわけギリシア語）に翻訳することの可否をめぐる「メギラー篇」八b、九a―bがテクストとなっている。問題になっているのはここでもまた、ユダヤの特殊主義的な「精神」をどのように普遍化すべきかだ。翻訳を認める場合でも、ヘブライ語の精神とその「身体」、すなわち文字という「物質性」は保存すべきという声もある。あるいは先述のように、ユダヤ人にとっての災厄を描く「エステル記」だけは翻訳から除外すべきとの解釈もある。レヴィナスは、聖書を唯一ギリシア語にのみ翻訳することを認める賢者の意見に注目しつつ、最終的に、「聖書の知恵とギリシア語のあいだの例外的な関係」に注目する［HN 58／七四］。ここでギリシア語への翻訳が象徴しているのは「ヨーロッパへの同化」の問題であると同時に、「西洋という普遍的な言語の様態」において聖書の教えを開陳することにある。とはいえそれは、普遍化のためにユダヤ的叡智の特殊性を犠牲にすることではない。「セム〔ユダヤ〕の伝統が、ヤフェト〔ヨーロッパ〕の言葉を受け入れ、口承のトーラーに固有な精髄を一九世紀のように否定するのではなく、聖書のラビ派的な読解のもとでその無限の新たな意味のもとで称揚する」ことである［HN 63／八二］。あくまでも「私を解釈せよ」という「叫び」をテクストから読み取るというラビ派的な口承の聖書解釈を基盤にしつつ、それをギリシア語という普遍的な形態で示すということだ。それは古代の知恵を現代において語らしめること、「さまざまな時代を互いに交流させること」でもある［HN 22／二〇］。ここには、タルムード講話を貫く「タルムードの知恵をギリシア語で翻訳する」という主題への一つの答えが示されているだろう。

「偶像崇拝としてのトーラー蔑視」は一九八四年の「偶像」を主題とする知識人会議での講演である。ここでは、トーラーを蔑視する者は「来るべき世界に与ることができない」とする節をめぐる「サンヘドリン篇」九九a―bがテクストとなる。ここで問題となっているのは偶像ないし偶像崇拝とはどのようなものかというより、「メシア的時代」というべき「来るべき世界」に関わるには、トーラーに対しどのような態度をとるべきかである。もちろん、トーラーの規定する戒律に背くと、「来るべき世界」に与れない。ただし問題は単に実践的なものではない。「トーラーが空から来る」ことを否定する者は、「世界の純粋な存在論」、すなわち「各々の存在が自分自身の存在に自然的に固執する」がゆえに、トーラーの「超越」的な性格を捉えていないのである［HN 74／九九］。レヴィナスに従えば、トーラーの尊重とはそれを教え、学ぶことにある。真理は「ただ一人の人」の思考にあるのではなく、「伝達されなければならない」。ただし、求められているのはこうしたコミュニケーション的理性ばかりではない。「弟子は〔…〕未来の名のもとに、大胆に問いを発しなければならない」と言われているが［HN 78／一〇六］、それは「伝達」だけでなく「産み出すこと（engendrement）」でもある。「学びを獲得することは、私に応答し、私を孤立から引き離し、私が応答すべきもう一人の私となることである」［HN 80／一〇八―九］。「学び」により、「私」自身が「もう一人の私」へと変容するとも読めるし、それを通じて、「弟子」が「もう一人の私」となるとも読める。こうしてトーラーの「超越」的な否定する偶像崇拝の「存在論」的な知の平板化に対し、「学び」による「生けるトーラー」の「伝承」を通じた「産出」が対置されるのである。

「思い出を超えて」は一九八四年の「記憶と歴史」を主題とした知識人会議での講演である。エジプト脱出をどのように想起するかを論じる「ベラホート篇」一二b―一三aが主題となる。冒頭で「神の近しさはユダヤ教において思い出を通じて経験されるかもしれない」というレヴィナスにとって、過去の想起の問題は、過去をどのように意識するか、どのように感受するかという「内面性」のあり方と結びつく。他方で、想起の対象となるエジプト脱出は、イスラエル人を隷従から解放した「特権的な過去」であり［HN 91／一二八］、「エゼキエル書」のいう「全面戦争」としての「ゴグとマゴグの戦争」にも［HN 96／一三七］、さらには二〇世紀の「ショア」にも準えうるものである［HN 101／一四五］。本講演の最終節はロシアの小説家のヴァシリー・グロスマンの小説『人生と運命』に関わるものであるが、一貫して問題となっているのは、単にこうした破局的な出来事をどのように想起するかではない。それ以上に、「思い出を越える」こと、「思い出をエジプト脱出の彼方で思考しようと試みること」とは、そうした過去を超えた過去、破局的な過去を、「予見しえない未来」、「新たな〈試練〉、新たな受苦の次元を通じて開かれる未来」との関わりにおいて思考する、ということである［HN 101／一四四］。この論点は、「無益な苦しみ」をはじめとする同時期の哲学テクストとの関係においても、表象不可能な過去をめぐるレヴィナスの一連の考察との関係においても重要なものだろう(43)。

「諸国民とイスラエルの現存」は一九八六年の「七〇の民」を主題にした知識人会議での講演である。過越の祭（ペサハ）に関する規定の書かれた「ペサヒム篇」一一八bをテクストとする。解釈の起点になるのは、「詩篇」一一七節の「すべての国よ、主を賛美せよ」という一節である。ユダヤ教の神はイスラエルの民にのみ関わるはずであるのに、どうして「すべて」の国民が関わるのか、ということだ。この会議の主題である「七〇の民」という表現それ自体も、「創世記」一〇章に挙げられたノアの子孫の合計が七〇であることから、タルムードにおいては「全人類」を象徴するものとされていた。それゆえこの講話の主題は、レヴィナスによれば、「人類とイスラエルの選びの関係そのもの」であり、「この選びの意味および〈人間〉の精神性におけるイスラエルの意味」ということになる［HN 111／一六〇］。タルムードの議論に従い、レヴィナスはこの「人類」の三つの類型としてエジプト、エチオピア、ローマを挙げるが、各々の型についての記述は、タルムード読解というかたちをとっていなければかなり問題含みのものにも見える。エジプトは、イスラエルの民に隷従を強いたが元来は彼ら異国人を受け入れた庇護地であり、それゆえ神に讃えられる。他方で、エチオピア（クシュ）という「黒人の国」は、「少なくとも聖書によれば、重要な出来事の舞台にはけっしてならない」ような「単なる地理的な参照」にとどまる［HN 114／一六四］。ローマに関しては、歴史的なローマ帝国というより、「政治的なカテゴリー」ないし「ある種の政治的・倫理的モデル」を問題にしているとされる。ただし「ローマ」の評価はきわめて辛辣だ。それはイスラエルを破壊した「暴力的で、好戦的で、帝国主義的」で、「不正」な帝国とされる。「ローマとの戦いはイスラエルの保存であり、人類が再生する機会」［HN 119／一七二］とも言われる。もちろんこうした主張は、政治的・実践的な次元でなされているものではないだろう。ここで「ローマ」が象徴しているのは、普遍的な合法性や数値化を通じ、富が蓄積されつつ、諸事物が「人間から分離」していき、「もはや人間がいなくなる」ような世界であり、その存在論的な基盤である［HN 122f／一七七］。これに対しレヴィナスは、「しかし彼女の利益と報酬は、主の聖なるものとなり、積み上げられも、蓄えられもしない」と語る「イザヤ書」第二三章一八節に立ち戻り、「利益と報酬」が蓄積されるのではなく、「主の聖なるものとな」ることに、「存在への固執」を超えた「存在するとは別の仕方で」を見るのである［HN 124／一七九］。

『新タルムード講話』

レヴィナスの死の直後、一九九六年にミニュイ社から公刊された、一連のタルムード講話シリーズの締めくくりとなるものである。「天の意志と人間の権能」、「国家において国家を超えて」、「自己自身とは誰か」の三つが収められている。いずれも未邦訳である。

後二者はそれぞれ一九八八年、八九年の仏語圏ユダヤ人知識人会議での講演であるが、これに対し、第一章「天の意志と人間の権能」は、同会議での講演ではない。時期的にも多少遡る一九七四年にフランスのユダヤ人団体である中央長老会で行なわれたものである。本書に収録されるのに先立ち、一九九一年公刊の『カイエ・ド・レルヌ』レヴィナス特集号に「正義についてのタルムード講話」というタイトルで収録されている。このタイトルが示唆するように、タルムードから引き出しうる「正義」についての考え方、さらにそれと「倫理」との関係についてまとまって論じられている。とりわけ、「マコット篇」二三―二四bに見られる刑罰に関する議論をめぐって、神にではなく人間の管轄に属する刑罰および正義の問題が検討されたあと、それを担う人間の主体性の構造が「預言」「トラウマ」「霊性（inspiration）」といった概念によって特徴づけられる。この観点では、神の裁きと人の裁きないし責任をめぐる『困難な自由』での議論から、七四年公刊の『存在するとは別の仕方へ』をはじめとする哲学的著作で定式化される倫理と正義をめぐる議論を経て、『神聖から聖潔へ』で「正義」の問題を取り扱う七五年の講演「火事によってもたらされた被害」などのタルムード読解と結びつけて読むことができる。

第二章「国家において国家を超えて」は、「国家の問い」を主題にした一九八八年のユダヤ人知識人会議での講話だけに、政治の問題がいっそう正面から論じられ、前章で提示された議論をさらに敷衍するものとなっている。ここでレヴィナスは、アレクサンドロス大王とユダヤ人の賢者たちの対話というかたちをとる「タミド篇」三一b―三二bを解釈しながら、とりわけ前者が象徴する西洋的な政治思想と、後者が伝えるユダヤ的な倫理思想の対照を浮かび上がらせる。とりわけ、「正当化できないが避けることもできない」政治的権力に対し、「トーラー」の教えを起点にしてそれを「受け入れ可能なもの」にしてゆくという「メシア的政治」の考えは、デリダ『アデュー』をはじめ多くの論者が注目するように、レヴィナスの政治思想の鍵概念と言えるだろう。

第三章「自己自身とは誰か」は、「自らについて（Quant-à-soi）」を主題にした八九年のユダヤ人知識人会議での講話である。ただし、「自己自身」といっても、自己意識や主体といった哲学的概念の問い直しが問題となっているわけではない。この年の知識人会議自体の主題は「Quant-à-soi」ではあるが、これは「我関せず」といったよそよそしい態度を意味する。そうした現代の個人主義的な精神的風土を背景にして、あらためて「自己自身」という問題が俎上に載せられたとも言えるだろう。テクストは、「私は塵あくたにすぎない」（「創世記」一八章二七節）とするアブラハムの発言や「われわれは何者でもない」というモーセおよびアーロンの言葉（「出エジプト記」一六章八節）を取り上げる「フッリーン篇」八八b―八九aである。その解釈を通じてレヴィナスは、戒律に従うことと自己が自由であることの両立や、単なる自己満足に還元されない自己性といった考え方を引き出す。アブラハムやモーセという形象から、「謙遜」、「実存すること」の「新たな超越の仕方」、「他人に対する責任への開かれた存在論」を読み解くこの解釈は、後期レヴィナスの哲学思想と密接に結びつく。

タルムード講話は何を「翻訳」しているか

公刊著作に収められたレヴィナスの「タルムード講話」の概要は以上の通りである。あらためて振り返ると、『タルムード四講話』には『困難な自由』や『全体性と無限』の議論との関係も垣間見えるが、「身代わり」をはじめとして『存在の彼方へ』を予告するような議論も見え隠れする。内容に関しては、とりわけ『タルムード四講話』および『神聖から聖潔へ』などの一九六〇年代から七〇年代前半にかけての講話では、世俗化、〈六八年五月〉の若者の反乱、そして中東戦争といった同時代の社会的・政治的な出来事への呼応が見られていた。『聖句の彼方へ』以降、「タルムード講話」は独自の編集をされることはなくなるが、そこでも各々の講話が発表された大会の趣旨に応じるかたちでテーマが設定されると同時に、とりわけ「トーラー」の学びを重視しながら、「西洋」ないし「諸国民の時」と「イスラエル」の関わりが繰り返し論じられることになる。深く論じるべき個別の論点は多々あるが、ここではこれらの全体を通じて、本章の冒頭で提起した問い、すなわち「タルムードの知恵を「ギリシア語で」翻訳する」という企図がいかなるものであったかを検討したい。

ところで、レヴィナスは、後年のある対談で次のように述べている。

私にとって哲学の本質的な特性とは、ある種の、とりわけギリシア的な考え方及び言い方ということになります。哲学は第一に言語の問題なのです。〔…〕このようにこれまでヨーロッパという器のなかに自分の言語を沈澱させることができたのも、ギリシア精神の特質なのです。しかし、たとえ哲学が本質的にギリシア的であるとしても、だからと言って唯一それだけだと言うわけではありません。哲学にはまた、非ギリシア的な諸々の源泉や根があります。たとえば、ユダヤ-キリスト教的伝統と呼ばれるものは、意味や真理に近づく、もう一つ別の方法を提示しました。〔…〕ただ言えるのは、七〇人訳聖書がまだ完全ではないということ、すなわち聖書の智慧をギリシア語へ翻訳することが依然として未完成であるということだけです。［Kearney 55／九八―九］

「タルムード講話」だけでない。レヴィナスの「哲学」とはそれ自体が「翻訳」の実践であった。すなわち、「聖書」において示される、「ユダヤ-キリスト教的伝統」に基づく知恵を、ギリシア的、ヨーロッパ的な「器」を通じて示すということだ——このように言うこともできるほどだ。

同じ対談ではさらに次のように言われている。

聖書の思想は、相互人間的なものに関する私の倫理的な読解の仕方にある程度影響を与えてきたのに対して、ギリシアの思想の方はこれまで主として、私がそれを言語で哲学的に表現する仕方を規定してきた、と言えるでしょう。［Kearney 57／一〇二］

聖書に示された「前哲学的経験」［EI 14／二〇］を哲学的に表現するためにこそ、「ギリシア語」への依拠がレヴィナスにとって「哲学の本質的な特性」であったわけだ。

このようなギリシア語への翻訳の必要性は、先に見たようにレヴィナスのタルムード講話の指針でもあった。しかし、これまで見てきたところからすると、レヴィナスの哲学におけるギリシア語への翻訳とタルムード講話におけるギリシア語への翻訳は同一視するわけにはいかないだろう。各々において、何をどのように翻訳するかは、けっして符合してはいないように思われるからだ。

実際、このような「翻訳」のありようにはいくつかの解釈の可能性が考えられる。

第一は、今見たようにレヴィナスの言う「哲学的著作」と「告白的著作」の区別を踏襲し、「哲学的著作」において示される思想が、「告白的著作」に示される思想を「翻訳」したものだという解釈である。たとえば往年の対談では、「私はそれら二つの伝統を「合致」させたり「調和」させたりしようと明白に試みたことはありません。もし合致することがあったとすれば、それはおそらくあらゆる哲学的思想が前哲学的経験に立脚しており、私のなかでは聖書の読解がこうした根源的な経験に属するものだったからでしょう」[EI 14／二〇]とも言われている。あるいは、別の箇所では「聖書の聖句はここでは証拠の役割を持っているのではなく、ある伝統ないし経験を証言している。それらには、ヘルダーリンやトラークルが享受しているのと少なくとも同等に引用される権利があるのではないか」[HAH 108／一五八]と述べられている。このようにたとえばハイデガーのようにして自らの思想の開陳のために「ヘルダーリンやトラークル」を引用するのではなく、その代わりに、「タルムード」というテクストを哲学思想の展開のために立脚すべき「根源的な経験」として引き立てるという企図があったと考えることは十分に可能だ。

実際、個々の論点を見てみると、「応答責任」や「身代わり」、「存在への固執」や「正義」といった「哲学的著作」での重要概念がタルムード講話のなかでも頻出していることは明白である。だが、仮にこれらの概念の着想源がタルムードの解釈にあったとしても、「哲学的著作」において概念化されたそれらが、「タルムードに依拠している」とまで言うことはかなり困難のように思われる。実際、「哲学的著作」においても、『全体性と無限』における「サンヘドリン篇」（一〇四b）への言及や[TI 219／三五六]、『存在の彼方へ』におけるラシーや『雅歌』への言及[AE 139, 141／四二八]がないわけではない[cf. Nordmann 2019]。だが、少なくとも「哲学的著作」における当該概念の記述に際してタルムードの議論が根拠となっているわけではない。あるシンポジウムでリオタールが告げるところによれば、レヴィナスは「私の思考が位置づけられるのは聖書の権威の下にではなく、現象学の下なのです」と述べたという［Lyotard 2015, 80f／一〇九］。あるいはまた、『存在の彼方へ』第一章末尾の同書の方法論を説明する箇所で、「安全な歩み」を確保してくれるものがないがゆえに、同書の歩みには極度の厳密さと注意深さが必要とされると述べられている［AE 39／六三］。こうした哲学的な方法論への鋭敏な態度を看過するわけにはいかないだろう。いずれにしても、「タルムードの知恵を「ギリシア語で」翻訳する」という企図を、聖典を根拠とした哲学を構築することと言い換えることは困難なように思われる。

第二の解釈は、レヴィナスの「哲学的著作」の内部に見られるある種の二項対立のなかにこうした翻訳的関係を読み取ることだ。たとえば、まさしく「聖典の翻訳」と題された講話をはじめとして、タルムードの「学び」における口承性こそが、それが「書かれる」ことで普遍化していくことを支えると同時に、その形骸化を防ぐものであるという発想は随所に見られる。オンブロージが言うように、そこに『存在の彼方へ』における〈語ること〉と〈語られたこと〉を見ることも可能だ［Ombrosi 2006］。さらに、この〈語ること〉と〈語られたこと〉の二項関係は、レヴィナスにおいては、「聖潔」と「存在への固執（コナトゥス）」、「存在の彼方」と「存在論」、さらには「倫理」と「正義」の関係にも連なっていく。これらの二項関係に相当する記述をレヴィナスのタルムード講話のなかに見出すことは十分に可能だろう。ここでは、〈語ること〉、口承の「学び」、〈存在の彼方〉、つまり「倫理」が、哲学的言語や「正義」などの普遍的な次元で「翻訳」されるという関係が問題になる。

ただし、タルムードの「翻訳」がこれらの二項のあいだにあるものとして考えることができるかというと、それもまた困難である。というのも、第三の解釈として、近年提示される新たな見方としては、レヴィナスのタルムード講話の個々の議論は、「正義」論に翻訳されるべき「倫理」の思想を提示しているのではなく、まったく逆に、「哲学的著作」が提示してこなかった「政治哲学」を展開するものであるとも言えるからである。従来からも、とりわけタルムード講話は、それが扱う主題ゆえに、「社会的」［Herzog 2015］、「共同体的」［Eisenstadt 2006］、さらには「政治的」［Bernard-Donalds 2005; Eisenstadt 2018］なテクストとして位置づけるべきであるという評価がなされてきた。つまり、レヴィナスの言う「告白的テキスト」と「哲学的テキスト」の区別が、一見すると「ユダヤ思想」と「現象学」、「倫理」と「存在論」の区別に重なるように見えるとしても、ユダヤ思想の源泉への参照をふんだんに行なうタルムード講話それ自体において展開されているのは社会的ないし政治的テーマに関する考察であって、そこにレヴィナスの「政治哲学」を見ることすらできるというわけだ［Herzog 2020］。この角度からすると、哲学的テクストのほうにはむしろ「政治」ならぬ「倫理」の思想が描かれていると言うことも可能である。

　われわれの見るところ、タルムード講話で問題になっている「翻訳」とは、「倫理」と「存在論」、「倫理」と「政治」、「告白的著作」と「哲学的著作」のあいだにあるのではないように思われる。むしろ「ギリシア」ということで象徴的に指示されているのは、「哲学的言説」ではなく、「西洋」ないし「ヨーロッパ」という「諸国民」の次元のように思われる。すなわち、一貫して問題になっているのは、『困難な自由』に示されたような「特殊主義的普遍主義」に基づき、ユダヤ教ないし「イスラエル」が、それを取り巻く「諸国民」とどのような関係にあるか、現代社会がそうであるような「諸国民の時」においてユダヤ教がどのような立ち位置ならびに態度を示すのかであるように思われる。『諸国民の時に』序文では、「ヘブライ語聖書を主たる資料とする連続性たる〈聖なる歴史〉に属することを意識しつつ、諸国民の傍らで、あるいは諸国民の只中で〈普遍的な歴史〉〈世界史〉にも居合わせること、啓蒙の世紀以来のその解放性」と言われている［HN 13／七］。結局のところ、一連のタルムード講話では、一方でこうした聖書の学びを特殊性の極とし、他方で「西洋」の「キリスト教」的世界を普遍性の極とすることで、両者のあいだで織りなされる交流こそが「翻訳」ということで問われていたように思われる。あたかも、「翻訳」されることなしには、「翻訳」されるべき当の「知恵」が沈黙しかつ消失かねないという事態に対し、「翻訳」を通じてそれにある種の活性化ないし生き延べ（survie）をもたらそうとしていたかのようなのである。

第3章　六〇年代以降のキリスト教への接近

以上のようにレヴィナスのタルムード講話の全体を概観してみると気づくことがもう一つある。レヴィナスが自らの著作を「哲学的テクスト」と「告白的テクスト」として区別したとしても、少なくとも後者に属する著作を眺めると、その内容は狭義のタルムード講話に還元されなくなる、という端的な事実である。先に指摘したように、正確に言えば、『タルムード四講話』と『神聖から聖潔へ』においてはユダヤ人知識人会議のタルムード講話のみが収められていたのに対し、『聖句の彼方』と『諸国民の時に』への移行に際して、それ以外の論考が収められることになる。そしてこれらのタルムード講話以外の論考の多くが、「西洋」的なものないしキリスト教との関係に関わるようになっていくのである。もちろん、こうした「西洋的なもの」と「ユダヤ的なもの」の関係はタルムード講話の主たるテーマの一つであった。だが、一九六〇年代後半以降、タルムード講話の展開に並行して、レヴィナスは、実践的にもまた思想的にも、『困難な自由』の後半で垣間見せていたキリスト教への接近をいっそう加速させるようになるように見えるのだ。本章では、この接近の過程および内実を分析しよう。

「ユダヤ‐キリスト教友好会」

先に（第Ⅱ部第三章）において、『困難な自由』における「ユダヤ‐キリスト教友好会」というテクストに触れ、それがレヴィナスにおけるキリスト教への「開かれ」の路線を切り開くものであることを示した。ただし、この「開かれ」の仕方はそれほど単純ではなかった。

事実、「ユダヤ‐キリスト教友好会」におけるレヴィナスの立場は比較的独特のものだった。それが顕著に示されているのは、一九六一年から六二年にかけての同団体の創始者の一人であるジュール・イザークとの書簡でのやりとりだろう。関連資料は主に四つある。一つ目は、一九六一年二月六日のレヴィナスからイザークへの手紙、二つ目は一九六二年夏頃に書かれたレヴィナスによる「「ユダヤ‐キリスト教友好会」の意味についての注記」、三つ目はこれに対するイザークの宛名なしの書簡（一九六二年一一月一二日）、四つ目はさらにこれに対するレヴィナスからイザークへの二通目の書簡である。これらはすべて同団体の機関誌『サンス』の二〇一五年の四〇一号にブリュノ・シャルメ［Charmet 2015］による解説とともに掲載され、はじめて公けになった。これらの資料は、キリスト教に対するレヴィナスの態度をより具体的に示すものであるため、以下にその概要を確認しよう。

レヴィナスからイザークへの第一の手紙は、イザークの論文「歴史的客観性のいくつかの興味深い形態」を読んだことの感想からはじまっており、それを機縁として、ユダヤ教とキリスト教の関係に関する最近の動向についてのレヴィナスの所感が綴られている。ただし、きわめて注目すべきは、次のようなレヴィナスの吐露だ。「ユダヤ教とキリスト教の対話」に関し、レヴィナスは「私はかつてこのような行動を頑固に拒絶していましたが、最近になってこの方面での接触をもつようになってきました。そうしたことの虚しさに完全に気付きました」［Levinas 2015a, 521］としている。それだけでない。ここではユダヤ教とキリスト教の関係のありうべき姿についてのレヴィナスの主張が率直に表れている。「私としては、ユダヤ教徒とキリスト教徒の出会いが可能になる領域、あるいはさらに必要とされ、また市民の義務となる唯一の領域とは、いささか廃れた仕方で形容するならば「共和主義的で世俗的な（laïque）」次元だと思います」［Levinas 2015a, 521］。

この手紙に対するイザークの返事は確認できていない。ただし、レヴィナスは（おそらくジャック・マドールの推薦もあり）、「ユダヤ‐キリスト教友好会」に対して哲学者の立場からの助言ないし提言をすることが求められていたのだろう。それに先立って、イザークに挨拶文のようなかたちで手紙を送ったとも考えられる。いずれにしても、その翌年、レヴィナスは同会の指針に関する提言を送っている。これが二つ目の資料「「ユダヤ‐キリスト教友好会」の意味についての注記」である。（一）（番号付は原文通り）この友好活動は、「一九三三年から四五年のあいだにユダヤ教が体験したドラマの意味」に関わっており、とりわけキリスト教の側の意識が動揺し、「特殊な義務」を感じ、これまでユダヤ教に対し「つねに正しくはなかったこと」を想起したことによること、（二）この活動はキリスト教の側から働きかけられ、ユダヤ教の側がそれを受け入れたこと、（三）この活動は厳密に人間主義的な、つまり世俗的な道徳に依拠すべきであること、（四）双方の側の偏見には引き続き戦っていく必要があること、（五）無神論の台頭や脱宗教化に対し、両者の友好の意味をいっそう肯定的に考えなければならないこと、（六）そのためには、単に互いの宗派に属するものを個人的に尊重するだけでなく「キリスト教の観点におけるユダヤ人という他者およびユダヤ教の観点におけるキリスト教徒という他者の意義を認める必要がある」こと、とりわけ「現在の、ポスト・キリスト教的で、タルムード的でラビ的なユダヤ教が、キリスト教の観点において（遺産や証言とは異なる）肯定的で生き生きとした意義をもつ必要があること」である。こうすることによって、ユダヤ教とキリスト教の「友好」が「単なる寛容」を超えた「肯定的な射程」をもつことができるとする［Levinas 2015b, 523f］。

　これに対し、イザークは、一九六二年一一月一二日付の名宛のない書簡を書く。おそらく友好会の委員をはじめ、関係する複数に宛てられていたのだろう。冒頭からレヴィナスの注記への応答であることが明示されているが、イザークはここでレヴィナスの提案を基本的にはすべて退けている。上記注記の二点目の同会の設立がキリスト教の側からの働きかけによるというのは誤認であってエドモン・フレッグをはじめユダヤ側の働きかけもあったといった事実確認に関わるものもあるが、注目すべきは、とりわけ上記注記（六）の提案に関するものである。イザークは、パリにおける友好会の運営委員会自体が存続に苦労をしているという言い訳をつけつつも、レヴィナスの提案を「神学委員会」の設置だと理解したうえで、そのような設置は「良識を欠いているだけでなく、会の本質的な原理に反する」ものだとする。そして、「私たちは神学的な立場をとる必要はない。ユダヤ－キリスト教友好会に肯定的な神学的内容を与える必要はない」と念を押している［Isaac 2015, 526］。こうしてイザークはレヴィナスの提案を断固拒否する姿勢を示すのである。

レヴィナスはこれに対し、一九六三年一月一〇日のイザーク宛の手紙にて応答している。基本的にイザークに対し敬意を示したものであって、右記書簡でのイザークの主張に反論するものではない。ただし、自らの意図が伝わっていなかったと感じたのだろう、「正当化（justification）」を述べたいとしている。こうした申し開きゆえに、この返答には当時のレヴィナス自身の考えがいっそうはっきりと示されていると思われる。なかでも重要なのは以下の一節である。

> ユダヤ－キリスト教友好会が単に、キリスト教徒によるユダヤ人の、ユダヤ人によるキリスト教徒の承認にとどまるのではなく、キリスト教の価値をユダヤ人に説明すると同時に、ユダヤ教――これは私にとっては現代性（actualité）そのものです――から、〔…〕おかしな時代錯誤的な携行物という皮を剝ぎ取ることを求めることは、私にとってはまったく神学から程遠いものです。そうではなく、逆にライシテの理念に付け加えるべきものであるように思われます。［Levinas 2015b, 527］

レヴィナスとしては「ユダヤ－キリスト教友好会」が単に相互の信徒同士の表層的な交流の場になるのではなく、

確かな相互承認になることを目指していたはずだ。それは、思想的・神学的な次元における互いの承認というよりは、とりわけキリスト教に対し、ユダヤ教が、それが単に時代遅れの遺物にとどまるものではなく、「現代」的な意義をもつことの承認を求めることにあった。そしてそのことはライシテの理念とも矛盾しないというのである。

レヴィナスの提言は、「ユダヤ - キリスト教友好会」のなかでは日の目を見ることはなかったが、六〇年代以降の――とりわけ、これまでのように基本的にユダヤ人に向けられたタルムード講話ではなく、キリスト教的な機関や媒体に積極的にテクストを寄せるという――レヴィナス自身の営為を導くものではなかったか。それはまた『困難な自由』序文で示された「ジュール・イザークが至高にも身を置いた面とはまた別の面で、あらためてキリスト教に対する立ち位置をとる」ということを、レヴィナスが自らの課題にした、とも言い換えうるだろう［DL 10／xiv］。

第二ヴァチカンとゼーリスベルク会議

一九六〇年代の「ユダヤ - キリスト教友好会」の機運に向けた期待とその只中での微妙な温度差は、別のところでも確認できる。ここで注目すべきは、一九六二年から六五年に開かれたカトリックの公会議である第二ヴァチカン公会議である。

第二ヴァチカン公会議は、教会の「現代化」に関わるさまざまな主題を取り扱ったきわめて画期的なものだったが、そのインパクトはユダヤ教徒にとっても無視しえないものだった。一九六五年一〇月二八日に公布された『キリスト教以外の諸宗教に対する教会の態度についての宣言』（通称『われわれの時代に（*Nostra aetate*）』）は、タイトルの通り、キリスト教以外の宗教に対するカトリックの開放的かつ友好的な態度を示すものだった。カトリック中央協議会編の『第二バチカン公会議公文書』の公式訳に付された解説でも、「その結果、キリスト教徒の中には、おそらく教会史上かつてなかったほど、他の諸宗教に関する知識がまし、それらへの敬意が高まっている」とされる［ハイジック 二〇一三、七八一〕。それほどキリスト教以外の諸宗教の信徒にとっては、決定的な宣言だったと言ってよい。ユダヤ教に関しても「新約の民とアブラハムの子孫を霊的にむすびつけているきずなに心を留める」とした上で、「キリストの死」の「責任」は「今日のユダヤ人」とは関わらないこと、「ユダヤ人は神から見捨てられた者としても呪われた者としても紹介されることがあってはならない」ことなど、従来のキリスト教におけるユダヤ教観の見直しが語られている。さらに「教会は、すべての迫害を非難するが、ユダヤ人に向けられる憎悪や迫害や反ユダヤ主義的表現についても〔…〕これを糾弾する」としているのも特筆すべきだろう。(44)

レヴィナスもまた、後年（一九八七年）の「ユダヤ教「と」キリスト教」と題された対談で、この宣言を振り返って次のように述べている。

> 私はヴァチカン公会議での宣言『われわれの時代に』を非常に肯定的に受け入れました。私にとってそれは、論理的な帰結でありますし、過去のいくつかの物事を乗り越えるための試みがなされてきたという事実の証なのです。〔HN 192／二七三〕

このように、後年の回顧からすると、レヴィナスがこのカトリック教会の宣言を肯定的に受け入れた様子が窺われる。ただし、『われわれの時代に』が公表された当時のレヴィナスの態度はこの後年の回顧から窺えるような手放しの肯定ではない。

カトリック教会の宣言に対し、一九六五年に「ユダヤ－キリスト教友好会」の同名の冊子の「編集委員会委員の宣言」が発布された。ユダヤ－キリスト教友好会会長のジャック・マドールは「私は、フランス・ユダヤ－キリスト教友好会の全ての成員とともに、これを最終地点ではなく出発地点とみなすならば総体としては満足のいくテクストを公会議が最終的に採択したことに、喜びを禁じえない」と述べる。また、ロシア正教のニコラス・ロスキーも、「正教のキリスト教徒として、カトリック教会がキリスト教以外の宗教、とりわけユダヤ教の宗教との関係について発した宣言に賛同することしかない」とする。もちろん、彼らとて若干の留保をつけることは忘れていない。しかし、これらに比して、レヴィナスが抑制した調子の文章を掲載していることは注目に値する。

一九六五年一〇月の発布に先立って、『われわれの時代に（*Nostra aetate*）』のユダヤ教についての部分の草案が出た時点で、レヴィナスは次のようにコメントしている。

委員会の終りに行なわれた公会議の投票は、カトリック教会が、キリスト教以外の宗教、とりわけユダヤ教に対してどのように意識しているかを規定するものだ。その大多数は、何らかの「修正」や改訂が提案されても、文書の相貌自体は何も変えることがないだろう、というものだ。それは投票後にベア枢機卿が述べたとおりである。イスラエルの新聞が強調したように、それはカトリック教会内部の出来事であり、ユダヤ人が請願者なのではない。とはいえやはり、われわれの友人の多くは議論の推移を見守った。採択された文書は、将来にわたり、カトリック教会内での教育や宣言に対し指針を与えるものになるだろう。(45)

ここでは明示的な批判がなされているわけではないが、「修正」が提案されたことに対する違和感や、「カトリック教会内部の出来事」に対するある種の突き放しが見られる。鍵になるのは、引用で言及されている「ベア枢機卿」だろう。振り返ると、『われわれの時代に』には、最終的に「キリスト教以外の諸宗教」が取りあげられることになるが、もともとはユダヤ教徒の関係のみを主眼としていた。ほかならぬジュール・イザークが一九六〇年に当時の教皇ヨハネ二三世に進言したのをきっかけに、カトリック教会はユダヤ教に対するその態度に関する声明の構想に乗り出し、その準備を担ったのがアウグスティン・ベア枢機卿だったのだ。ベアはイザークのほかにもアメリカのユダヤ思想家アブラハム・ヘッシェルといったユダヤ人知識人にもコンタクトを取り、さらにヨーロッパおよびアメリカのユダヤ人機関の意見も聴取し、この声明を固めていった。ところが、カトリック教会内部において、ユダヤ教に限定することへの異議（その他の宗教への配慮もさることながら、アラブ諸国への配慮もあったとされる）が唱えられ、結局のところ、ユダヤ教への言及は宣言全体の一部にとどまることになった［cf. Andrevon 2013; Dupuche 2014］。

レヴィナスがこうした経緯にどこまで通じていたか定かではない。いずれにしても『われわれの時代に』の最終版が発布された際に付けられたコメントでレヴィナスは、抑制というより「失望」を隠していない。「発布された文書は、付記や省略があるがために、驚きや失望を誘うような背後の考えや前提があることを物語っている。アポカリプス的な日々の後で、精神的な留保をしているのだ！」(46)。おそらくレヴィナスは「ユダヤ‐キリスト教友好会」内でこの宣言の準備過程に通じていただけに、また『困難な自由』に表明されているように、ユダヤ人の「破局」的出来事に対するキリスト教への関わりを少なくとも一時期はきわめて重視していただけに、最終的に採択された『宣言』には不満を抱いたのだろう。

その二年後、レヴィナスは「対話を超えて」と題された一九六七年のテクストを書く。これは、一九四七年のゼーリスベルク会議の二〇周年に際して書かれたものである。

ゼーリスベルク会議とは、一九四七年七月三〇日から八月五日にかけて、スイスのゼーリスベルクにおいてキリスト教とユダヤ教の知識人らが集い、キリスト教における反ユダヤ主義を検討するために会議をもったものだ。一七カ国からの七〇名の参加者のうち、ユダヤ教二八名、プロテスタント二三名、カトリック九名。ユダヤ教の代表者のなかには、ジュール・イザーク、ジャコブ・カプランらが含まれ、実際にこの会議が機縁となって翌年にフランス・ユダヤ－キリスト教友好会が設立されることとなった。この意味でも、フランスにおいては、ゼーリスベルク会議は、第二ヴァチカン公会議に先立って、ユダヤ教徒とキリスト教徒の対話の端緒としてきわめて重要な意味をもっている。ただ、六七年の「対話を超えて」は、二〇周年を記念する賛辞というよりは、ある種の両義的な態度を示している。

　だが過ぎ去った日々はもしかすると、〈解放〉の翌日に〔エドモン・〕フレッグやジュール・イザークのような人の目には可能だと思われたものをすべて実現したわけではなかったのかもしれない。一九三三年から四五年のあいだに体験されたアポカリプスの経験の鋭さは思い出のなかで鈍る。常軌を逸したものが通常の秩序へと戻る。あまりに多くの小説があったし、紙へと変容した苦しみもあまりに多くあった。社会学的な説明や、新たな関心もあまりにも多くあった。〔…〕もしかするとユダヤ教とキリスト教の問題は、突き詰めて考えるならば、解決しえない問題に属するのかもしれない。

［AT 98f／九三―五］

第二次世界大戦の後、ユダヤ人が被った「苦痛」についてはさまざまな文章が書かれたり、学術的な説明がなされたりしたが、とりわけキリスト教との関わりについても多くの問題が未解決のものとして残った。しかも、ゼーリスベルクにおいて実現した「対話」も、こうした問題に解決の糸口を示したわけではなかった。問題は、「対話」が不十分だというよりも、「対話」の姿勢それ自体に一方向的な「暴力」性ないし「抑圧」があったからだとレヴィナスは言う。

　対話を超えた、新たな成熟さと真剣さ、新たな厳粛さと新たな忍耐、言うなれば、解決しえない問題に対する成熟さと真剣さだ。マドール氏のもとパリでユダヤ－キリスト教友好会で活動していた人々が〔宗教の〕勧誘や宣伝をやめたのは、最小限の共通のプラットフォームを見出すためではなく、いくつかの抗争においては、説得それ自体が暴力となり抑圧となることに気づいたからなのだ。［AT 100／九五―六］

こうした両義的な態度が何に基づくのかは定かではない。先に述べたように、ユダヤ＝キリスト教友好会への自らの提案が却下されたことで、レヴィナスはある種の居心地の悪さを感じていたのかもしれない。だが、少なくとも確かなことは、まさにこの時期、すなわち六八年頃から、こうした両義的な姿勢に明らかな変化が見えることだ。そこで、レヴィナスがキリスト教の思想家らの主催するシンポジウム等に出向いて講演を行なったりするなど、キリスト教の知識人との交流を深めるのである。以下ではその足跡を追うことにしよう。

カステッリ・シンポジウム

ここで注目すべきは、六〇年代後半からのレヴィナスにおけるキリスト教への接近、あるいはキリスト教の側からのレヴィナスの積極的な受容である［cf. Labbé 2005］。

サイモン・クリッチリーは、フランス以外でのレヴィナスの哲学の受容をいち早く行なったのは、キリスト教系の研究者だったことを強調している［Critchley 2006, 3f］。とりわけベルギーやオランダのテオドール・ボーアやアドリアーン・ペパーザック、ドイツのベルンハルト・カスパーらのキリスト教系の哲学研究者との交流を増やしていくし、一九七〇年のシカゴのイエズス会系のロヨラ大学での受賞を皮切りに、一九七五年のプロテスタント系のライデン大学、一九七六年のルーヴァン・カトリック大学など、キリスト教系の大学からの名誉博士号を受けるようになる。あるいは、マックス・シェーラーについての学位論文を執筆した後にヨハネ・パウロ二世となるカロル・ユゼフ・ヴォイティワとの交流も特筆すべきだろう。レヴィナス自身、デカルトと現象学とカトリック神学を架橋するジャン＝リュック・マリオンとの友好関係を築いていくことも指摘しておいてよいかもしれない。いずれにしても、こうした欧米のキリスト教の思想家や研究者からの受容や評価は、たとえばイスラエルの大学ではある時期までレヴィナスがむしろ敬遠されていたことと対照的である［cf. マルカ 292／三八九―九〇］。

実際、六〇年代後半から、レヴィナスはキリスト教系の機関において発表する機会を増やす。ベルギーのブリュッセル・サン＝ルイ大学の哲学宗教研究所は、一九二五年にメルシエ枢機卿によって設立されたカトリック色の強い研究所であるが、この研究所では六五年以降、ガブリエル・マルセルやミシェル・アンリといったフランスの哲学者らを招待した講演を繰り返し行なうことになる。レヴィナスも、一九六七年一一月に『存在の彼方へ』に組み入れられる「存在することの彼方（Au-delà de l'Essence）」、七四年に「受動性（La passivité）」および「神と諸哲学（Dieu et les philosophies）」、一九七九年に「志向性と隔時性（Intentionnalité et diachronie）」という講演を行なっている（ただし同研究所の講演者にはカンギレム、アルチュセール、デリダといった名前も見られるため、必ずしも宗教的な要素が重視されていたわけではないだろう）。

そのなかで象徴的なのは、一九六八年にフランスのカトリック知識人週間（Semaine des intellectuels catholiques）という会合においてレヴィナスが行なった、「神人？」と題された講演である。カトリック知識人週間は、フランス・カトリック知識人センター（Centre catholique des intellectuels français: CCIF）によって開催されたものである。一九四一年に反ナチスの地下抵抗運動のなかからカトリックの哲学者や歴史家ら知識人によって設立された同団体は、第二ヴァチカン公会議にも加わり、ジャン・ダニエルーやルネ・レモンらも参加していた。とりわけ五〇年代から六〇年代にかけて精力的な活動をしていたが、七〇年代以降急速に退潮し、七七年に解散することになった［cf. Mercier 2016］。レヴィナスはいわばその絶頂期の最後の段階に登壇したことになる。この講演については後に戻ることにしよう。

レヴィナスのキリスト教への接近という観点からすると、レヴィナスの関与がもっとも深かったものとしてエンリコ・カステッリのローマ・シンポジウムを挙げる必要がある。

カステッリは一九〇〇年にイタリアに生まれた哲学者でローマ・サピエンツァ大学で宗教哲学の教授を務めた人物である。一九三一年にイタリア哲学会の機関誌として *Archivio di Filosofia* 誌を創刊、また一九三九年にはローマ・サピエンツァ大学に哲学研究所を創設するなど、イタリアにおける哲学研究の普及に尽力した人物である。邦訳に『時の喪失』がある［カステッリ 一九七三］。その名が世界的に知られるようになったのは、一九六一年以降ローマにてカステッリが継続的に主宰したシンポジウムだろう。宗教哲学の分野で「脱神話化」「歴史の神学」「解釈学」といったテーマのもと各国から優れた哲学者たちを招聘したシンポジウムが毎年のように開催されたものである。

フランスからの参加者としては、とりわけ一九六一年の初回大会から合計で二二回と最多の参加を誇るポール・リクールを筆頭に、参加者にはアンリ・グイエ、グザヴィエ・ティリエットといった哲学史家のほか、ガブリエル・マルセル、ミシェル・アンリ、ジャン＝リュック・マリオンといったキリスト教系の哲学者、さらにキリスト教思想および技術哲学のジャック・エリュール、はたまたジャック・ラカンの名前も見える。キリスト教系の思想家の参加が多かったが、レヴィナスのほかゲルショム・ショーレムなどのユダヤ系の思想家も参加している［cf. Capelle 2012］。

レヴィナスの参加は一九六九年以降のことだが、それ以降はかなり頻繁にこのカステッリのローマ・シンポジウムに参加しており、確認されるかぎり、次の表のように合計九回の講演を行なっている。

カステッリ・シンポジウムでのレヴィナスの講演一覧

1969年「タルムードのテクストによる神の名」〔『聖句の彼方』に再録〕

1971年「カエサルの国とダヴィデの国」（『聖句の彼方』に再録）
1972年「曝露の真理と証言の真理」（『存在の彼方へ』第五章に再録）
1973年「イデオロギーと観念論」（『観念に到来する神』に再録）
1976年「世俗化と飢え」（『カイエ・ド・レルヌ』レヴィナス特集号に再録（未邦訳））
1977年「解釈学と彼岸」（『われわれのあいだに』に再録）
1982年「一者から他者へ――超越と時間」（『われわれのあいだに』に再録）
1984年「ユダヤ教とケノーシス」（『諸国民の時に』に再録）
1986年「一性について」（『われわれのあいだに』に再録）

マルカはこれを「ユダヤ人知識人会議のキリスト教版」と呼ぶが［マルカ 225／二九五］、一連のタルムード講話に比べ、カステッリ・シンポジウムでのレヴィナスの講演の全体の傾向を指摘することは難しい。たとえば第一の「タルムードのテクストにおける神の名」は、むしろカステッリ自身からこのテーマでの講演を要請されたもののようだが［ADV 143／一九五］、その大部分はタルムードの解釈である。この講演は『聖句の彼方』に再録された際に「タルムード講話」ではなく「神学」と題された部に組み込まれているが、その理由はテクストの宛先にあるだろう。同じ部にあるこれ以外の二つのテクストについても、「聖典のユダヤ的読解」はリヨンのドミニコ会系の雑誌『光と生』に掲載され、「ユダヤの伝統における啓示」は上述のベルギーのブリュッセル・サン＝ルイ大学の哲学・宗教研究所の講演である。いずれについても、あくまでキリスト教徒の読者を対象に、タルムードをはじめとするユダヤ思想の観点を紹介するものと言える。

これに対し第二の「カエサルの国とダヴィデの国」は、同じく『聖句の彼方』に収められるものの、その主題がより政治的なものであるためか「シオニズム」と題された部に収められる。ここでも基本的にタルムードの解釈を通じて議論が展開されているが、ただし、いわゆる「タルムード講話」がタルムードのなかから一つの比較的長い節を読解対象とするのに対し、ここでは複数の引用を踏まえた論の展開になっている。

さらには、第三の「曝露の真理と証言の真理」は、『存在の彼方へ』の第五章に（多くの修正とともに）再録されたものであり、かなり哲学的な内容である。

カステッリ・シンポジウムでのレヴィナスの講演のすべてについて触れる必要はないだろう。以上見ただけでも、その全体を貫く傾向は見られない、というのが全体的な特徴と言えるかもしれない。ことさらにキリスト教思想に歩み寄る主題は見られず、ユダヤ教の見地からのタルムードに基づく講演もあれば、きわめて純粋に哲学的な講演も見られるわけだ。

これに対して、キリスト教思想との関連という観点からすると、前述の一九六八年の「神人？」および一九八四年の「ユダヤ教とケノーシス」に共通して見られる、「神の謙遜（humilité）」というキリスト教概念への関心が特筆すべきだろう。この概念にレヴィナスがどのようにアプローチするかを見ることによって、レヴィナスのキリスト教への接近と呼びうるように思われたものが、どのようなかたちをしているかが浮かび上がるのではないか。

レヴィナスのキリスト教思想への接近？

この観点では、一九八三年にレヴィナスが牧師のジャン・ボレルと行なった対談での次のようなやりとりは見逃せない。

ボレル：ご論文「神と哲学」で、あなたはこう書いています。「応答責任を負った私は、絶えず私自身から自分を無にすることになる。ますます、無限にである。こうした枯渇においては、主体は単にこの蕩尽を意識化するのではなく、その場、その出来事となり、言うなれば、善性となる」。この箇所を読むと、キリスト教徒として、私が思い出さずにいられないのが……。

レヴィナス：イエス・キリストのことですね……

ボレル：〔その〕ケノーシス〔謙遜〕のことです。我々の伝統においてケノーシスについて語られてきたあらゆることのことです。

レヴィナス：私はケノーシスを受け入れています。まったくです。［Levinas 1996, 56f／七五―六］

きわめて驚くべき発言である。それは何も、『全体性と無限』においてもすでに見られていた、自らが応答責任を果たせば果たすほど、みずからの応答責任が増し、そのことこそが「私」を規定するという発想が、キリスト教徒の視点からは、キリストの「謙遜」を想起させるということにとどまらない。また、そうした読み方がありうることをレヴィナスもまた認めているということにもとどまらない。そうではなく、レヴィナス自身がケノーシスというキリスト教的な概念を「受け入れて」いると言うのである。

レヴィナスの哲学的著作における、他者、超越、無限、顔の公現、さらには、とりわけ後期にいくにつれて目立つようになる受動性、受難（passion）、受苦、身代わりといった概念は、キリスト教徒の読者にとっても積極的に受け入れられてきた［cf. Labbé 2005; Faessler 2021, chap. II］。そこにはレヴィナスにおける「キリスト教的偏流（dérive christianisante）」を見ることすらできるかもしれない［Brézis 2012, 341］(47)。その宗教思想史的な検討に取り組む余裕は本稿にはないが、このようなレヴィナスにおける哲学的伝統と聖書的伝統の、さらにはユダヤ教とキリスト教とのある種の結節点に位置づけられるものこそ、この「ケノーシス」という概念であることは確かだろう。

この点をめぐり、先に触れた、一九六八年のカトリック知識人週間での講演「神人？」と、一九八四年のカステッリ・シンポジウムの「ユダヤ教とケノーシス」とを繫げて読むことでこの結節点がいかなるものか示されるだろう。

「神人？」におけるケノーシス論

まず、「神人？」でレヴィナスは、「イエス・キリスト」(48)の「神人」という概念における「神の謙遜」に着目し、それを自らの「身代わり（substitution）」概念に結びつける。

ここではまず、「創造／被造物」、「受動性」、「受難」といった「キリスト教の信仰にとっては無条件な価値を有するこれらの観念がどの程度哲学的価値をもつのか、これらの観念はどの程度現象学のうちに姿を現すのか」と言われるように、レヴィナスがキリスト教的な観念の哲学的な射程を正面から吟味しようとしていることが窺われる。

ここで問題になっている「神の謙遜」は、とりわけ「フィリピの信徒への手紙」における以下の一節が念頭にある。

> キリストは、神の身分でありながら、神と等しい者であることに固執しようとは思わず、かえって自分を無にして、僕の身分になり、人間と同じ者になりました。人間の姿で現れ、へりくだって、死に至るまで、それも十字架の死にいたるまで従順でした。［第二章六―八節］

キリストが「神の身分」でありながら、「人間と同じ者」になったとき、「自分を無にして」「へりくだって」「僕の身分」になる必要があった。レヴィナスが注目するのは、このような「謙遜」が、「超越」的な「存在の仕方」を示していることである。つまり、レヴィナスにとって「身代わり」の観念は、「神の謙遜（humilité）」をめぐるキリスト教的な観念と結びつくと同時に、「主体性」に関わっている。「私の考えでは、神の謙遜は、超越との関係を無思慮とも汎神論とも異なる用語で考えることをある程度可能にするものであり、身代わりの観念、そのある種の様態は主体性の理解に不可欠なものです」[EN 65／七八]。この「超越」としての「主体性」とはどのようなものか。

その存在の仕方ゆえに、謙遜は超越の唯一の様態なのであり、この存在の仕方のほうが謙遜の道徳的価値の源泉なのです。遜ったものとして、敗者の、貧者の、追放された者の味方として現出することです。[EN 66／八〇]

つまり、レヴィナスはキリスト教的な謙遜に注目しつつ、そこに、「超越」的な「存在の仕方」、「敗者の、貧者の、追放された者の味方として現出する」ような「存在の仕方」を読みとろうとする。それは単に「身代わり」として磔刑を受けたというキリストの自己犠牲のことではない。自らの存在の「内在性に穴をうがつ」かたちで存在する仕方でもある。

謙遜ならびに貧困は存在のうちに身を置く一つの仕方、存在論的な（あるいは非存在論的な）様相であって、社会的な条件ではありません。追放された者の貧困をとおして姿を現すこと、それは宇宙の整合性を断つことです。それは内在性のうちで整序されることなく、内在性に穴をうがつことなのです。[EN 66／八〇―一]

このような「内在性」に空いた「穴」、それは主体の能動性の基盤をなすような穴である。これは能動的主体によって埋められることはない。「意識として解された人間の主体性はつねに能動性です」[EN 69／八五]と言われるが、能動的主体が埋めることができるとすれば、こうした主体のほうが「穴」に先行することになるだろう。能動的主体に先立ち、それを構成するような「穴」、これはレヴィナスが「痕跡」と呼ぶものにほかならない。

秩序からの剝離が実際には秩序への融即であることを阻止するためには、この剝離は至高の時代錯誤《アナクロニズム》によって、秩序への参入に先立つものでなければなりません。前進に刻まれた後退が、一度たりとも現在であったことのない過去のごときものが必要なのです。〔…〕それを私たちは「痕跡（trace）」と呼びます。［EN 68／八二―三］

こうした「痕跡」として「内在性」に開いた「穴」が言わんとしていること、それは主体性が能動性によってではなく受動性によって、「私は」という主格ではなく、「私を」という対格によって根本的には形成されているということである。

強迫という出来事は意識からそのイニシアティヴを剝奪し、自我を解体し、罪ある者として自我を〈他者〉の前に立たせます。強迫という出来事は自我を告発するのですが、この告発（accusation）は迫害を伴っています。〔…〕告発されることで、自我は自己（soi）に引き戻されるのですが、ここにいう自己はいかなる主格にも先立たれることなき対格（accusatif）なのです。［EN 70／八五］

自己とは、自己同一性の手前にあるような受動性であり、人質の受動性なのです。［EN 70／八六］

このように「強迫」され「告発」された「対格」としての「自我」、これが「人質」ないし「身代わり」と呼ばれるものにほかならない。

このように、レヴィナスは、キリスト教における神の謙遜の観念から、「身代わり」としての「主体」という自らの哲学的な観念へと結びつけるわけだが、このような身振りをどのように理解したらよいだろうか。

「ユダヤ教とケノーシス」におけるケノーシス論

一九六〇年代以降のレヴィナスの思想が見せるキリスト教的な発想のある種の「共鳴」が上述のようなキリスト教思想家たちの関心を引いたということは想像に難くない。だが、レヴィナスの思想の展開を見やるならば、このような身振りは「神の謙遜」への注目のほかにはさほど見られないことも指摘しうる。

むしろ、レヴィナスのテクスト群を見渡すならば、「神の謙遜」への注目は、単に自らの哲学思想とキリスト教思想の類縁性を指摘するためのものというよりも、キリスト教の思想に自らの「主体性」をめぐる考えとの類縁性が表出されうることを認めつつ、あくまで自らの思想のほうは「ユダヤ的な感性」に根ざしていることを表明することのほうに重きが置かれているように思われる。

レヴィナスは後年の回顧において次のように述べている。

> 神のケノーシスのような概念、つまり地上におけるその臨在の謙遜という概念は、まさしくその霊的な意味でユダヤ的な感性に非常に近いものなのです。［HN 190／二七二］

「神の謙遜」はキリスト教の思想だけでなく「ユダヤ的な感性」にも「近い」。こうした「近さ」をどのように理解したらよいだろうか。

「神のケノーシス」が「ユダヤ的な感性に非常に近い」というとき、すぐに思い浮かべることができるのは、中世のカバラー思想に現れる「ツィムツム」という発想であろう。イサーク・ルーリアによる、宇宙を創造する際に神は「収縮」しその場から身を引いたというこの「ツィムツム」概念とキリスト教的な「ケノーシス」の近さは繰り返し指摘されてきた。

レヴィナス自身、「ケノーシス」と「ツィムツム」の近さを意識していることは確かであるが、カバラーの神秘主義思想に対し基本的に批判的なスタンスを保ってきたレヴィナスがこのルーリアの「ツィムツム」に依拠するとは考えにくい(49)。

むしろ、一九八五年の論考「ユダヤ教とケノーシス」が示すように、レヴィナスはキリスト教的なケノーシス概念への注目を示しつつ、その源泉がむしろタルムードおよびリトアニアのユダヤ教に見出しうることを主張しようとしているのだ。ここでもまた「ケノーシス、あるいは人間の従者たる条件まで下降することに同意する神の謙遜——、あるいはこのギリシア語がキリスト教の意識に示唆するものにきわめて近しい存在論的な様態は、ユダヤ的な宗教的感性においてその十全の意義をもつ」［HN 133／一九一］とし、「ユダヤ的な感性」との近しさを強調している。

こうしたケノーシスの「ユダヤ的」な意義を例証するために、レヴィナスはいくつかのタルムードのテクストを参照する。

一つは「メギラー篇」（三一ａ）である。ここでは、聖書において、「人間の貧窮への神の近さ」が語られている箇所（「申命記」一〇章一七―八節、「イザヤ書」五七章一五節、「詩篇」六八章五―六節）への言及とともに、「主」の「謙譲」が「七十人訳聖書」に書かれていることが示唆されている。

もう一つは、「ソター篇」（一四ａ）である。ここでは、「アダムと女に皮の衣を作って着せ」た神（「創世記」三章二一節）や、「モーセを墓に葬った」神（「申命記」三四章六節）に関して、神が仕立て屋や墓掘り人にまでその身を低くすることが語られている。

だが、レヴィナスがもっとも注目し、比較的長めの注釈を施すのは、神と「月」との対話を主題とする「フーリン篇」（六〇ａ）である。「創世記」（一章一六節）で神が「二つの大いなる光る物」を造ったとされるが、なぜ月は「小さい」のかという問題だ。この解釈を通じて、月の「小ささ」を弁明する神の「謙遜」が語られる。ただ、レヴィナスの目論見は、このようにしてキリスト教の神の「謙遜」に通じた主題がタルムードにおいても見られることを指摘することにとどまらない。むしろ、「ケノーシスと呼ばれるものの〔…〕証言」を、ヴォロジンのラビ・ハイームの思考から引き出そうとするのである。

ヴォロジンのラビ・ハイームは先に述べたようにリトアニアのユダヤ思想の潮流に属する一九世紀の思想家である。上述のように、レヴィナスは一九七〇年代以降この思想家に関心を寄せ、論考「「神の似姿」——ヴォロジンのラビ・ハイームによる」（一九七八年）、「要求なき祈りについて——ユダヤ教の一様態についてのノート」（一九八四年）を書いているほか、ラビ・ハイームの主著『生の魂』仏訳への序文（一九八六年）を寄せている。

一九八五年の「ユダヤ教とケノーシス」の後半では、この『生の魂』に見られるラビ・ハイームの思想から「謙譲」概念を引き出すことが試みられる。一九世紀のリトアニアにて、西欧からの「ユダヤ的啓蒙《ハスカラー》」の影響に対抗しながら、カバラー神秘主義の影響を受けつつもイェシヴァーと呼ばれる学院にてタルムードの教えを重視したラビ・ハイームにおいて、神の概念は次の二つの側面をもつ。一つはカバラーの影響を受けたエン・ソフ（無限）であり、もう一つは世界を創造したエロヒムの全能性である。ただし、ラビ・ハイームにおいては、「全能がいまだ神的なものの特権ではないかのように、あらゆる力をもつ主の力は、ある程度まで、人間的なものに従属（subordonner）する」と考えられる。この「従属」（subordination）の接頭辞をなすsub（下）に、ケノーシスの「下降」が示されている［HN 141／二〇三］。こうした発想はカバラー神秘主義のツィムツムという創造における収縮概念と無縁ではないが［HN 142／二〇四；cf. ADV 200／二七〇］、レヴィナスは、ラビ・ハイームにおいては、こうした神の側の下降の運動だけでなく、人間が占める「例外的な地位」が重視されていることを強調する。ここに「合理的な動物」というアリストテレス以来の西洋的な規定とは異なる、「神の似姿」という新たな人間の役割、あるいはその「倫理的な意味づけ」が見出されるというのである。

ラビ・ハイームはこの人間の役割を「祈り」に見ている。祈りとは、レヴィナスの言葉では、あらゆる他者へと向かう応答責任にほかならない［HN 148／二一二］。この「ユダヤ教とケノーシス」とほぼ同時に、レヴィナスは「要求なき祈り」と題された論文を公刊しているが、ここでもヴォロジンのラビ・ハイームの主著『生の魂』について大きくページを割いている。ここでは人間的主体性が、即自的にも対自的にも規定されず、ヴォロジンのラビ・ハイームが祈りのうちに見定めた「他者のために」によって規定されるという点が強調される［Levinas 1985］。それは、「自己のための要求ではなく」、「自らを捧げること（s'offrir）」であり［HN 147／二一一］、自己への回帰をあてにしないという意味で「没利害的であること」である［HN 148／二一三］。

さらに、それは「イザヤ書」の語るように「苦しみ」を受けることでもある。とはいえ単に他者の苦しみをともに引き受けるという意味での共苦ではなく、「自らの救済の代わりに――あるいはその前に――他者の救済を確保すること」であり、「創造による破壊を修復」するというかたちで「世界を建立」することでもある。以上が、おおよそのところ、ラビ・ハイームを経由して抽出されるユダヤ教の側で解釈された「ケノーシス」である。

さて、以上のような解釈は、レヴィナス自身が保ってきたユダヤ教観念ときわめて合致するものであろうが、これをどのように評価したらよいだろうか。

以上のような「謙遜」の解釈が示すのは、前述のように、「神の謙遜」というキリスト教的な考えと類似したものがユダヤ教にも見出されうるとか、あるいは後者のほうが根源的であるという主張であるわけではない。その具体的な形象が、キリスト教におけるようにイエスに見出されようが、旧約聖書におけるイザヤに見出されようが、そうした範型が追求されているわけではない。むしろ、徹頭徹尾、「人間」の「倫理的な意味づけ」と呼ばれているものが

第3章　六〇年代以降のキリスト教への接近

探られている。

この点で、われわれはもちろん『存在の彼方へ』以降のレヴィナスの「哲学」において、「苦しみ」「犠牲」「我が意に反して」といった語句とともに（そして先述のようにシモーヌ・ヴェイユの再評価とともに）描かれる受動的な主体概念を思い起こすこともできる [cf. Faessler 2011, chap. III]。だが、「ユダヤ的」テクストに目を向けるならば、『困難な自由』序文で触れられる「典礼」の問題はきわめて示唆に富む。レヴィナスは「ユダヤ人を報酬なき奉仕へ、自らの出費で行なわれた任務へと結びつける儀礼」が、ギリシア語の「典礼（liturgie）」の意味するところにもっとも近いと述べていた [DL 12／xv]。このような注記は、意外なことに「典礼」を宗教的な意味で理解することを退け [cf. Lavigne 1987; Purcell 2006]、古代ギリシアでのそのあり方に目を向けるためのものであったように思われる。ギリシア語の leitourgia とは、人民を指す laos と労働を指す ergon からなる語だが、歴史的には、古代ギリシアにおいては、祭祀、戦争のための装具、演劇といった公的な事業に関わる費用を、寄付のようなかたちで自ら出費することを意味していた。

同じ語については、『他者のヒューマニズム』のなかで〈同〉にけっして戻ることなく〈他〉に向かう〈同〉の運動」、「〈同〉において〈他〉に向かう運動の徹底的な高邁さ」は、「倫理そのもの」を指すと言われると同時に、「単に無償でなされるだけでなく、それを実施するものの側の財産がなくなることも求めるような奉仕」の実践としての「典礼（liturgie）」をも意味するとされていた [HAH 45／六八—九]。ここで問題になっているのは、「イザヤ書」のいう「苦しむ僕」が、単に聖典において示される一つの存在様態の例にとどまらず、「自己」にけっして回帰しないかたちで「他者」へと赴くような「自らを捧げること」という、「私」の「倫理的」な存在様態を規定することであっただろう。

レヴィナスの「ケノーシス」への注目は、「神人」ないし「神の謙遜」というキリスト教の概念に注目し、その意

211

義を認めつつ、同時にそこにユダヤ的――とりわけタルムード的――な源泉を見定めようとする身振りを見せつつも、結局のところこの地点に合流するものであったように思われる。それは、先に触れたジュール・イザークへの書簡に現れていたように、「現在の、ポスト・キリスト教的で、タルムード的でラビ的なユダヤ教が」今日においても有しうる「(遺産や証言とは異なる) 肯定的で生き生きとした意義」を示すことにあったのではないか。そこにあったのは、今日の――すなわち「アウシュヴィッツ以降」の――「人間」のあり方を考えるという倫理的な課題のもとで、キリスト教とも、また単なる伝統的なユダヤ教とも異なるかたちで、ユダヤ教の「源泉」の方を振り返りつつ、それが現代において用いうる意義を、キリスト教徒を含めた世界に提示するという企図であったのではないか。

さて、以上のようであるならば、もはや「アウシュヴィッツ」の後に「悲壮さ」にとどまるのではなくユダヤ人としての主体的なアイデンティティを獲得することを目指す段階から、「キリスト教」を象徴とする「西洋」の秩序に対し、ユダヤ教の現代的な意義を提示しようとする段階にいたったレヴィナスにとって、「世界イスラエリット連盟」に由来するフランス共和主義的ないし「世俗」的な「イスラエリット」観が、シュシャーニの教えを受けたタルムード講話によって醸成され、最終的にヴォロジンのラビ・ハイームという自らの生誕の地リトアニアにおけるユダヤ思想の伝統を再発見するにいたった、といって論を終えることもできるかもしれない。

けれども、モーセが象る自らに回帰することなく〈他なるもの〉に向かう運動を、オデュッセウス的な回帰に対置していたレヴィナスその人の思想の航跡を [cf. HAH 43／六四]、忘れられていた故郷への帰還というかたちで結んでしまっては、なんとも皮肉というほかはない。むしろ、これまでのわれわれの考察から見えてくるのは、あらためて「ユダヤ」と「西洋」をその筆頭として、さまざまな項を連結する接続詞「と」が、――ついに見出された安住しうる通路というよりは――つねに揺れ動き、軋みをたてる蝶番のようなものであったということではないだろうか。

最終部となる以下では、この「と」の軋みをいくつかの角度から検討することにしたい。

第Ⅳ部　困難な「共生」

第1章　ユダヤ的「ライシテ」？

レヴィナスは、一九五九年にニース政治学研究所が主催した「ライシテ」を主題にしたシンポジウムに出席し、二つの講演を行なっている。「ライシテ（laïcité）」とは、フランス語で「世俗性」ないし「政教分離」を意味する語である。周知のように、フランス共和政の国是に書き込まれ、その主軸をなすことになった概念である。この概念は、フランスの共和主義の旗印のもとで「東方」のユダヤ人への支援を企図していた世界イスラエリット連盟のなかにも引き継がれていたし、またレヴィナスがジュール・イザークへの書簡で、ユダヤ教とキリスト教との「出会い」が「共和主義的で世俗的な」次元でなされるべきことを強調していたことを思い起こすなら、レヴィナス自身にとってもけっして無縁ではなかった。だが、そもそもレヴィナスは「ライシテ」をどのように捉えていたのか。世界イスラエリット連盟や東方イスラエリット師範学校といったフランスにおけるユダヤ教の教育機関に身を置きつつ、「ユダヤ」と「哲学」のあいだを往還していたレヴィナスの営為において「政治」と「宗教」、あるいは「世俗化」はどのように位置づけられるのか。この講演から、こうした問いへのいくらかの答えが浮かび上がってくるのではないか。

このシンポジウムでは、キリスト教、イスラム教はもとより、仏教や神道も含めた、世界のさまざまな宗教を代表する講演者が集まり(1)、各宗教におけるライシテの思想的問題（第一部）、フランスにおけるライシテの法的・政治的問題（第二部）、諸外国におけるライシテの諸相（第三部）をテーマに発表と討議が行なわれた。レヴィナスは、第一部において主にユダヤ教の思想的は側面に焦点を当てた「ライシテとイスラエルの思想」を報告しているだけでなく、第三部において、同時期のイスラエル国家における政教分離について法的・社会学的な観点から説明する「イスラエル国家におけるライシテ」の報告も行なっている。後者にはレヴィナス特有の思想的な内容が盛り込まれているわけではないため、以下では主に前者に注目していこう。

ユダヤ教の源泉から引き出された「ライシテ」

レヴィナスの「ライシテ」論は、次のような大胆な問いを提起することからはじめられている。

> ユダヤ教〔…〕がライシテという概念をもっていた、せめて予感していた、ということはありうるのか。この概念は、政治的な経験およびこのような経験に対する合理的省察という、いずれも西洋の精髄を特徴づけるものに由来するのだが、それはユダヤ的な源泉ないしイスラエルの思想においてそれに相当するものをも有しているのか。〔IH 155／一六〇〕

大胆だと言ったのは、これに対するレヴィナスの答えは肯定的なものだからだ。つまり、政治と宗教の分離という「西洋の精髄を特徴づける」「ライシテ」の考えに、「ユダヤ的な源泉」を探り当てることが可能だ、あるいは少なくとも「イスラエルの思想においてそれに相当するもの」を見出すことができると言うのだ。

ここで「イスラエルの思想」と言われているのは、イスラエル国における主導的な思想ではなく、トーラーに基づきラビたちの議論をまとめたタルムードの思想である。つまり、現代国家としてのイスラエルにおける政教分離の理解が問題となっているのではなく、その原理そのものが、古代ユダヤ思想にさかのぼることのできるタルムードおよびトーラーに源泉をもつという逆説的な主張が提示されている。すなわち「ユダヤ教の源泉から引き出されたライシテ概念」と言いうるものを提示することこそがレヴィナスのライシテ論の目的なのである。

こうした主張が「矛盾」として映ることは、もちろん意識されている。それを解消するための鍵は、「宗教」という語をどう理解するかにある。この点で「イスラエル国家におけるライシテ」の次の指摘は重要だ。


ライシテという問題の矛盾がイスラエル国において感じとられるのは、宗教という語がユダヤ的意識にとって有する二重の意味のためである。一つは、道徳意識の表出そのものとしての宗教である。メシアニズム的な一神教が普遍性にいたらしめるのがこれであり、ラビたちや律法の博士たちの省察や美徳のうちで、そしてまたこうした美徳を条件づける実践のうちで生きているのもこれである。もう一つは、教会としての、つまり一般的な宗教社会学の管轄に属する社会的現実としての宗教である。〔Levinas 1994, 291〕

一方には、「道徳意識」としての「宗教」、他方には、「社会的現実」としての宗教がある。前者は、これまで見てきたように、「成年者の宗教」という考え方に基づく「道徳意識」あるいは「倫理としての宗教」に相当する。後者は、社会学的な観察の対象になるような具体的な形態を備えた組織としての宗教と考えられる。一般に「政教分離」と言われるときに、「分離」の対象とされるのは後者のような宗教組織であろう。レヴィナスの眼目は、前者の意味での「道徳意識」としての「宗教」こそが、「ライシテ」の源泉になりうるというものである。このように、「ライシテとイスラエルの思想」は、『困難な自由』をはじめとする一九五〇年代のユダヤ論考を貫く普遍主義的特殊主義という考え方に基づきつつ、「ライシテ」の思想的源泉を「イスラエルの思想」に探ろうとしているのである。

実際、ここでは「倫理と精神」や「成年者の宗教」に現れた「ユダヤ的倫理」の思想が繰り返し現れる。レヴィナスによれば、ユダヤ教の思想的伝統が伝えてきた「道徳意識」とは、人間に対する人間の責任にほかならない。

人間こそが人間を救う。〔…〕人間と神の真の相関関係は人間と人間との関係に依存しているのであり、あたかも当てにするべき神などいないかのように、人間がその責任をすべて引き受けるのである。［IH 161／一六六］

さらに、この責任を担うのは唯一「私」だけであって、「私」だけが不平等なかたちで責任を担うことによって、平等な社会も可能になるのだとすら言われてもいる。

人々が衝突することなく互いに近づきあい、人間の尊厳という点でみな平等であることを相互に承認しあうためには、誰かが自らの平等をあきらめてもこの平等に責任を感じなければならない〔…〕。［IH 161／一六六］

こうして、すでに見たように、「倫理と精神」において提示されたのと同じかたちでの「道徳的責任」論がここでも繰り返される。さらに、「成年者の宗教」と同じかたちで、唯一責任を担う主体が、単なる「私」ではなく、「イスラエルの民」である、しかも「選ばれた民」としての「イスラエルの民」であると明言されてもいる。

ユダヤ教の強い観念に、個人的ないし民族的な自己中心主義ないしエゴイズムを道徳意識という使命へと変容させることにある。このような見地においてこそ、ユダヤ教そのものにとって、イスラエルの本来の役割が、すなわち、しばしば誤解されているが、選ばれた民という尊厳が位置づけられる。［IH 161／一六六―七］

こうした唯一「道徳意識」を担う「選ばれた民」としての「イスラエル」とは、「自己中心主義」や「エゴイズム」

なのではない。むしろ、唯一責任を引き受けなければならないという「選ばれた者」の道徳的責務こそが、「普遍主義を条件づける」とされるのである。

以上の主張自体は、すでに見てきたように『困難な自由』の全体を通じて認められるものである。これに対し、「ライシテとイスラエルの思想」が注目すべきは、こうした「普遍主義的特殊主義」という「ユダヤ的倫理」を単に「ライシテ」という発想になぞらえるだけでなく、まさしくその思想的な源泉を「イスラエルの思想」に見定めようとしている点にある。この思想的源泉こそ、聖書に端を発する「ノアの末裔」という観念にほかならない。

「ノアの末裔」

ユダヤ教のもたらしたものの新しさは、人間的社会の惑星的次元を肯定すること、戦争によってではなく、兄弟関係によって、つまりノアの、そしてアダムの父性によって、つまり結局のところ神の父性によって得られる、人間間のありうべき和合の理念を肯定することにある。［IH 162f／一六八］

一般に、「イスラエルの民」はアブラハムとの契約に基づくとされる。他方で、アブラハムの系譜をさかのぼるとセムおよびその父ノアに行きつく（さらにさかのぼるとアダムである）。とすると、こうしてアブラハムに先立つノアやアダムを父とするということは、ユダヤ人の祖とされるセムの兄弟である、ハムやヤペテといった他の「諸国民」の祖先をも含みうることになる。つまり、ノアないしアダムを「父」とすることは、「イスラエルの民」以外の「諸国民」も同じ「兄弟」であることを承認することになる——以上がここに見られる「兄弟関係（fraternité）」の「惑星的次元」ということの理路である。

ただし、レヴィナスがとりわけ「ノア」に言及するのは、『聖書』に依拠しながら、「兄弟」たちの共通の「父」へと遡行するためだけではない。さらに、「ノア」をめぐるタルムードの議論において定式化される「ノアの末裔の七つの掟」という考えを援用しようとするのである。

この「ノアの末裔の七つの掟」とは、レヴィナスも挙げているように、「サンヘドリン篇」（五六ａ―ｂ）に記された、偶像崇拝の禁止、冒瀆の禁止、殺人の禁止、不貞の禁止、生きた動物の肉を食べることの禁止、窃盗の禁止、法廷の設立の義務を指す。これらの「七つの掟」は、ユダヤ人以外の「異邦人」にも該当するため、「異邦人」はこれらの掟を遵守しさえすれば「居留異邦人」として法的保護を受けることができると考えられてきた。あらゆる「異邦人」にとって普遍主義的・平等主義的な「市民権」を付与する条件についての一つの思想的源泉が、ユダヤ教の伝統のなかに認められるというわけだ。

レヴィナス自身は、これについておおむね次の二点を指摘している。一つは、「ノアの末裔の掟」は単なる宗教的な戒律ではなく、はたまた一共同体を司る法秩序にも還元されず、普遍的な意義を有するという点だ。ユダヤ教の考えによれば、異教徒・異邦人も、キリスト教のように改宗を迫られることはなく、「ノアの末裔の掟」を遵守しさえすればよい。「ノアの末裔とは、道徳的存在であり、宗教的信条からは独立している」〔IH 164／一六九〕のである。第二に、この「ノアの末裔の七つの掟」という考えは、ユダヤ教の歴史ばかりではなく西洋の政治思想史においても、普遍的な権利付与のための典拠とみなされてきた。レヴィナスは、近代において西洋が「自然法」という普遍的な法原理を模索した際、ユダヤ人ではないジョン・セルデンやフーゴー・グロティウスといった一七世紀のヨーロッパの法思想家たちが、まさしくこの「ノアの末裔」概念に言及していたことを指摘し、「ノアの末裔」概念は、ヨーロッパの法思想にとっても「人権と良心の自由の先駆者」〔IH 165／一七〇〕であると述べるのである。

以上のように、「ノアの末裔の七つの掟」というタルムード由来の考えこそが、選ばれた者の特殊な「道徳意識」

から出発して普遍主義的な共生のあり方を素描することができるための、そして、レヴィナスが「イスラエルの思想」が「ライシテ」の源泉であるというための理論的な根拠となっていると言えるだろう。

「成年者の宗教」と「理性の宗教」——ヘルマン・コーエンの陰影

ところで、このような「ノアの末裔」への言及は一見すると突飛なものに見えるが、いわゆる「ユダヤ哲学」の伝統においてはむしろ常道的な解釈であって、かならずしもレヴィナスの独創ではない。むしろ、「ノアの末裔」概念は、ユダヤ思想でも、マイモニデスからモーゼス・メンデルスゾーンを経てヘルマン・コーエンにいたるまで、合理主義的、普遍主義的な傾向を有する思想家らによって繰り返し論じられてきたものにほかならない(2)。スピノザがマイモニデスを批判する際、ユダヤ教の普遍性を否定するために言及するのがこの「ノアの末裔」の考えであることは、この考えがユダヤ教の普遍化可能性の鍵となっていたことを裏返しに語っているだろう。

レヴィナスに関しては、すでに幾度も指摘されているように、明白に念頭に置かれているのはヘルマン・コーエンである。レヴィナスにおけるコーエンの関係については、レヴィナスからの言及があまりに少ないこともあり(3)、その思想的影響を肯定的に評価することは難しいとされてきた。とはいえこの「ノアの末裔」概念を足がかりに両者のユダヤ教についての考えを見てみると、両者の遠さよりも近さのほうが浮かび上がってくる。

周知のように、新カント派を代表するユダヤ人哲学者のコーエンは、マールブルク大学を去ってから、ユダヤ教思想にますます傾注するようになる。コーエンはベルリンに居を構え、ユダヤ教学アカデミーで教えはじめ、そこでの講義をもとに、一九一五年に『哲学体系における宗教の概念』を上梓する。一九一八年に逝去するものの、遺著となった『哲学の源泉から引き出された理性の宗教』（以下『理性の宗教』）では、ユダヤ教を「理性の宗教」として規定するにいたる(4)。フランツ・ローゼンツヴァイクは、ベルリンのユダヤ教学アカデミーにてコーエンの講義を聴講していたが、この『理性の宗教』こそ――シェリングの『世界年代』と並び――『救済の星』執筆時につねに手元に置かれていたものにほかならない。

コーエンは、『理性の宗教』において、ユダヤ教を、いかなる民族意識にも還元されない、普遍的な人間意識に基づくような「理性の宗教」として規定しようとする。そのために、「宗教」から、感性、とりわけ動物的な衝動や情動、快や不快といった感情や、歴史的な偶然性、主観的な想像力や社会的な力関係、さらには神話や神秘主義などを排除していき、それを「意識の普遍的な機能」としての「理性」に基づかせようとするのである。

こうした「理性の宗教」においては、「啓示」とは、神が内面に顕現することでも、神と人との合一でもなく、〈律法〉が与えられることである。この場合に受容される〈律法〉とは、歴史的な真理ではなく、「理性の法」として解釈しうるものとされる。ここでの〈律法〉は、信仰の対象ではなく、道徳的な義務を告げるものにほかならない。「理性の宗教」は同時に道徳綱領でなければならないというのだ［Cohen 1994, 55］。

さらに、コーエンにおいて、道徳性には「他者」の問題がある［Cohen 1994, 165］。コーエンは、二つの「他者」を区別している。一つは、「隣人（Nebenmensch）」である。こう訳すほかないが、ただし「隣人愛」という表現が想起させるものとは異なり、集合的に捉えられた「他者」を指す。これに対し、「共同人（Mitmensch）」としての他者は、個別性のうちで捉えられた倫理的関係における「他者」である。コーエンにおいては、こうした「他者」への倫理的な関係のモデルは、「出エジプト記」や「申命記」に見られる「異邦人」や「未亡人、孤児」といった、「貧者」に求められる。こうした「貧者」としての「他者」の「苦しみ」に対する共感、あるいはより具体的には、憐憫ないし共苦（Mitleiden）によってこそ、「他者」は「隣人」ではなく「共同人」として遇されるというのである。

『理性の宗教』の「共同人としての人間の発見」という章でコーエンはこのような他者論を展開した後、こうした他者が歴史的存在として「民」の一員とみなされるときに生じる実践的な問題へと移行し、イスラエル民と異邦人との関係を検討する。「ノアの七つの掟」の観念が取り上げられるのはこの箇所にほかならない。異邦人は、アブラハムの子孫でなくユダヤ教の信仰をもたずとも、七つの掟を遵守することによって、「ノアの末裔」とみなされる。ユダヤ教の伝統から抽出されるこうした観念によって、あらゆる民は権利主体とみなされることとなる。それを「神権政治」と呼ぶとしても、それは「国家と宗教の統一ではなく、国家と道徳性の統一に基づく」ものである［Cohen 1994, 177］。それゆえにこそ、「ノアの末裔」という原則は「自然権の先駆者」とされる。こう言ってコーエンは、西洋自然法の理論家のジョン・セルデンやフーゴー・グロティウスの名を上げているが、レヴィナスのライシテ論が参照しているのはまさしくこの箇所である。

このように「理性の宗教」、「共同人」、そしてとりわけ「ノアの末裔」というコーエンの宗教思想の主題を瞥見すると、「成年者の宗教」や「他人」をめぐるレヴィナスの思想との関連がいっそうはっきりと浮かび上がる。とりわけ、ダヴィッド・バノンが指摘するように、両者における神話や神秘主義の拒絶による合理的な宗教観の提示という共通の特徴は明らかだろう［Banon 2000］。ユダヤ教の源泉から「社会正義」を考えるという筋道についても、レヴィナスはヘルマン・コーエンの流れのなかに身を置いていると述べることもできる［cf. Nordmann 2009］。また、レヴィナスにおける「他人」もまた、それを説明する際の例として「異邦人」や「未亡人、孤児」が持ち出されているところから、両者の「共同人」と「他者」の近さを見ることができるかもしれない。エディス・ウィスコグロッドに従って、「レヴィナスはコーエンとともに、道徳的な所与としての、命法ないし命令としての、他者への配慮こそが、自己を構成するという根本的な想定を共有している」と評価するのも不当ではあるまい［Wyschogrod 2005, 347］。アミ・ブーガニムはコーエンについての概説書において、「ユダヤ哲学はユダヤ的特殊性と預言者的普遍性を調和させる可能性についてつねに問うてきた」と述べているが［Bouganim 2001, 73］、『困難な自由』のレヴィナスを、コーエンとともに、この意味での「ユダヤ哲学」、すなわちユダヤ教の「普遍主義的特殊主義」の試みに位置づけることは可能だろう。

ただし、レヴィナスがコーエンに対する明示的な言及を控えていることも事実である。そのためか、上のような類似性にもかかわらず、むしろ差異のほうに注目しようとする論者も多くいる。たとえば、ゼエヴ・レヴィは、いくつかの類似点に注目しつつも、スーザン・ハンデルマンのようにレヴィナスにコーエンの「鍵となる影響」を見るのは誇張だとし、時代・環境・潮流の差異に留意すべきとしている［Levy 2005］。フランスにおけるコーエン研究の第一人者であるマルク・ド・ローネイも、コーエンとレヴィナスの近さを指摘するジャン・アルペランのコメントについて、むしろ両者の置かれていた社会的な状況や時代（たとえば第一次世界大戦前後のドイツという文脈と、第二次世界大戦のユダヤ人大量虐殺およびイスラエル建国以降のディアスポラという文脈の差異）、源泉とするユダヤ教（コーエンにおける申命記および預言の書と、レヴィナスにおけるタルムード）といった差異に留意すべきとしている［de Launay 2002］。

ところで、ゼエヴ・レヴィは、コーエンの「共同人」の発想がレヴィナスの「責任」概念に繋がる可能性は認めつつも、レヴィナスの「他者」概念それ自体は現象学的な枠組みに基づいて提示されている点にその特異性を見ている。この指摘はきわめて重要だろう。言い換えれば、なるほどコーエンの影響で、「異邦人」を歓待するユダヤ思想的な鉱脈をレヴィナスが継承しているとして、この「異邦人」はどのような「他者」なのか、という問題である。

実際、振り返ってみると気づかれるように、レヴィナスが「ノアの末裔」を援用する際、非ユダヤ人との共生は、「顔」の「他人」に対する「責任」に基づいて考えられているわけでなかった。「ノアの末裔」を遵守する非ユダヤ人が歓待されなければならないのは、それが「顔」をもつ「他人」であるからではない（哲学的概念としての「顔」からすると、ユダヤ人であろうと非ユダヤ人であろうと、「私」は無限に応答せざるをえないだろう）。彼らが歓待されなければならないのは、「ノアの末裔」として、共通の「父性」につながる「兄弟」だからである。

つまり、「理性の宗教」と「成年者の宗教」というそれぞれのユダヤ教の捉え方や、ほかならぬ「ノアの末裔」への言及は、コーエンとレヴィナスが確かにマイモニデス以来の合理主義的・普遍主義的なユダヤ教理解の延長線上に位置づけられることを示すとはいえ、ことレヴィナスにおいては、「他者」の捉え方には留意が必要だ。仮に、『困難な自由』（とりわけ「倫理と精神」および「成年者の宗教」）において示されるレヴィナスの「他者」の捉え方にコーエンとの近さが認められるにせよ、後にも確認するように、そこでの「他者」論は、レヴィナスの哲学的な「他者」論とは峻別して捉えられるべきだと思われる。実際、レヴィナスがコーエンとともに「ノアの末裔」概念に着目して展開する「共生」の思想は、「顔」の「他者」との関係として捉えられているのではなく、「兄弟」との関係として捉えられている。父祖セムに由来するユダヤ民族ばかりでなく、その兄弟でもあったヤペテやハムの子孫たちもが「共生」の相手たりうることが問題になっているのである。

哲学著作における「ノアの末裔」

ちなみに、この「兄弟」の問題は、レヴィナス自身が『全体性と無限』および『存在の彼方へ』という哲学著作において、「ノアの末裔」を間接的に引き継ぎつつ、他者の複数性という観点から検討するものにほかならない。多少迂回して、この点について簡単に確認しておこう。

まずは、『全体性と無限』の次のような一節は興味深い。

> 人間的なものという地位それ自体が、兄弟関係（fraternité）および人類種という観念を含んでいる。これは、類似によって一つとなった人類、デュカリオンが背後に投げた石から出てきたさまざま家族からなる人類、諸々のエゴイズムによる闘争によって一つの人間的都市へといたるような人類という考えとは徹底的に対立する。人類的な兄弟関係とはこうして二重の側面を有する。それは個別的なものたちを含みもつ。〔…〕他方でそれは父の共通性を含みもつ〔…〕。［TI 236

〔三八〇〕

ここではノアではなく、洪水神話としては同型とされることもあるギリシア神話のデュカリオンにのみ言及されている。ただし、その背景に「イスラエルとライシテの思想」で示された「父の共通性」に基づく「人類的な兄弟関係」という考えがあることは明らかだろう。興味深いのは、デュカリオンによる「人類」は、「子」の「創造」というかたちではなく、「石」からの大量生産のようなかたちで生じてきたため、「父子関係」を有していないものとしてみなされ、ギリシア的な人類観が退けられているということだ。引用末尾の「他方」の「父の共通性」のほうは、明示されないとはいえ明らかにノアが念頭に置かれているだろう。

なお、この引用は、「他人と他者たち（Autrui et les Autres)」と題された一節にあるが、この節は、『全体性と無限』がほとんど唯一他者の複数性という問題を扱った箇所であることは付言しておこう。実際、ここに示される「兄弟関係」という発想は、基本的に「他者」を単独者として設定しているレヴィナスの倫理思想が、まさしく普遍化可能かどうかの鍵となるものであり、これまでも多くの検討がなされてきた。

この観点でもう一つ指摘しておくべきは、周知のように、この他者の複数性の問題が、『存在の彼方へ』において、いわゆる「正義」論としていっそう本格的に展開されることだ。「無限の責任」が向かうところにある大文字の（そして単数形の）「他者」の傍らに、やはり劣らず他者である「第三者」が登場するとき、「無限の責任」は修正を迫られ、複数の他者を比較し平等を求める「正義」が要請される、という議論だ。ところで、『存在の彼方へ』においてもまた、他者の複数性を問題にする箇所で、同じようにデュカリオンのみが否定的に言及されているのは興味深い。

すべての他者が、他人において、私につきまとう。それは、類似や性質の共通性によって私の隣人と一体となった同じ類の「範例」として私を触発するのではない。それはあるいはデュカリオンによって人間に変えられた石のようなかたちで、人類種を個体化することとあるいは同じ塊を断片化することであろう。彼らは、デュカリオンの背後で、石の心臓をもって集結して都市をなすのだろう。〔それに対し〕他者たちは一挙に私に関わってくる。ここでは、兄弟関係が類の共通性に先行するのである。［AE 200／三六一］

以上のように、『全体性と無限』でも『存在の彼方へ』でも、「ノアの末裔」について積極的に語るかわりにデュカリオン神話を消極的に取り上げるという戦略が採られている。いずれにおいても、「無限の責任」が向かうべき「他者」という議論が基本的に二者関係にとどまるのに対し、他者の複数性を基礎づけるために「共通」の「父」に由来する「兄弟関係」という考えに依拠しようとしているわけだ。それこそが、「人類」という「類」の共通性のなかに個々の他者たちの個別性を融解させることがないようなかたちでの複数性を思考可能にしているというのである。それが「兄弟関係が類の共通性に先行する」ことの意味である。

これまでの議論をまとめると、レヴィナスにおいては、ヘルマン・コーエンを最新の継承者とする合理主義的ユダヤ哲学の解釈の流れに乗りながらタルムードにおける「ノアの末裔」という発想にさかのぼるかたちで、近代的な政治概念である「ライシテ」の正当化がなされるばかりか、それを自らの哲学思想へと援用しようとする形跡すらうかがえる。それは、ユダヤ教の「源泉」にさかのぼりつつも、「ユダヤ人」に限定されない、「非ユダヤ人」をも含む人類規模の「共生」を「兄弟関係」という発想のもとで思考するという試みでもあった。

とはいえ、このようなレヴィナス的な「共生」の思想は、いくつかの制約ないし限界をも有していると見ることもできる。とりわけバトラーが見てとったような「非ユダヤ人」の「一時的な顔なし性」の問題や、デリダが発した「シナイ」は「歓待」の主体たりうるかという問いは、きわめて重要なものだろう。ただ、そこに赴く前に、レヴィナスの「弟子」を自称する立場からの批判に目を向けたい。興味深いことに、レヴィナスの「共生」への批判をもっとも積極的に展開するのは、「ユダヤ人」の側なのである。

第2章　ポスト・レヴィナシアンのレヴィナス批判

これまでのレヴィナス研究においては、「ライシテとイスラエルの思想」は、その主張の独特さのゆえか、主題として取り上げられることはあまりなかった(5)。しかし、一九九〇年代以降、レヴィナス研究の枠内から「ライシテとイスラエルの思想」に対する批判というかたちでいくつかの無視しえない議論が提起される。しかもそれは、きわめて皮肉なことに、教師レヴィナスの教え子の世代にあたる人々、とりわけ北アフリカに出自をもちフランスに移住し、かつ〈六八年五月〉以降のフランスにおいて発言権を増す世代によって発せられているのである。

とりわけその代表が、ベニー・レヴィである。

ベニー・レヴィのレヴィナス批判

ベニー・レヴィは、一九四五年にカイロで生まれ、フランスにわたり高等師範学校を卒業後、毛沢東主義に傾倒する。七三年から八〇年までサルトルの秘書を務め、サルトルとの対談『希望はいま』を上梓したあと、レヴィナスの影響を受けはじめ、その後ユダヤ教に接近する。九七年にイェルサレムに居を構え、当地で、ベルナール＝アンリ・レヴィやアラン・フィンケルクロートとともに「レヴィナス研究所」設立の音頭をとったのも彼である。

周知のようにベルナール＝アンリ・レヴィは一九四八年にアルジェリアに生まれその後フランスにわたった哲学者

であり、フィンケルクロートは一九四九年にポーランド系ユダヤ人移民の家庭に生まれフランスで活躍した哲学者である。彼ら〈六八年五月〉世代のユダヤ人思想家たちにとってレヴィナスの思想は大きかっただろう。彼らは八〇年代にメディアに積極的に露出する「ヌーヴォー・フィロゾフ」として名を馳せたが、ベルナール＝アンリ・レヴィは現代の「野蛮」に抗する鍵を聖書の〈律法〉に求める『神の遺言』によって一躍その名を知らしめ［Lévy 1979］[6]、フィンケルクロートのほうはサルトルのいう「本来的ユダヤ人」でも「非本来的ユダヤ人」でもなく、自ら体験していないショアのトラウマと「受苦」によって自らのアイデンティティを規定される「想像的ユダヤ人」という像を提示した同名の書を上梓することになった［Finkielkraut 1981］。

ベニー・レヴィは、いっそう明示的なかたちでレヴィナスから「回帰」の思想を引き継ごうとする。わけても「西洋近代」の世俗化において〈絶対者〉の次元が抹消されたとの認識に基づき、トーラーという源泉への「回帰」こそが、レヴィナスの「顔」の思想の骨子だと言う。だが、そのレヴィにとってどうしても首肯できなかったのが、「ライシテ」をめぐるレヴィナスの考えなのだ。彼は、その「ライシテ」論は、自らの思想を裏切りかねない「衰え」だとして、「師」への批判すら辞さない。

> レヴィナスは、権利を、顔の廉直さ、人間の顔の露出から定義しました。しかし、この定義から近代の世俗的な国家を基礎づける人権へはどのように移行するのでしょうか。人権は「内存在性への我執」、コナトゥスです。そして、廉直さとは、我執から逃れること、厳命です。レヴィナス自身が意味の横滑りを容認してしまったのです。西洋の法学者たち（グロティヌス……）に倣って、ノアの末裔の七つの戒律の概念が自然法を支えると言うのです。信じがたい衰えです！〈西洋〉が律法とふたたび関係づけられなければならないところで、レヴィナスは権利――コナトゥスのための土台を提供するのですから。［Finkielkraut et Lévy 2006, 47f］

レヴィはここで明白に「ライシテとイスラエルの思想」を念頭に置いている。レヴィにとって、レヴィナスの意義は、ユダヤ思想に基づいて、西洋的論理を基礎づける「コナトゥス」と断絶した「顔」の超越の思想を提示し、「顔の廉直さ」から「権利」を規定したことにある。実際、まさしく『牧師の殺害――世界の政治観の批判』と題された著作で、レヴィは西洋近代がまさしく「牧師」という宗教的・超越的な秩序を抹消することによって成立したことを批判的に描き出していた［Lévy 2002］。これに対し、こうした西洋的な秩序からトーラーへの「回帰」を主張するとき［Lévy 1998］、レヴィはまさしくレヴィナスの「顔」の倫理を足がかりにしようとしていたのだった。

しかし、レヴィナスの「ライシテ」論では、「ノアの末裔」概念が西洋の「自然法」のための土台にすり替えられてしまうというのだ。レヴィナスの「ライシテ」論は、西洋近代的な「ライシテ」の観念を「ユダヤ的源泉」から引き出そうという企図に基づいているが、レヴィにとっては、このような試み自体が「西洋」に迎合するかたちでの「横滑り」となるのである。

このような主張が何を言わんとしているかは、ジル・アニュスという、ベニー・レヴィに続いて現在レヴィナス研究所において主導的な役割を担う人物によっていっそうはっきりとまとめ直される。彼によれば、レヴィナスが「ノアの末裔」を通じて示そうとした「普遍主義」とは、西洋の普遍主義にすぎず、これに対し、これとは相容れない「ユダヤ的普遍主義」こそが――最終的にレヴィナスに抗うことになっても――探られなければならないのである［Hanus 2007, chap. 2］。

したがって、レヴィナスとレヴィがユダヤ教の「源泉」への「回帰」という方向性を同じくしていると言っても、その意味づけはまったく異なっている。これまで論じてきたように、レヴィナスにおける「普遍主義」とは、タルムードの学びを基調とする「イスラエル」の「選び」および「責任」という特殊主義によって裏打ちされるべきものであったとはいえ、「普遍性」の次元に置かれているのはあくまでも西洋的・近代的なものであった。『困難な自由』序文が「源泉」への「回帰」を唱えるにせよ、そこへの「回帰」は、「西洋」からの離反であるよりは、すでに「不可逆的」になった「諸国民の時」のただなかで、ユダヤ思想の現代的な意義をあらためて示すというかたちをとる。つまり、『困難な自由』および関連する論考にあっては——さらには、本書の枠組みを超えるが、いわゆるレヴィナスの「正義論」においても——「普遍性」の様態それ自体の変容を求めるのではなく、そこからの「退引」を通じた「参入」、「普遍性」と「特殊性」、「正義」と「倫理」、「歴史」とその「外部」の二重性の維持こそが問題になっていた。

その意味で、レヴィとアニュスの主張は、レヴィナス思想の解釈の枠組みを大きく越え出るものである。(7) レヴィナスにおいて、「普遍性」が基本的に西洋的・近代的なものと考えられているのに対し、レヴィとアニュスにとって、「普遍性」がありうるとすれば、「西洋」からの「離脱」という展望のもとで捉えられなければならない。レヴィナスにおいては「ユダヤ的特殊性」への依拠は、つねに「西洋的普遍性」との緊張関係を伴っていたのに対し、レヴィとアニュスにとっては、この連結は断ち切られなければならないのである。

岐路としての「共生」——メンデルスゾーンについて

いずれにしても、以上のようなレヴィの批判はきわめて兆候的なものである。兆候的というのは、それはレヴィの個人的な政治的ないし宗教的な確信に基づいているだけでなく、少なくとも一定程度、地理的および時代的な状況を反映していると思われるためだ。そこから翻って、レヴィナス自身の思想の特徴、あるいはさらに時代的な制約と呼ぶべきものも浮かび上がってくるかもしれない。

このことを確認するために、参照先はいささか時代が戻るが、一九八二年に書かれたレヴィナスのメンデルスゾーン論の要点を簡単に振り返る必要があるだろう。ユダヤ教の西洋近代への参入をどのように評価するかが試金石となるからだ。

一八世紀ドイツにおけるユダヤ的啓蒙（ハスカラー）の立役者たるモーゼス・メンデルスゾーンについては、その『イェルサレム、あるいは宗教的権力とユダヤ教』（以下『イェルサレム』）の仏訳が公刊された際、レヴィナスは序文を寄せている（『諸国民の時に』に再録）。レヴィナスはそれまでメンデルスゾーンについてほとんど言及してこなかったが、この序文は、レヴィナスがメンデルスゾーン理解をどう理解しているかはもとより、メンデルスゾーンが近代初頭に体現していた「ユダヤ性」にまつわる錯綜関係をいかに捉えているかをも証言するものである。

メンデルスゾーンについて簡単に確認しておこう。一八世紀のドイツでは啓蒙思想の勃興に合わせ、「普遍的人間性」という旗印のもと、ユダヤ人に対する偏見を取り除き、社会的、文化的、さらには市民としての解放を目指そうという機運が高まっていた。その中心的な旗振り役の一人であったレッシングは、一七四九年に戯曲『ユダヤ人』を著すが、そこで自らが描いた教養と徳のあるユダヤ人という理念型の生きた姿を、そのすぐ後に実際に見出すことになる。デッサウ生まれのユダヤ人哲学者モーゼス・メンデルスゾーンである。レッシングが『賢者ナータン』のモデルとしても取り上げたこの哲学者は、ユダヤ人として近代の哲学の舞台に登場したはじめての人であった。一七六三年のベルリン科学アカデミーの懸賞論文ではメンデルスゾーンの『形而上学的学問における明証性について』がカントを制して一位を獲得し、その後のプラトンを模した『パイドン　あるいは霊魂の不死性について』（一七六七年）はたちまちのうちに版を重ね、数か国の言語に翻訳されることになった。だが、それ以上に、モーセ五書および詩篇をヘブライ語から近代ドイツ語へと翻訳したメンデルスゾーンは、中世のマイモニデスを引き継ぎ「ベルリンのモーセ」の異名をとり、「近代ユダヤ教の父」とも称された［cf. Bourel 2004; 後藤 2024］。

とりわけ彼の宗教哲学の主著である『イェルサレム』（一七八三年）は、自然法論に棹差しつつ内面における良心の自由の擁護のために政治と宗教の分離を説くと同時に、「ユダヤ教擁護」のために西洋の合理主義的・啓蒙主義的思想とユダヤ教の伝統が背反するものではないことを説いたものである。ミラボー伯が「あらゆるヨーロッパ言語に翻訳されるに値する」と評した同書は、「ユダヤ教の哲学を近代空間において練り上げる初の試み」として［Bourel 2004, 16］、その後の近代ヨーロッパにおけるユダヤ思想の展開にとって決定的な役割を果たした。

　だがメンデルスゾーンは、西洋近代におけるユダヤ人の錯綜した歴史のはじまりを告げてもいた。というのも、メンデルスゾーンが体現していたユダヤ的啓蒙《ハスカラー》における「ゲットーの外へ」というモットーは、ユダヤ人に政治的・市民的権利を付与し、彼らを周囲の近代社会へ「統合」・「同化」させると同時に、彼らにユダヤ人としての歴史的・社会的アイデンティティの喪失を促進するという矛盾した結果をもたらすものでもあったのだ。若きハンナ・アーレントが描いた、メンデルスゾーンの次の世代にあたるユダヤ人女性ラーヘル・ファルンハーゲンにおける「自らのユダヤ性から逃れ」ようとする苦悩は、この時期のユダヤ人のジレンマを体現するものであっただろう。

　レヴィナスは、このような一八世紀末から一九世紀にいたる時期に特徴的なユダヤ人の「解放」を「挫折」と呼ぶこともあったのだが［DL 355／三三九］、メンデルスゾーン『イェルサレム』の仏訳に寄せた序文においてもまた「解放」の否定的側面の指摘をはばからない。「ヨーロッパの歴史に開かれた、一九世紀の解放されたユダヤ主義の歴史」は、ユダヤ教の伝統的な価値観や宗教的信仰を失う同化の過程であったと述べる［HN 166／二三六］。

　しかし興味深いのは、同じ序文が、メンデルスゾーンにおける「解放」はけっしてユダヤ人の「歴史的アイデンティティ」を失わせるものではなく、逆に「今日のユダヤ人の不可逆的近代性を告げる」［HN 161f／二三一］ものであると述べ、その現代的意義にも注目していることである。とりわけ、レヴィナスが、『イェルサレム』およびメンデルスゾーンの作品全体における人間的自由の気高い観念の現代性を強調し、またこの困難な自由がアウシュヴィッツ以降のユダヤ人に対して保ち続けている意義を強調」［HN 167／二三七-八］しようとしているのは注目に値する。

この引用のすぐ後でレヴィナスは「イスラエル」の特殊性の問題に言及する。レヴィナスは、メンデルスゾーンのユダヤ教観には、「その歴史、および諸国民の中でもイスラエルに課される役割の常軌を逸した肯定」があるとし、以下のように続ける。「彼はその普遍主義においてもユダヤ民族の特殊性と、この特殊性そのものに由来するその普遍的な意味を忘れない」[HN 167／二三八]。このようにしてレヴィナスは自らの「普遍主義的特殊主義」の先駆者の姿をメンデルスゾーンに認めてすらいるのである。

この点で興味深いのは、レヴィナスがこの「イスラエル」の普遍主義的な側面を、「諸々の民族とともにあることは、諸々の民族のためにあることでもある」という「共生（*symbiose*）」の考えに結びつけようとしているためである [HN 167／二三八]。メンデルスゾーン論であるだけに、近代ドイツ・ユダヤ関係史を特徴づけてきたこの「共生」という語をレヴィナスはあえて用いているのだろう。だが、この語の選択自体は、けっしてニュートラルなものではない[8]。レヴィナスはメンデルスゾーンの自由概念が「アウシュヴィッツ以降のユダヤ人に対して保ち続けている意義」を強調するのだが、「共生」はまさに「アウシュヴィッツ」において終わったのではないか、あるいはゲルショム・ショーレムが辛辣に述べたように、ヨーロッパとユダヤとの「共生＝対話」はそもそも「その誕生のときに死んでいたのであり、そもそも起こりはしなかった」のではないかという否定的な問いがすぐさま惹起されるのである [Scholem 1970, 8]。すなわちメンデルスゾーンの普遍主義、それが体現した「共生」について肯定的に語ること自体もまた、レヴィナスの一種の態度決定を示しているのだ。

レヴィナス以降の「フランス・ユダヤ」の変動

こうした態度決定がけっして一般的なものではなく、むしろレヴィナスに特有のものであったことは、ベニ・レヴィとは別の文脈で、しかし同じようなパースペクティヴにおいて、メンデルスゾーン批判を通じてレヴィナスの「共生」の思想への異議を唱えるシュムエル・トリガノの議論に見ることができる。

トリガノは、一九四八年にアルジェリアに生まれ、フランスで活躍した社会学者である。七〇年代後半よりユダヤ人アイデンティティをめぐるいくつもの著作を上梓し、八五年にはユダヤ思想研究雑誌『パルデス』を創刊、八六年には世界イスラエリット連盟内に「ユダヤ研究コレージュ」を開設し、レヴィナス以後の現代フランスにおけるユダヤ思想再興の一翼を担ったと評することもできる人物である。

そのトリガノによるメンデルスゾーン論はきわめて示唆的だ。トリガノからするとメンデルスゾーンの体現した「普遍主義的特殊主義」は「共生」の思想であるどころか、まったく逆のものに映る。「普遍的なものという理念そのものが、メンデルスゾーンにおいて、ユダヤ性を特殊性へと還元し、その存在の全貌を著しく制限する」とし、その普遍主義自体がユダヤ的伝統の特殊主義的な社会的歴史的側面を捨象するものとするのだ［Trigano 1994, 300］。さらにトリガノは、メンデルスゾーン的「解放」は、ゲットーという「外的亡命」からの解放であったにせよ、同時に、自らのユダヤ性を内面性へと閉じ込める「内的亡命」であるとし、さらに「家ではユダヤ人、街では人間であれ」という文句を、「外ではドイツ人、内ではユダヤ人」という一種の「分裂症的」なものと断言するにいたる［Trigano 2002, 58f］。自身が主催した「世界《ユニヴェルセル》イスラエリット連盟」一五〇周年のシンポジウムでも、トリガノは「普遍《ユニヴェルセル》という概念は〔…〕いまだに妥当性を有しているのか」と問うことを辞さない［Trigano 2010, 11f］。

レヴィナスとトリガノのメンデルスゾーン評価の差異は、「普遍」と「特殊」の関係、この場合では「西洋」と「ユダヤ」の関係をどのように捉えるかに存するだろう。トリガノのように「ユダヤ的政治」の必要性すら訴える立場にとっては、「ユダヤ性」の場を非政治的ないし前政治的な内面性の領域に限定するメンデルスゾーンの議論は否定的なものと映らざるをえない。メンデルスゾーンの内的自由を肯定し、そこに現代的意義、とりわけ「共生」の萌芽があるとするレヴィナスの議論は、まさにこの点で対立する。問題は「宗教的な力」に対して「政治は後」か

「先」かと言い換えることもできよう(9)。この政治的なものとの距離のもとでこそ、メンデルスゾーンの「宗教的寛容」が「共生」として肯定的に言い換えられえたと思われる。ここには、「宗教」をあくまでも政治的なものから分離された領域で理解しようとするレヴィナス自身の主張が反映されていると言える。「ユダヤ・ドイツ共生」の歴史の黎明にヘブライ語聖書をドイツ語に翻訳したメンデルスゾーンだったが、レヴィナスのメンデルスゾーン観は、「アウシュヴィッツの後」に、ユダヤ的叡智を西洋的合理性の言語において「翻訳」することを自らの責務としたレヴィナス自身の「共生」観に基づくものとすら言えるだろう。

以上のような、レヴィナスの「弟子」たちからの反乱を理解するには、「フランス・ユダヤ」をめぐる社会的・政治的な情勢の変化を考慮に入れたほうがよい。とりわけこの点では次の二つの出来事が重要だろう。

第一に、五〇年代以降のマグレブ諸国の独立に伴う北アフリカ系ユダヤ人のフランス移入は、フランス国内のユダヤ人共同体の勢力地図を大きく塗り替えるものであった。それまでは、ロシア、リトアニア、ポーランドなどの東欧に起源をもつ「ヨーロッパ系ユダヤ人《アシュケナジ》」が大半を占めていたフランスのユダヤ人社会に、脱植民地化を契機として、とりわけアルジェリア、チュニジア、モロッコといったマグレブ諸国から「北アフリカ系ユダヤ人《セファルディ》」が流入してくる。彼らのなかには、自分も自分の父も「アウシュヴィッツ」を体験していない世代のユダヤ人たち――「アウシュヴィッツ」にはフランスの植民地であった北アフリカ諸国のユダヤ人がいたことも、とくにアルジェリアでは本国に勝るとも劣らない反ユダヤ主義が跋扈していたことも確かであるにせよ――がいたわけだが、ベニー・レヴィ、ベルナール=アンリ・レヴィ、トリガノらはこの世代に含まれる。一九三〇年にアルジェリアで生まれたジャック・デリダが晩年に語るように、地中海という大きな隔たりが、「ヨーロッパ系ユダヤ人《アシュケナジ》」の経験と「北アフリカ系ユダヤ人《セファルディ》」の経験とを分かつものであったのかもしれない。

第二に、フランス・ユダヤ人共同体における第三次および第四次中東戦争のインパクトもまた無視しえない。これを機に仏語圏ユダヤ人知識人会議の主要メンバーの多くはフランスを離れイスラエルに移住することになったばかりか、レイモン・アロンなどこれまで「非ユダヤ的ユダヤ人」の典型であった人をもイスラエル支持へと向かわせることになった。とりわけ第三次中東戦争に伴うドゴール大統領によるイスラエル批判の発言は、これまで政治的には基本的に保守であったフランス・ユダヤ人共同体の政治的態度の変容ばかりでなく、その「アイデンティティ」の変容を迫るものですらあった。フランスのユダヤ人社会において、この時期以降「共和国的価値」がつねに認められているのにもかかわらず、政治的生の民族化（ethnicisation）が徐々に顕著なものとなってきている」と評価することもできる［Schnapper et al 2009］。

ベニー・レヴィやトリガノからレヴィナスに発せられた違和感は、以上のような「フランス・ユダヤ人」をめぐる政治的・社会的な情勢の変化と無縁ではない。もちろん、彼らがこうした「政治的生の民族化」という状況のなかで、レヴィナス的な「共生」に代わる別の「共生」のあり方を提示しているわけではないが、いずれにしても、「普遍」を体現するとされる「西洋」ないし「ヨーロッパ」を志向する「イスラエリット」をモデルとするレヴィナスによる「普遍主義的特殊主義」は、違和感なしには受け入れられなかったのである。

第3章　バトラーのレヴィナス論をめぐって

レヴィナスの「共生」は別の側からも揺るがされる。

ここで問われるのは、「共生」の相手は誰かという問いだ。というのも、「特殊主義」と「普遍主義」とか、「ユダヤ」と「西洋」と言いつつも、結局のところ問題となっている「共生」の範囲は、ヨーロッパの「ユダヤ=キリスト教世界」に限られるのではないか。

この点で足を止めざるをえない言及がレヴィナスのテクストにはいくつかある。ここではとりわけ次のものに注目したい。「ユダヤ=キリスト教世界が由来する聖なる歴史にとっては異質な、アフリカ・アジアの低開発国の人々の一群の歴史が歴史の表舞台に上がってきたこと」についての言及である［DL 224／二一二］。「聖なる歴史にとっては異質な、アフリカ・アジアの低開発国の人々の一群」、おそらくは「ユダヤ=キリスト教世界」の「外部」にいる、「ヨーロッパ」の「他者」と言うべきこれらの人々は、〈他者の倫理〉と呼ばれることの多いレヴィナスの思想のなかにどう位置づけられるのか。

このような問題を考えるにあたって、ジュディス・バトラーの『分かれ道』におけるレヴィナス論は格好の手がかりとなる。バトラーは、レヴィナスにおいてこうした「他者」が不在となっていることを的確に指摘しているからだ。だが、バトラーの批判的読解をレヴィナスと突き合わせてみると、そこで確認されるのは、こうした「アフリカ・アジア」の人々との関係において問題にすべきは、バトラーの言うように「顔」に対する「責任」という枠組みよりは、むしろ「兄弟」との「共生」、あるいはバトラーの言葉では「選ばれざる共存」の問題であるように思われる。後半では、レヴィナスにおける「兄弟」との「共生」の問題の射程を検討し、レヴィナスの哲学がどのように――「外部」というよりもむしろ「内部」から――動揺させられうるかを考えてみたい。

レヴィナスを読むバトラー

バトラーは二〇〇〇年代からレヴィナスについての言及を増やしていくが、二〇一二年公刊の『分かれ道』においてもっとも集中的にレヴィナスが論じられる。そこでは「レヴィナスに抗してレヴィナスを読む」という方針のもと、「顔」や「責任」といった哲学概念はもとより、『困難な自由』をはじめとするユダヤ論考についても言及され、「ユダヤ的存在」をめぐるバトラー自身の考察の格好の対話相手としてレヴィナスが取り上げられている。

バトラーのレヴィナスへの関心にはいくつかの背景がある。その一つとして、二〇〇〇年代以降の中東情勢の悪化があることは確かだ。イスラエルによるパレスチナへの「国家暴力」が激化するなか、アメリカにおける「イスラエル国家」批判の困難を象徴するものとして、当時のハーバード大学学長ローレンス・サマーズの発言があった。「反イスラエル的な意見」を述べるアメリカの「進歩的な知識人」は、「反ユダヤ主義を標榜し、そのような行動をとっている」、つまりイスラエル国家への批判は「反ユダヤ主義」となるという発言だ。これに反応したバトラーは、二〇〇三年の論考でサマーズの発言を仔細に分析し批判を企てる[Butler 2004, chap. 4]。バトラーによれば、サマーズの発言は、「この時期にイスラエルを批判することは反ユダヤ主義の嫌疑に自らをさらすことだという恐れ」を掻き立て、あらゆるイスラエル批判を封じる効果をもつ。こうした知的自己検閲ともいうべき状況を脱するためにバトラーが注目するのは、興味深いことに、「ユダヤ人による実効的な平和運動の可能性」という、「ユダヤ人」を主体とした「イスラエル」批判の可能性である。こうした運動は「ナショナリズムという支配的想念を解体するディアスポラ的運動」として［Butler 2004, 119／一九〇］、ユダヤ人自らがイスラエル国家に対し距離をとりつつ反ユダヤ主義とは区別された批判的かつ生産的な抗議を行なう可能性を示しているからだ。

二〇一二年公刊の『分かれ道』は、こうした実践を理論的に補強すべくバトラー自身が数年来試みてきた論考を集めたとも言える。レヴィナス、ベンヤミン、アーレント、プリーモ・レーヴィといったユダヤ系の思想家や作家に焦点を当て、ある種の「ユダヤ的源泉」にさかのぼることで、「イスラエル」の「国家暴力」や「植民地的な収奪」への批判のための足がかりだけでなく、「非ユダヤ人との共棲（cohabitation）のユダヤ的価値」が探られるからだ［Butler 2012, 1／八］。

この身振りは、「ユダヤ的源泉」にあえて遡行することによって、ある種の「ユダヤ性」の考えを問いに付し、さらには「ユダヤ性」への外部への通路すら確保しようとする点で脱構築的なものと言えるが、その射程は「ユダヤ的存在」という考えそれ自体にも及ぶ（付言しておけば、バトラーは言及していないが、レヴィナスに同名の論考がある）。ここでは「ユダヤ的存在」は、所与の民族＝国民性を基盤としてでなく、そもそも「アイデンティティの構成要素として他性への関係」を含み持つような、散逸的ないし離散的な「存在」とみなされる。試みられているのは、「ユダヤ人である（being Jews）」ことを、実体的な「ユダヤ性」に基づいてではなく、「脱アイデンティティのプロジェクト」、「アイデンティティの移動」としての「ユダヤ性」として考えるということだ。そして、ほかならぬその理論化のために「ユダヤ教における離散の伝統に立ち戻る必要がある」というのである。

同著の序文から第一章および第二章にかけて取り上げられるレヴィナスは、こうした「ユダヤ的存在」概念の脱構築にとって格好の題材となる。バトラーはすでに『生のあやうさ』において、レヴィナスの「顔」概念、すなわち「他者の極度の脆さとしての顔」に着目し、そこに「ユダヤ的非暴力倫理の可能性」を見てとってもいた［Butler

2004, 131／二一〇]。『分かれ道』においては、マルティン・ブーバーの「他者との対話」とエドワード・サイードの西洋的主体性批判のあいだにレヴィナスを置くことで、レヴィナスにおける「自立した主体の批判」をどのように「多文化主義」的な観点へと接続できるかという問いが提示される［Butler 2012, 38／七八］。とはいえバトラーは、レヴィナスの「他者の哲学」を自らの「共棲」の思想のために積極的に援用することに終始するわけではない。ここでもやはり「レヴィナスに抗してレヴィナスを読む」という脱構築的な基本方針を打ち出している［Butler 2012, 47／九四］。その焦点は、次の一文に明瞭に示されている。

> 哲学的には、レヴィナスが強調する倫理的な場面においては、われわれは、ほとんどの状況下で、他者の生を保護することを義務づけられている。しかも、われわれがそこで出会う他性によって義務づけられている。しかしながら、いっそう仔細に検討してみると、われわれを普遍的に義務づけるように見えたこの場面は、文化的かつ地理的に限定されていることが明らかになる。［Butler 2012, 39／七九］

普遍的に妥当するはずの「他者の生の保護」という「倫理」の思想は、実のところ、「文化的かつ地理的」に条件づけられている。こうした特殊的な条件づけはまさしく具体的な「他者」との「共棲」の可能性にかかっているだけに、レヴィナスの「他者の哲学」は手放しで受け取ることはできないというのだ。

「他者の哲学」の「文化的かつ地理的」な限界は、とりわけ次の二点に見出される。

一つは、一九八二年にレヴィナスとS・マルカおよびA・フィンケルクロートとのあいだで行なわれた対談である［Levinas 1983］。この対談は、レバノンのパレスチナ人難民キャンプでレバノンの親イスラエル派の民兵組織が行なった虐殺の直後になされたものだ。ここではとりわけ「パレスチナ人」は「他者」なのかという問いがレヴィナスに対して投げかけられたこともあり、これまでも度々取りざたされてきた。バトラーによれば、レヴィナスはこの「インタビューで、パレスチナ人には顔がないと主張した」[Butler 2012, 23／四八]。そればかりではない。レヴィナスの「他者の哲学」にとって、「パレスチナ人が顔なし（faceless）にとどまるという事実（あるいは彼らが顔なしのパラダイムであるという事実）は、激しい葛藤を引き起こす」[Butler 2012, 39／八〇]というのだ。

この「葛藤」についてはのちに検討することにし、もう一つの「文化的かつ地理的」な限界に移ろう。バトラーは、『困難な自由』に収められた一九六一年の論考「今日のユダヤ思想」に見られる「アジア人の数え切れない群衆の台頭」という表現に着目する。先に引いたように、レヴィナス自身が、「ユダヤ=キリスト教世界が由来している聖史にとって異質な、アフリカ・アジア系の発展途上国の群衆が、歴史の前面に到来した」と述べるのはこの論考である[DL 224／二二二]。バトラーにとってこれは、「ユダヤ教とキリスト教が倫理的関係それ自体の文化的および宗教的な前提条件である」という主張にほかならない。ユダヤ=キリスト教の「伝統」こそが「倫理」を担うべきもので、「アジア人の数え切れない群衆」はその「他者」にとどまる。ここにはレヴィナス自身の「露骨な人種差別（blatant racism）」がある――バトラーはこう述べることも躊躇していない[Butler 2012, 46／九二]。

レヴィナスにおける「パレスチナ人」と「アジア人」に関わる以上の二つの箇所にバトラーが言及しているのは、ただし、一種の揚げ足取りのようなかたちで、レヴィナスの哲学的主張とその個人的な見解の齟齬をあげつらうことを目指してのことではない。むしろ、バトラーによれば、これらは、レヴィナスにおいて理論的に一貫して保持されているいくつかの基本的な考え、とりわけ、「ユダヤ人」ないし「イスラエル」に課されている「選び」や「責任」の要請、とりわけその「メシアニズム」という考えそのものに巣食うジレンマを示すものである。

一方で、レヴィナスの「メシアニズム」は、「歴史的な時間において満たされえないような待望」の経験であって、現実的な裁定（誰が正しく、誰が悪いのか）やそれに基づく報復を正当化するものではない。それゆえ、それを担うのが「イスラエル」と呼ばれているとしても、それは現実的、歴史的なそれとは区別されるべきもののはずである。にもかかわらず、現実的、歴史的な文脈ないし「条件」のなかで現れる「パレスチナ人」や「アジア人」たちが「顔なし」とされている――この懸隔を問うべきだということである。

バトラーによれば、このような倫理的主体としての「イスラエル」は、歴史的なものと非歴史的なものという二重性を帯びている［Butler 2012, 42／八五］。この二重性は、いっそうおそるべき帰結を引き起こす。一方で、歴史的に特徴づけられた「イスラエル」――実在の「イスラエル民族」ないし「イスラエル国家」と結びつけられるそれ――は、「迫害」に晒されたという特殊な歴史的な経験を有している。だが他方で、バトラーによれば、レヴィナスにおいてはこうした具体的で歴史的な「迫害」は「ユダヤ教の見たところ無時間的な本質」を有してすらいる。この点に関し、バトラーは『困難な自由』の「肉体をもったユダヤ人へのニヒリズムの台頭」（一九六八年）の次のように一文を引用している。「イスラエルの究極の本質は、それが自ら意図せぬ犠牲に備えていることを生来の性質としていること、それが迫害にさらされていることに由来する。〔…〕迫害されること、なんらの罪を犯さずに有責であること、これは原罪ではなく、普遍的責任の裏面である。あらゆる罪よりも古い、〈他者〉への責任である」［DL 315／三〇〇］。

だとすると、問題は、無限の責任が向かわないような「他者」が場合によっては存在することにとどまらない。究極の問題は、あらゆる〈他者〉へと向かう責任を担うはずの「イスラエル」は、本質的に「迫害された」側にいるのであって、けっして「迫害する」側にはなりえないことになる。「それ自体が歴史的に形成され維持されたイスラエルの役割」は、「永遠かつもっぱら迫害されており、定義上、けっして迫害することはない」というわけだ［Butler 2012, 46／九二］。レヴィナスの「他者への倫理」は、「イスラエル」の「普遍主義的特殊主義」という二重性、歴史的なものと非歴史的なものという二重性のなかで引き裂かれており、それゆえに「文化的かつ地理的」な「限定」から逃れていないというのだ。

ちなみに、バトラーの議論は、レヴィナスの思想にこうしたダブル・バインドを指摘することだけを目指しているわけではない。バトラー自身の眼目は、レヴィナスの「他者への倫理」の発想それ自体は評価しつつ、以上のような「限定」を解除した上で、より普遍的な「共存（coexistence）」ないし「共棲（cohabitation）」の思想を構築することにある。きわめて重要なのは、そこには、バトラー自身は明言していないものの、レヴィナス的な「選び」の観念の逆転があることだ。すなわち、レヴィナスにおいては、唯一特殊的に「選ばれた」者としての「イスラエル」が普遍的な責任を担うという構図があるのに対し、バトラーは、皆「選ばれていない」にもかかわらず共にいなければならない、という条件をいっそう根底的なものとみなす。「われわれは皆〔…〕、選ばれていない。しかし、それでもやはり、われわれは共に選ばれていないのである（unchosen together）」［Butler 2012, 24f／五一］。ここで「共に選ばれていない」というのは、「選ばれていない」という事実を共有しているという意味ではない。そうではなく「意図していない近接性および選んでいない共棲（unwilled proximity and unchosen cohabitation）がわれわれの政治的実存の先行条件だ」と言われるように、「選ばれていない」、つまりそこに居ることが正当化されていないにもかかわらず、「近くに」という意味で「共に」居る、あるいは居ざるをえないということである［Butler 2012, 24／四九―五〇］。ありうべき理想としての「共生」というより、選んでいないのに課せられるこの隣接関係をどう考えるかという問題だ。

こうした「共に選ばれざる」者たちの「共棲」という見方は、グローバルな人口移動、とりわけ自分が選んだわけではない強制的移動（forced displacement）が複合的な「共棲」関係をますます課すという現代的課題を考えるにあたってきわめて重要だろう。あるいは、「人間」なるものが、「非人間的」なもの（「自然」「動物」……）、「ポスト人間的」なものとのあいだでの「共棲」なしではすまされなくなる状況においても、鋭い洞察を含むものであろう。この観点で参照すべきものの一つは、後述の「いかに共に生きるか」という表題のもとに展開された晩年のデリダによる共生論だろうが、デリダについては次章で見ることにし、以下では、こうしたバトラーの見方が、根本的には共に選ばれた兄弟という発想に基づくレヴィナスの「複数の他者」論にどのような動揺をもたらしうるかを検討しよう。

バトラーのレヴィナス論のいくつかの問題

以上のようなバトラーの議論に対し、レヴィナスの側からどのように応答できるだろうか。

まずは、厳格なレヴィナス解釈者の立場からの応答は次のようになるだろう。

バトラーは、よくありがちなように、レヴィナスの哲学的テクストとユダヤ教に関するテクストを混同することなく、周到に『困難な自由』を典拠に議論を進めている。けれどもそこには、しばしば見られる「誤解」が典型的に現れているように思われる。ここでの「誤解」とは、レヴィナスのそれぞれの議論が置かれている文脈およびその思想の段階的な展開を考慮しないことに基づくものである。

バトラーの議論を、扱われているテクストの年代に即して整理すると次のようになる。まずバトラーは、レヴィナスの「顔」の「倫理」の思想を、『全体性と無限』や『存在の彼方へ』という哲学著作からではなく、『困難な自由』の「倫理と精神」（初出は一九五二年）から抽出している。第二に、バトラーが「無限の責任」を引き出してくるのは、五〇年代のテクストではなく、一九六八年の論考「肉体をもったユダヤ人へのニヒリズムの台頭」からである。他方で、「顔なし」とされた「アジア人」についての言及は一九六一年に書かれ、『困難な自由』に収められる。これに対し「パレスチナ人」をめぐる対談は一九八二年である。

こうした時期の隔たりは、思想（ないし主張）の隔たりと無縁でない。

第一に強調しなければならないのは、本書第Ⅱ部で見たように、一九五二年の「倫理と精神」は、確かに「選び」による「道徳的責任」という考えを示すものの、その議論はむしろあらゆる「憑依=保有」を拒否した自立的主体性へといたるものであり、「他者」への「無限の責任」という観念はまだ提示されていない、ということだ。確かに「顔」の考えは、五二年の「倫理と精神」に見られるものの、そこでの「顔」は、〈生を保護すべき他者〉という地位を与えられていたわけではない。それはむしろ、教える‐教えられるという関係でトーラーを解釈するその対話相手を指していた（もっと細かく言えば、「顔」の概念が出現するのは四九年以降のことだが、その焦点は、視覚の優位に基づく知解可能性の条件を「音」「聴覚」のほうに向けなおし「教え」という「発話」的な関係へと転倒させるという意図に基づいていたのであって、それ自体としては「無限の責任」の対象として要請されたものではなかった）。いずれにしても、本書ですでに見たように、「自立した主体の批判」としての「他者の倫理」ないし「無限の責任」という発想は五〇年代初頭にはまだ定式化されてはいない。それゆえバトラーは、「無限の責任」の発想を六八年の論考から引き出してくるわけだが、そうした時差を飛び越えた遡及的な結びつけは、解釈としては強引にならざるをえないだろう。

さらに、もし仮に「顔」に向かう「無限の責任」という論理を典拠にできたとしても、それでもやはり問題が残らざるをえない。「責任」の主体に「イスラエル」が割り当てられているとしても、「無限の責任」が向かう相手という意味での「顔」を「アジア人」や「パレスチナ人」が有するかという問いは、レヴィナスにおける「顔」の定義からは提起しえない、と言わざるをえない。「アジア人」であれ「パレスチナ人」であれ、「フランス人」であれ「イスラエル人」であれ、そうした「民族」「種族」「帰属」を示す総称的なカテゴリーはすべて、レヴィナスのいう意味での「顔」からは排除されるからだ。

以上が厳格なレヴィナス解釈者的立場からのありうる応答である。ただし、私たちはそのような解釈で満足したいわけではない。テクストの文脈を重視した生成論的な解釈からするとそのようになるにしても、「責任」の主体を明示的に「イスラエル」と呼ぶレヴィナスの思想にとって、「パレスチナ人」や「アジア人」といった、まさしく特有の文脈のなかで現れてくるさまざまな「他者」（ここではレヴィナス的な意味ではなく広義の意味で）について、ほとんど等閑視とも言えるほど言及が見られない事実は変わらない。問題の焦点を見定めるためには、レヴィナス／バトラーにおける「パレスチナ人」や「アジア人」についてこれまで展開されたいくつかの議論が助けとなるだろう。

バトラーによるレヴィナス批判については、即座に批判が寄せられた[10]。その先鋒であるブリュノ・シャウアの問題提起はまさに「パレスチナ人」に関わっている[Chaouat 2013][11]。フランス『ルモンド』紙のブログサイト「哲学的無秩序」において、二〇一三年にシャウアによる「ジュディス・バトラーあるいは裏切られたレヴィナス？」という文章が英仏二言語で掲載された。シャウアの批判の焦点は、レヴィナスが本当に「パレスチナ人には顔がない」と述べているのか、という点にある。バトラーは、鉤括弧を用いて「顔なし（faceless）」と述べているが、しかし、問題のラジオ対談においては、実際にそのような表現が用いられているわけではない。この対談が再録されたテクストにおいても、「パレスチナ人」に「顔」がないという表現は見当たらない。そのため、シャウアによれば、バトラーは、「「悪い」レヴィナス、つまりシオニストの（「アイデンティティ論者」、「特殊主義者」ないし「部族主義者」のレヴィナス）と、「良い」レヴィナス、つまり他人への無限の責任を説く他性の哲学者のレヴィナス」を区別し、後者をバトラー自らの「ユダヤ的自我の理想を体現するもの」とせんがために、「レヴィナスがけっして言っていないことを言わせている」というのだ。

件の対談における「パレスチナ人」の「他者」性の問題は、これまでもとりわけ英語圏のレヴィナス読解において注目を集めてきた。とりわけそこで言われている「敵」とは「パレスチナ人」のことではないかとの批判的な指摘もたびたび出されている。この意味で、バトラーの「誤読」はある程度共有されたもの、あるいはこうした趨勢に棹差すものという見方もできなくはない。けれども、バトラーの「誤読」は、レヴィナスを一面的に読みこもうとする批判的な（あるいは揚げ足とり的な）企図よりも、彼女自身のいっそう確固たる解釈に基づいているように思われる。そのことは、シャウアの批判に対し、数日後に同じブログサイトに掲載されたバトラー自身の返答から確認できる

[Butler 2013]。

バトラーによれば、『分かれ道』の問題の箇所で括弧つきで用いられている「顔」および「顔なし」という表現は、「レヴィナスからの引用ではなく、倫理的に負荷のかかったこうした言い回しの比喩的な（*figural*）次元を強調するために「引用符」に入れらたもの」である。とりわけ「顔なし」については、バトラー自身の「造語（coinage）」であって、「いかなる条件のもとで「顔」が、原初的で圧倒的な倫理的命法として機能するのか、またどの点でそれが二次的になるのか、あるいは他の倫理的ないし政治的目的のために圧倒されるようになるのかを問うという目的のために案出されたもの」である [Butler 2013]。実際、問題となっている八二年の対談において、レヴィナス自身は次のように述べている。「もしあなたの隣人が別の隣人を攻撃したり、不正をはたらいたりするときに、あなたは何ができるでしょうか。そこで他性が別の性格を帯びるのです。他性のなかに敵が現れうるのです」[Levinas 1982, 5]。これについてバトラーが問うのは、「パレスチナ人」が「敵」であるかどうかではなく、レヴィナスの「倫理」においては、なんらかの条件で「他性が別の性格を帯びる」ことがあるのではないか、ということである。「パレスチナ人は本性的に「顔なし」なのではなく、レヴィナスが明記しているこうした条件のもとでそのようになる。敵の一時的な顔なし性（provisional facelessness of the enemy）は、レヴィナスが提示する条件に合致するならばどの敵にも適用されるだろう」[Butler 2013]。つまり、「他者への倫理」は、複数の「他人」が登場するとき、「顔」をもたない（任意の）「他人」が「敵」となる可能性があるということだ。バトラー自身が同じ返答で述べているように、ここでの問題は他者の複数性の問題がある。レヴィナスの用語で言えば一対一の他者関係の「倫理」が、「第三者」以上の複数の他者の現れる「正義」ないし「政治」とどのように接合するのかという問題である。ここでは、「パレスチナ人」が「他者」かが問題になるのではない。任意の「他者」が「敵」と化するとき、レヴィナスの「他者の倫理」および「複数の他者」に向かう「正義」という論理は、この「敵」との関係をどのように語るのか。もし、「敵」も

「他者」として「殺すなかれ」の対象である場合、「敵」に対してどのように振る舞うのが「正義」に適うのかという問題だ。このレヴィナスにおける「敵」の問いは本書の枠を越えるため、その検討は他日を期したい。

「聖なる歴史にとっては異質な、アフリカ・アジアの低開発国の人々」

本章の関心はむしろ、もう一つの「アジア人」への言及にある。これは、「今日のユダヤ思想にとって新たな状況における所与をなす三つの大きな出来事」に関わっている。第一の「国家社会主義によってユダヤ人の三分の一を絶滅させるにいたった反ユダヤ主義の再興という特異な経験」、第二の「イスラエル国家の創設にいたったシオニストの渇望」に続いて、第三の出来事として挙げられるのが、「ユダヤ－キリスト教世界が由来する聖なる歴史にとっては異質な、アフリカ・アジアの低開発国の人々の一群の歴史が歴史の表舞台に上がってきたことである」[DL 224／二一二]。レヴィナスは、同じ論考で「アジア人の数え切れない群衆の台頭」という言い方もしている。バトラーはこれら二つの箇所を結びつけ、レヴィナスにおいては「アジア人」が、「ユダヤ－キリスト教世界が由来する聖なる歴史にとっては異質」なものとしてとどまっていると言う［Butler 2012, 46／九二］。

これについては、シャウアの後を受け、エリック・マルティが反撃を加えている。マルティは、バトラーにおける「アジア人」の言及に関しては、三つの「歪曲」があると指摘する［Marty 2015］。第一は、そもそもレヴィナスのテクストで「アジアの発展途上国の数え切れない群衆の台頭は、ふたたび見出された正統性を脅かしていないか」と疑問形で発せられた問いが、バトラーにおいては肯定形にされている（「アジアの…群衆…が、〔ユダヤ－キリスト教の〕正統性を脅かしている」と言い切りのかたちに直されている）という点である。第二は、上の言及のすぐ後でレヴィナスが「唯物論」に言及するように、ここでの「アジア人」とは中国（とりわけ毛沢東のそれ）を指すことをバトラーは無視しているという点である。第三は、いずれにしてもレヴィナスは、上の疑問形の問いに対して否定的この伝統の統一性はむしろ強化され、「中国」もそのうちに含まれることになる、という。

だが、マルティが見出すこれらの三つの「歪曲」の指摘は、一点目の疑問形が肯定形に変わっているという明白な事実の指摘を除けば、まったくの誤解であり、それこそ「歪曲」である。二点目の「唯物論」については、レヴィナス自身が「私はこの台頭を唯物論のそれと形容するつもりはありません」と述べているように［DL 231／二一九］、ここでの「唯物論」とは、共産党ないしマルクス主義の理論としてのそれではなく、「自分自身の飢え」を気にかけるような思想的態度のことである。ちなみに、一九六一年の時点では毛沢東は大躍進政策の失敗により国家主席を辞任していたのであって、現代アジア史を踏まえると、「アジア人の数え切れない群衆の台頭」に毛沢東主義の影を見るのは無理筋である。ここではむしろ旧フランス領諸国の脱植民地化の動きと、フランス国内の高度経済成長によるアジア・アフリカ系の移民労働者の流入を想起するのが自然だろう。

もっとも重要なのは、マルティが唯一正しく指摘している第一の文章に関してである。というのも、レヴィナスのテクストにおいてそれが疑問形であるにせよ、レヴィナスはそれに対し否定形で（「脅かしていない」と）答えようとしているのではまったくなく、むしろ肯定的で答えている、あるいはそうすることしかできないからだ。レヴィナスは、「ユダヤ‐キリスト教世界が由来する聖なる歴史にとっては異質な、アフリカ・アジアの低開発国の人々の一群の歴史が歴史の表舞台に上がってきたこと」を、西洋のユダヤ‐キリスト教的伝統の「ふたたび見出された正統性」を「脅かす」ものとみなしている。というのも、「アフリカ・アジアの低開発国の人々」は「「創世記」冒頭」の、「アブラハム、イサク、ヤコブが何の意味をもたないような」、異なる「文明」に属する人々だからだ。彼らは、「ユダヤ‐キリスト教世界が由来する聖なる歴史」の外部にとどまり続ける。ここにある種の「ヨーロッパ中心主義」が否定しがたく現れていると言わざるをえないのだ。(12)

だが、『困難な自由』におけるこうした性格を確認することは、レヴィナス思想全体に「人種差別」を読み込むことに帰着するわけではない。前述のように東方イスラエリット師範学校校長であった彼のとりわけ五〇年代の企図は、「アウシュヴィッツ」以降のヨーロッパのユダヤ人に対し、ユダヤ教の伝統的な思想を再確認させることにありこそすれ、それ以外の民族に対する排他的な優位性を主張するものではなかったからだ。

ここでなんらかの「人種差別」を見出して満足する代わりに、むしろ検討しておかなければならない問いは次のことだ。すなわち、「アフリカ・アジアの低開発国の人々」が「異邦人」なのは、「責任」が及ぶはずの「顔」に該当しない〈倫理の他者〉だからなのか、ということだ。「顔」の有無が、彼らの排除の有無に関わっているのか。むしろ、レヴィナスにおいて等閑視されている「アジア人」――さらにはバトラーすらもが省略する「アフリカ人」――の問題は、「顔」の有無という枠組みとは別のところで捉えなければならないのではないだろうか。

「ユダヤ－キリスト教世界が由来する聖なる歴史」にとっての「異邦人」が、〈顔の倫理の他者〉ではないとすれば、それはどのような存在だろうか。われわれはそれを「忘れられた兄弟」と呼ぶことを提案したい。すでに述べたように、同じ「父」から「創造」された複数の他者たちの問題は、レヴィナスにおいては、聖書のノアに関連して「兄弟関係」として考えられている。さらに、問題の論考の「今日のユダヤ思想」では（そして『困難な自由』の同時期の論考でも）繰り返しユダヤ人とキリスト教徒の「友愛（amitié）」および「兄弟関係（fraternité）」が語られている。だとすると問題は、この「兄弟関係」が「ユダヤ－キリスト教世界が由来する聖なる歴史」に属する複数の他者たちに伸びていくことができるか、にあるのではないか。

ここで思い起こす必要があるのは、たとえば、フランス革命の際にユダヤ人解放令が発布されたのと同時に黒人奴隷の解放を求めた人々が象徴として用いたエンブレムにおける問い、すなわち「私は君の兄弟ではないのか（Ne suis-je pas ton frère?）」という問いではないだろうか。フランス革命時に、「ヤペテの息子」たる「ヨーロッパ」によって、「セムの息子」たる「ユダヤ人」にもたらされた解放（少なくとも「兄弟」としての法的な認知）は、「ハムの息子」たる「アフリカ人」には一瞬認められつつすぐさま撤回され、少なくとも法的・政治的な「解放」はあと半世紀待たなければならなかった。(13)いわんや、セムでもハムでもなければヤペテの子孫でもない「アジア人」にとってはどうなのか——レヴィナスに無縁ではない聖書的な語彙を用いれば、問いはこうなるだろう。

いずれにしても、「アジア人」についてのレヴィナスの指摘に関しては、そこに「顔」があるかではなく、忘れられた兄弟たちとの「共棲」をどのように考えるべきかが糸口となるだろう。

レヴィナスにおける「非ユダヤ人との共棲のユダヤ的価値」

「忘れられた兄弟」という言い方はしていないにしても、「非ユダヤ人との共棲のユダヤ的価値」を探るという方針は、バトラーの『分かれ道』全体を貫くものであった。つまり、「非ユダヤ人との共棲」の理論的な可能性を、むしろ「ユダヤ的源泉」に求めるという方針である。ところで、強調しなければならないのは、「アジア人」への言及が見られる論考とほぼ同時期、ほかならぬレヴィナス自身がまったく同じ方針を掲げていたことだ。

それは先に言及した一九五九年の講演「ライシテとイスラエルの思想」である。ここで注目された「ノアの末裔」という概念は、「イスラエルの民」の父祖アブラハムからさらにノアまで遡ることで、ユダヤ人の父祖とされるセム以外の、ハムやヤペテといった他の「諸国民」の祖先をも含みうる、まさしく「人間社会の惑星的次元」を示すものであった［IH 162／一六八］。レヴィナスによれば、「ノア」をめぐるタルムードの議論において定式化される「ノアの末裔の七つの掟」という考えは単なる宗教的な戒律ではなく、はたまた一共同体を司る法秩序にも還元されず、道徳的な意義を有する。ユダヤ教の考えでは、異教徒・異邦人も、キリスト教のように改宗を迫られることはなく、上の「ノアの末裔の掟」を遵守しさえすればよい。このように、「ノアの末裔の七つの掟」というタルムード由来の考えこそが、選ばれしものの特殊な「道徳意識」から出発して普遍主義的な共生のあり方を素描しうると言うための、そして、レヴィナスが「イスラエルの思想」が「ライシテ」の源泉であると言うための理論的な根拠となっていたわけだ。

だが、レヴィナスにおいて、こうして「非ユダヤ人との共棲のユダヤ的価値」の問題が、同じ「父」をもとに「創造」された「兄弟」たちとしての「ノアの末裔」という「ユダヤ的源泉」に基づいて検討されていることが確かだとしても、その「兄弟」たちはどこにいるのか。さらにそこには、忘れられた兄弟たちがいるのではないか。このことはあらためて問う必要があるだろう。

第一のありうる答えはこうだ。すなわち、ある時期までのレヴィナスの思想においては、こうした忘れられた兄弟たちとの「共棲」の可能性は原理的に閉ざされているというものだ。

とはいえ、「父」や「兄弟」という家父長制的なコノテーションに塗れた術語体系を問題にしたいのではない。むしろ検討すべきは、レヴィナスの「兄弟関係」の考えの基盤となる「創造された存在」という概念である。

ここでは細部に立ち入ることはできないが、とりわけ『レヴィナス著作集』第一巻の哲学雑記および第二巻の講義録が示すように、レヴィナスはある時期からハイデガーの「被投性」に対置するかたちで「創造された存在」という考えを固めるようになる。ハイデガーにおいて「われわれは自分の生誕を選んだのではないという事実」［O2 109／一一〇］が「被投性の不幸」ないし「悲劇」と考えられるのに対し［O2 102／一〇二］、レヴィナスは、「創造されたこと＝被造性」の「安寧」を対置しようとしている。『レヴィナス著作集』第二巻の編者ロドルフ・カランとカトリーヌ・シャリエは、「レヴィナスによるハイデガーの被投性および事実性の考えに対する批判」こそが、レヴィナス哲学の展開を「理解するために決定的」な契機だと述べているが［O2 24／二〇］、まさしく「創造された存在」という発想は、このようなレヴィナスの哲学的な企てのある意味で中核に存するのである。

『レヴィナス著作集』において素描された「創造された存在」という発想はきわめて多義的でありさまざまな文脈において用いられているが、『全体性と無限』第二部がその一つの哲学的な定式化を与えていることは確かである。そこでは、「被投性の不条理な世界」［TI 156／二五九］の悲劇に対して、「我が家」における「創造された存在」の「幸福」が対置されるからだ。「自我であること、無神論的であること、我が家にいること、分離していること、幸福であること、創造されていること、これらは同義語なのだ」［TI 158／二六一-二］。

無論、この「幸福」は、けっして主観的な感情と解されてはならない。それは、身体を有した主体の「場所」への「定位」ないし「局所化（location）」という原初的な事実を感性論的に言い表したものと理解されるべきだろう。とはいえそこでは、同じ「場所」に共に居合わさざるをえないような「兄弟」たちを考慮する余地はあまり残されていないように見える。もちろん、このような「我が家」にいる「幸福」な「主体」が、「顔」としての「他者」によって問いただされ、それに対し「主体」が「弁明」というかたちで「応答」し、この「他者」によって「主体」ははじめて「自由」を「受任」されるという流れが『全体性と無限』を貫くストーリーであった。けれどもそこでの「他者」はまさしく「顔」の「他者」であり、「対話」の相手であって、同じ「場」に居合わせていたはずの同居人（colocataire）ではないのだ。

この意味で『全体性と無限』――この刊行が「今日のユダヤ思想」や「イスラエルの思想におけるライシテ」とほぼ同時期であることはあらためて強調しておこう――において、「共に選ばれざる」者たちの「共棲」を考えるための余地があまり残されていないことは認めざるをえない。

だが、第二に――そして最後に――指摘する必要があるのは、レヴィナスが『存在の彼方へ』において、「西洋」が――もしかすると以前の自分自身もが――忘却していたものを、自らの哲学的思考のもっとも内奥へと据え置くことを宣言するにいたることである。

〈他者のための一者〉は、意味の意味生成そのものである。このような企ては、哲学の言語のなかにいくらかの野蛮（barbarismes）を導入することなしにはどのようにしたらよいだろう。哲学の言語は、もちろん、そのもっとも気高い、例外的な時に、存在の彼方および存在から区別された一者を告げてはいたものの、存在を語ることで、言い換えれば存在への内部性を我が家にとどめていた。我が家とは、ヨーロッパの歴史そのものが、それを征服し、嫉妬深く守ってきたもののことである。〔…〕もし〈歴史〉の諸時代に名を授けていた数々の勝利の犠牲者たちが〈歴史〉の流れから抹消されえていたのなら、ここであえて存在の彼方を想起しはしなかっただろう。［AE 273／三九七］

『全体性と無限』から『存在の彼方へ』にいたるレヴィナス思想の「転回」について詳論する余地はもうない。だが、少なくとも認めることができるのは、『存在の彼方へ』におけるこのような「哲学の言語」のなかへの「野蛮」の導入は、これまで「野蛮」を思考する射程を有していなかった「西洋中心主義的」思考それ自体を、その内部において揺るがすことになりうるということだ。それは「我が家」に基づく「存在」の概念を、数々の犠牲者たちを〈歴史〉から抹消してきた「ヨーロッパの歴史」を問いただすというかたちで、再考するという試みである。言い換えれば、「存在の彼方」という発想は、『全体性と無限』の時期までに否定しがたく現れたレヴィナスの「忘れられた兄弟」に対しても、一つの「転回」を画すものでもありうるということだ。

他方で、そのことを認めた上で、『存在の彼方へ』における「複数の他者」論が、こうした「抹消」された「犠牲者たち」――あるいは少なくとも、「選ばれなかった」「兄弟」たちを含みうるようなものとなっているかは別途検討すべき問題として残る。レヴィナスにおいて、「類の共通性に先行する兄弟関係」という発想は「正義」という原理を要請するものであっても、こうした枠組みが「共に選ばれざる」者たちとの「共棲」というバトラーの問いに対し十分な応答となるかは定かではない。おそらく、そうした対話の焦点は、制度論的な次元における「共棲」の実現可能性よりは、バトラーが試みたような「ユダヤ的な存在」における「存在（すること）」の概念の脱構築的な問い直しと、レヴィナスの「我が家」を脱却した「存在の彼方」という発想がどのようにつながるかという存在論的な次元にあるだろう。いずれにしても、バトラーの脱構築的な読解は、レヴィナスの思想的な転回や、哲学的テクストとユダヤ教に関するテクストの関係をあらためて検討し直すこと、そしてそこからして「共棲」――単にありうべき、追求すべき理念たる「共棲」というよりは、選ばれざるものたちの不承不承の共棲――を「存在」の次元において考え直すことを要請しているように思われる。

補論――忘れられていたノアの子供（シモーヌ・ヴェイユふたたび）

ところで、先述のような「フランス・ユダヤ人」をめぐる変動が起こりはじめていた時期、レヴィナスは次のように述べていた。アルジェリア戦争の終結により、アルジェリアのユダヤ人の多くがフランスへの移住の選択をしたことを受けて、一九六三年に仏語圏ユダヤ人知識人会議が「フランスのユダヤ人知識人とアルジェリア帰還ユダヤ人知識人の会合」を企てた際の閉会の言葉としての発言である。

〔…〕われわれの普遍主義ということについて語りながらわれわれが言わんとしていたのは、――いかに奇妙に見えようとも、また用語の点ではほとんど矛盾しているものであっても――、それが「特殊主義的普遍主義」だということです。ユダヤ人は、蒸発したり、昇華したり、希薄化したりすることで普遍的になろうとするのではありません。逆に、自らの特殊性の意識のうちで普遍的たらんとするのです。ちなみにそれは、道徳という現象の神秘そのものでもあります。道徳的行為とは、ただ私のみが完遂することのできるものなのです〔…〕。［Levinas 1965, 239: 強調は引用者］

レヴィナスが置かれていたのは、メンデルスゾーンが口火を切ることになったユダヤ人のヨーロッパへの参入が、近代の世俗化の過程で「蒸発」「昇華」ないし「希薄化」というかたちをとりかねない状況であった。「ディアスポラのユダヤ人の存続」そのものがまさしく、「アウシュヴィッツ」のような組織的殺害によってではなく、「普遍」への参入によってこそ危うくなりつつあった時期とも言える。その時期には、「普遍的たらんとする」要請そのものを拒否し「特殊性の意識」のうちに舞い戻るという選択は、その状況からして提示しえなかっただろう。レヴィナスがとった選択は、「普遍」を志向しつつも、同時に、ユダヤ思想——とりわけタルムード——の思想的な意義を掘り起こすことで、ユダヤ教の精神的・道徳的な価値を復権させることであったわけだ。これまで述べてきたように、こうした企てには、「アウシュヴィッツ以降」に、自らの「ユダヤ性」にとまどうユダヤ人に対し、「悲壮さ」を超えた、「成年者の宗教」に基づくある種の「能動的な主体」の観念を提示する狙いも伴っていた。一人道徳的な責任を担うものとして「選ばれた」主体の特殊性を起点にしてこそ「普遍主義」が成立しうる、という論理である。

しかし、このような「普遍主義」は、「西洋」ないし「ヨーロッパ」への信頼と表裏一体のものであった。先に見たように、レヴィやトリガノらの見地からすると、この「普遍主義」はその代価として、「ヨーロッパ」との共犯関係をもっていた。すでに多くの論者によって指摘がなされているが、以下では、レヴィナスの「特殊主義的普遍主義」がもちかねない「ヨーロッパ中心主義」の問題に触れておこう。

実のところ、「アジア人」をめぐるバトラーの指摘もその延長線上にある。とりわけバトラーが指摘した「今日のユダヤ思想」における「ユダヤ－キリスト教世界が由来している聖史にとって異質な、アフリカ・アジア系の発展途上国の群衆が、歴史の前面に到来した」という記述こそ、レヴィナスの「ヨーロッパ中心主義」を例証するものと言えるだろう。「ユダヤ人」へと宛てられた「普遍主義」の呼びかけが、「アフリカ・アジア人」の到来を前に、たじろがざるをえなくなっているかのようである。

ここで問うべきは、バトラーの言うような「敵の一時的な顔なし性」であるよりは、先にも指摘した「兄弟関係」の射程の問題だろう。レヴィナスのなかで一貫して余白に追いやられ、忘却されているようにも見える「アフリカ・アジア系」の人々もまた、「ノアの末裔」として「兄弟」なのではなかったか。

この問いを検討するにあたってもっとも重要なのが、ここでもまたシモーヌ・ヴェイユだろう。ヴェイユは、『神を待ち望む』に「ノアの三人の息子と地中海文明の歴史」という小論を残しているが、これは、旧約聖書に見られるノアとその三人の息子をめぐる逸話について、ヴェイユ本人が一般的な解釈に真っ向から対立するような解釈を打ち出したものと言える。「ヘブライ人」の解釈では、酔って裸で寝た父に対し、唯一その姿を見た末の息子のハムに対し呪いがかけられることになった。「カナンは呪われよ。奴隷の奴隷となり、兄たちに仕えよ」(「創世記」九章二五節)――「兄たち」とは、ユダヤ人の祖となった「セム」、ヨーロッパ人の祖とされる「ヤペテ」のことである。これに対し、「ハム」の子孫こそ、アフリカ人にほかならない。上の呪いはこの「ハム」の子孫たちにもかけられ続け、西洋文明にあってアフリカの奴隷制をはじめヨーロッパの植民地主義体制を支える神学的な典拠にすらなる［cf. Sala-Molins 1987］。これに対しヴェイユが企てたのが「ハムの子孫」らの復権である。ハムが「父の裸」を見たのは、彼のみがすなわち人格的装いを取りはらった状態において超自然的な啓示に与ったことを意味する。それに対し、二人の兄のほうは、いずれもこうした啓示に与ることができないというのだ。

二人の兄である「セム」と「ヤペテ」に対する批判は、それが書かれた時期に照らすと、驚くべきほどに冷徹だ。

> 今日、ヤペテとセムの子孫たちがいっそうの物音を立てている。一方は力を持ち、他方は迫害され、両者は邪悪な憎しみによって引き裂かれているが、両者は兄弟であって、よく似通っている。彼らが似通っているのは、裸性の拒否と衣服の

必要性のためだ〔…〕。［Weil 1966, 241f］

「邪悪な憎しみによって引き裂かれた」二つの集団は「よく似通っている」。一方は「力を持」ち、他方は、「今日」、「迫害され」されている。第二次世界大戦がすでにはじまり、自らも「ユダヤ人身分法」の規定から逃れながら書かれたこのテクストにおいて、前者がドイツを、後者がユダヤ人を指すのは言うまでもない。ヴェイユは両者が「似通っている」と言うこともためらわない。だがそれは、それは単に両者が「兄弟」であるからではない。ヤペテとセムの子孫に共通するもの、それは、「裸性の拒否と衣服の必要性」にある［cf. 渡名喜 二〇一七］。

ここでの「衣服」を取り払った「裸性」とは、他のテクストにも目を配ると、「啓示」や「受肉」という観念に見られるような、神の超自然的愛との接触を指す。「カイエ一〇」では、「〔ハムを〕襲った呪いは、人間と神とのどんな接触をも、どんな人間的純粋さをも待ち望む不幸な者への呪いではなかったか。セムとヤペテは啓示には与らなかった」とされている［Weil 2002, 287／三〇六］。父の裸を見ることを拒否し、後ろ向きに衣服をかけた二人の兄たちは、神の超自然的愛との接触を欠いており、それゆえに「啓示」に与れないというわけだ。この二人の子孫たちとは、「イスラエル」と「ローマ」である［Weil 2002, 280／二九二］。

先に述べたように、ヴェイユにおいては、「自我」を「脱人格化」し、いっさいの「主体性」を剝奪することこそが、〈受肉〉を知ることの条件となるが、ここに「ハムの子孫」が重ねられるのに対し、ヤペテとセムの子孫は、「裸性の拒否」ゆえに「啓示」に与ることができない。そればかりか、「衣服」を必要とするがゆえに、「自我」のもつ「力の支配」への性向を共有してもつとされるのである[14]。

レヴィナスならばこう答えただろう。「シモーヌ・ヴェイユよ、あなたはトーラーについてまるでなにも理解しなかったのだ！」［DL 204／一九四］。「神以上にトーラーを愛すること」と題された小論でレヴィナスは、まさしくこうしたヴェイユの「イスラエル」批判に応えるかのように次のように言っている。「神が具体的なのは受肉によってではなく、〈律法〉による」[DL 205／一九四]。

だが、レヴィナスの言う「イスラエル」が衣服を必要としていたかどうかはともかく、「どんな人間も、人格として、つまり自らの自由を意識したものとして、選ばれたものなのである」[DL 195／一八五]と述べる五〇年代のレヴィナスの議論は、これまで見てきた「普遍主義的特殊主義」という文脈を支える倫理的主体性の概念を提示することに適してはいても、「ハムの子孫」にその主体性を認めるものとして想定されていなかったことは確かである。

レヴィナスは、捕虜としての拘留体験として、「イスラエルびとの捕虜における精神性」について触れ、次のように述べていた。「イスラエルびとの捕虜は――バラック小屋や特別班のなかに詰め込まれ、そこから逃れるためには偽の身分で偽装しなければならなかったのだが――、そこで不意に〈イスラエルびと〉というアイデンティティを再び見出した。〔…〕自らのユダヤ教に追いこまれることで、彼は、侮辱や恥辱の苦痛とは別のものをそこから汲み取った。屈辱は、選びという聖書的な味わいを取り戻したのだ」[O2 205f／二四〇]。

けれども、このような「屈辱」ならぬ「選び」を汲み取ることができるのは誰なのだろうか。「ごく幼いころから、ギリシア、キリスト教、そしてフランスの伝統によってしか育まれてこなかった」ために自らのユダヤ性を否定するシモーヌ・ヴェイユのような「蒸発」したユダヤ人[Weil 1999b, 973f]、時には「ユダヤ人」として時には「敵性外国人」として時には「ドイツ野郎」として迫害され拘留されたハンナ・アーレントが問題にした「難民」ないし「無国籍者」[Arendt 2008, 264／四四―五]、あるいは自らの「アフリカ性」ないし「原住民（indigène）性」へと追いこまれた者たちは、そこに「選び」を聞き取り、それを自らのものとして認めうるのだろうか。あるいは、彼ら、彼女らは、あくまで「兄弟」として遇されるのみなのだろうか。この問いへの手がかりは、アフリカ大陸に位置するアルジェリアに生まれたユダヤ系哲学者のジャック・デリダとともに探ることにしよう。

第4章　デリダとレヴィナス

ジャック・デリダは、一九三〇年に、当時フランス領であったアルジェリアのユダヤ人家庭に生まれた――。デリダの紹介はこのようにはじめられることが多い。だが、その幼少期ないし少年期の逸話を除くと、デリダの経歴や思想が、「ユダヤ」という語と結びつけられることはむしろ稀であった。幼少期の逸話としては、たとえば、「割礼」というユダヤ人男子が生後すぐに受ける男性器の包皮切除の傷跡がデリダ自身の身体にも刻まれているというものがある。また、第二次世界大戦がはじまりフランスがドイツに降伏すると、ヴィシー政権は、かつてアルジェリア在住のユダヤ人にもフランス国籍を付与することを定めていたクレミュー法を廃止したのだが、そのため、デリダを含むユダヤ人の生徒・児童や教員が学校から追放されたという逸話はよく引かれる。とはいえ、その後の哲学者としてのデリダに、「ユダヤ」に関わる問題に積極的に関与する素振りが見られるわけではなかった。

デリダに関する本などでも同様である。いくつかの例外を除くと、(15)「デリダ」とユダヤというテーマのものはほとんど見当たらない。もちろん、仏語圏や英語圏に目を転じるならば、そうしたテーマの著作や論集はいくつかある。英語圏では、イスラエルの美術史家のギデオン・オフラートによる『ユダヤ的デリダ』がヘブライ語から英訳されて二〇〇一年に公刊されている［Ofrat 2001］。仏語圏ではなんといっても論集『ユダヤ性』が大きいだろう［Cohen and Zagury-Orly 2003］。ジョゼフ・コーエンとラファエル・ザグリ=オルリの二人が二〇〇〇年にパリで主催した国際シンポジウムには、エレーヌ・シクスー、ジャンニ・ヴァッティモ、ユルゲン・ハーバーマス、カトリーヌ・マラブー、ジル・アニジャール、ジャン=リュック・ナンシーといった錚々たる思想家・哲学研究者に加え、モシェ・イデルのようなユダヤ思想の専門家、ベティ・ロイトマン、ミハル・ベン=ナフタリといったイスラエルの文学者らも参加している。ここでデリダは「アブラハム、他者」という講演を行なっている［Derrida 2007］。

デリダが「ユダヤ性」を主題にしたのは、このシンポジウムがはじめてではない。その数年前、仏語圏ユダヤ人知識人会議がその立役者であったレヴィナスを追悼するために開催した一九九八年の第三七回仏語圏ユダヤ人知識人会議に、デリダははじめて登壇したのだった。レヴィナスが一九九五年に死去すると、同会議は、翌年の第三六回大会を「困難な正義——エマニュエル・レヴィナスの痕跡において」と題しレヴィナスに捧げたが[16]、デリダが「告白する——不可能なものを」の講演を行なったのはその次の第三七回大会「いかにともに生きるか」である[17]。この講演は、晩年のデリダが、自らの「ユダヤ性」について振り返り、自らの「ユダヤ人」としての体験を「告白」し、そこへと「回帰」するかのようにして、「ユダヤ」に関わる問題に正面から取り組んだという点で特筆すべきものと言えるだろう。ただし同書は、単なる回顧録的な述懐でも、特殊的な体験についての挿話的なスピーチでもない。デリダはそこで、これまで自らが積み重ねてきた哲学的な議論と密接に連関させて、「ユダヤ人」としての自らの体験や「アイデンティティ」にすら「脱構築」を試みているのである。

これらの二つの講演は、デリダの死後、『最後のユダヤ人』というタイトルの一つの単行本に収められることになった［Derrida 2014］。「ユダヤ性」をめぐるデリダとレヴィナスの関係は、この観点から捉え直す必要があるだろう。ただし、本章の冒頭で、デリダの名が「ユダヤ」という語と結びつけられることは稀であったと述べたが、デリダの講義録や伝記が次々と公刊され、生前の公刊著作以外の活動が徐々に明らかになっている現在からすると、そこにはしかるべき留保を加えるべきだろう。実のところデリダは、その哲学的な活動において陰に陽に「ユダヤ」の問題に触れてきたのである。一九九一年の対談では、『弔鐘』をはじめとする七〇年代の著作にもユダヤ人問題がすでに念頭に置かれていたと述べられてすらいる［Derrida 1996］。また、八〇年代から、なかでもドイツ系のユダヤ人哲学者を主題とする一連の考察を展開してたことは注目に値する。公刊された著作としてはカフカ論である八二年の『掟の門前』、八四年のツェラン論『シボレート』、ここにさらに『法の力』に収録されることになる八九年のベンヤミン論や、ローゼンツヴァイクとアーレントに触れた九二年の『他者の単一言語使用』も組み入れることができるだろう。これに関連してさらに注目すべきは、社会科学高等研究院で八四年から続けられていた「哲学の国籍とナショナリズム」をテーマとする一連の講義である。そこからは、ローゼンツヴァイクとショーレムを取り上げた『言語の目』、ヘルマン・コーエンを主題的に論じる「戦争中の諸解釈——カント、ユダヤ人、ドイツ人」などが生まれることになる。

このようなユダヤ思想ないし現代哲学におけるユダヤ性の問題へのデリダの関心がレヴィナスと結びつくのは他ならぬ『アデュー』であろう。レヴィナスの死に際し、一九九五年にレヴィナスが埋葬された墓地で読み上げられた弔辞「アデュー」と、その一年後の一九九六年に哲学国際コレージュの主催によりソルボンヌで行なわれたレヴィナスに捧げられたシンポジウム「顔とシナイ」で発表された「迎え入れの言葉」である。

『アデュー』と『最後のユダヤ人』をつなぐことで、「レヴィナスのユダヤ性」に関するデリダのアンビバレントな態度が見えてくるだろう。先取りして言えば、本書がこれまで強調してきた、ユダヤ「と」西洋、ヘブライ的なもの「と」ギリシア的なものといった二項対立に関し、その「翻訳」可能性と同時にそれがどうしても孕む「裏切り」の可能性にデリダはつねに気を配っていたように思われる。この角度から振り返ることで、「レヴィナスのユダヤ性」の姿も浮かび上がってくるのではないか。

「シナイ以前のトーラーの承認」

まずは『アデュー』におけるデリダの特徴的な身振りをいくつか確認しよう。『アデュー』の「迎え入れの言葉」において、デリダは、「歓待」をめぐる議論を展開していくなかで、唐突に「シナイ」という語を登場させ、これを問いに付す。レヴィナスの著書『他者のヒューマニズム』の「痕跡」を論じた箇所に見られる「私たちのユダヤ－キリスト教の精神性において啓示される神」が、「出エジプト記」三三章への参照を伴っていることを踏まえ［HAH 69／一〇三］、「訪れや訪問」の場所を「シナイと名指してよいのでしょうか」と問う［Derrida 1997, 115／一二二］。歓待の主体が位置づけられる場所は、「シナイ」に限定されるのか、ということだ。だがそれだけではない。「シナイ」という名そのものは「複数の時代、複数の審級」を指示しうるはずだが、それらを一つにまとめることができるのか、と問いを重ねる。「シナイ」とは、トーラーがイスラエルの民に与えた場所であると同時に、現代の「イスラエルとその他の国家との境界線を言い表す換喩」でもあって［Derrida 1997, 117／一二四］、外国人、移民、亡命者、難民、無国籍者等々といった問題とも結びついているからだ。

「シナイ」という表現が頻出するのは、それが発表された一九九六年の追悼シンポジウムのタイトルが「顔とシナイ」と題されていたことも一因だろう。ただし、「顔」のほうはレヴィナスの「倫理」の代名詞として選ばれていることがわかるものの、「シナイ」という語がどうして選ばれたのかは、シンポジウムの主催者の説明からも判然とはしない。ダニエル・コーエン＝レヴィナスは、このシンポジウムの論集の巻頭言において、「顔の公現は至高の倫理的な権威の高みに置かれているとはいえ、〈他人〉のあらゆる歓待、あらゆる受け入れの真の前提条件としての、聖書の「汝殺すなかれ」のもっとも根底的な顕現でもある」と述べている［Cohen-Levinas 1998, 8］。だとすると、「倫理」的なものと「聖書」的なものの代名詞として「顔とシナイ」が併置されているのだろうか。

この点はともかく、デリダは「シナイ」という場所にこだわりつつ、レヴィナスのほかならぬタルムード講話の読解を通じて、この「シナイ」の唯一性、あるいは「シナイ」と「イスラエル」の結びつきを脱構築しようと試みる。「シナイという名、場所、出来事」に先立って、あるいはその外部において、「トーラーの承認」を考えることができるのかというのである［Derrida 1997, 119／一二七］。デリダはとりわけ『諸国民の時に』の「諸国民とイスラエルの現存」の読解をここに挟むことによって、レヴィナスが疑問符をつけていた「シナイ以前のトーラーの承認？」という句から、疑問符を取り除く。上述のように、タルムード講話は「七〇の国民」との関わりのなかで「イスラエルの意味」を探ろうとするものであった。レヴィナスはそこで、「詩編」六八編において、神がメシアに対しエジプトからの贈り物を受け入れるよう告げた箇所を引用し、次のように言う。「諸国民の歴史はすでに、なんらかのかたちで、イスラエルにおける永遠者の称揚だったのではないか。彼らの国民の一体性が他なる人間に、異邦人に開かれるというかたちで、イスラエルに参与しているのではないか。シナイ以前にトーラーの承認があるのではないか」。このように、諸国民が「メシアの時代」に与ることができるのは、他者の歓待によるのであって、そこにこそ「シナイ以前にトーラーの承認」があるのではないかと問う［HN 112／一六二］。デリダが注目するのはこのような、「シナイ」に対する「顔の倫理」の先行性である。デリダは、バトラーとは逆向きに、レヴィナスのテクスト自身が、「博愛＝兄弟関係（fraternité）」、「人類＝人間性（humanité）」、そして「歓待」という語とともに、「メシア的世界の真理が、特定の限定された時と場所をはみ出すのはもちろんのこと、〔…〕国民的な同一性をも超過する」方向を示しているることを示唆するのである［Derrida 1997, 126／一三四］。

「国家において国家を超えて」

このように、「シナイ」をめぐるデリダの読解は、レヴィナス自身が「イスラエル」のなかに織り込んだ「単独的な応答責任」と「人類の普遍性」の関係、「選びと範例性という恐るべき論理」の困難と両義性を浮かび上がらせつつ、レヴィナス自身にどうしても残る「ユダヤ」ないし「イスラエル」の同一性《アイデンティティ》を揺るがしていくことに向けられる。

そのことが示されるもう一つの例は、レヴィナス自身が「メシア的政治」と呼ぶものの基本的な形態として提示する「国家において国家を超えて」という考えにある。レヴィナスは『新タルムード講話』に収められた同名のテクストで「国家において国家を超えて」という考えをタルムードから引き出す。一方で、タルムードには、「政治」の秩序に対する「憎悪」ないし「不信」がある。「政治」の普遍性・合理性はつねに人間の特異性を捨象し「専制」にいたりうるためだ。それゆえ、「それ自体としては正当化しえない政治権力に関する批判と制御」が求められる。とはいえ「政治的権威」は「正当化しえない」としても、同時に「避けることもできない」。というのも、「政治」を排除するのではなく、国家の外部ではなく国家の内部での批判を通じて、「最善のものに開かれた国家」を求めるべきだからだ。このような内的な刷新の動きが「メシア的政治」を示すとレヴィナスは述べている［NLT 63］。これについてデリダは、まず「カエサルの国とダヴィデの国」に触れ、「カエサルの国」と「ダヴィデの国」の二項対立が自明なものなのかを問う。確かにレヴィナスは、「カエサルの国」という西洋的な国家体制に対し異議を唱え、その「彼方」を目指すようなメシアニズム的な推進力を「ダヴィデの国」に認めた。しかし、「カエサルの国とダヴィデの国の二者択一は〈政治〉と〈政治的なものの彼方〉とのあいだの二者択一であるのか」。もしかすると、「カエサルのそれでもダヴィデのそれでも、ローマでもイスラエルでもアテナイでもない国家という仮説」もありうるのではないかとデリダは問うのである［Derrida 1997, 136／一四三］。

こうした「国家」の「彼方」という問題系を考察する鍵は、ここでもまたレヴィナス自身のテクスト「国家において国家を超えて」にある。デリダが注目するのは、このような「内なる‐彼方」のもつ力だ。「自らが担う超越へと開けた内容、自己を取り囲む壁ないし城壁の彼方へと運び開く門の内蔵」、これは「場の同一性をも内破させかねない」[Derrida 1997, 138／一四五―六]。それは「正義」が成就されたと思われたときでも、その「正義」の名の下になされた暴力に対し、その内側からそれを批判し、乗り越えていく新たな「正義」の名ともなるだろう。この意味で、デリダが注目する「国家において国家を超えて」のもつ脱構築的な力は、レヴィナスがすでに『困難な自由』において主張していた、〈「正義の社会」を求める倫理的要請としてのイスラエル〉というそのメシアニズム観そのもののなかにも見出すことができるかもしれない。

だが、この「イスラエル」とは何か。自分こそこうした要請に応答するとする主体は何か。あるいは誰か。デリダは一連の分析の最後に、「カエサルの国とダヴィデの国」の末尾におけるイスラエル建国についての記述に注目する。「いまや誓約はなされた。一九四八年から。しかし、すべてははじまったばかりだ」[ADV 220／二九九; Derrida 1997, 140／一四八]。一九四八年のイスラエル建国は、レヴィナスにとっても、彼がメシア的政治と呼ぶものの成就ではけっしてない。むしろ、「イスラエル」がその特殊性にもかかわらず「諸国民」と同じような近代国家体制に参入する契機であった。だが、デリダが注目するのは、レヴィナスの「イスラエル」観でも国家観でもない。「すべてははじまったばかりだ」という文句だ。「レヴィナスが言うように、この政治的な歴史は「はじまったばかり」ですから、誓約を裏切ることはつねに可能なままです」[Derrida 1997, 140f／一四八]。自らの同一性を「ユダヤ」ないし「イスラエル」ないし「国家」であると「誓約」するその主体の設立それ自体において「誓約違反＝偽証（parjure）」の可能性がつねに残る。「国家における国家の彼方」は、単に空間的なものではない。「我ここに」という主体の制約は、未来に開かれつつ、未来の方向性を定めると同時に、つねに「裏切り」「偽証」の可能性を秘めているというのである。

「最後のユダヤ人」

このように「ユダヤ」や「イスラエル」の主体性の脱構築をも辞さないデリダは、時期的には『アデュー』のすぐ後に、「ユダヤ人」としての自身の体験を振り返り、それを告白するようにして、デリダ自身の「ユダヤ性」を語ることを試みる。それが一九九八年の第三七回ユダヤ人知識人会議「いかにともに生きるか」での講演「告白する――不可能なものを」である。

もちろん、こうした身振りは、この講演が収められた『最後のユダヤ人』でも幾度か振り返られているように、「割礼告白（circonfession）」という、「割礼（circoncision）」と「告白（confession）」とを掛け合わせた自伝的なテクストのなかで部分的に試みられたことであった［Bennington 1991］。デリダは、自分自身がユダヤ人として経験した――あるいは経験する主体を「ユダヤ人」として規定することになった――この「割礼」を参照軸としつつ、「赦し」「和解」「責任」「歓待」、そして「生」「死」「共生」といったこれまで自身が追跡してきた哲学的な主題と結びつける。

『最後のユダヤ人』が提示する多くの議論のなかでももっとも注目すべきものの一つは、その表題をなす「最後のユダヤ人（le dernier des Juifs）」という表現だろう。これを表題としたのはデリダではなく編者による選択と思われるが、デリダ自身であってもそうしただろう。これは、「割礼告白」に引用されているデリダ自身の一九七六年の日記から取られたものである。そこにあるのは「私がそうであるところの、最後のユダヤ人（le dernier des Juifs）〔…〕、割礼を受けたものが固有のもの（propre）だ」という文句のみだが［Bennington 1991, 145］、『最後のユダヤ人』ではその含意がいっそうくわしく展開されている。この表現は「ユダヤ人のなかで最後の者」と訳すこともできたのだが、この場合には「最後の者」とは、現代社会にほぼ「同化」しユダヤ教やユダヤ文化の影響がほとんど薄れ、「ユダヤ人」を名乗るためには世代的に「最後」の世代にあたるということを意味することになる。しかし、第二に、こうした世代的な関係に加えて、そうした「同化」ないし「根こぎ」によって、本来的なユダヤ人を名乗るにもっともふさわしくないという意味で、「最低」の者という意味もある［Derrida 2014, 88／九四］。

しかし、デリダがこうした表現を用いるのは、単なる自己卑下や「戯れ」ではない。そうではなく、このように「もっとも少なくユダヤ的」であることが翻って「もっとも多くユダヤ的（le plus juif）」、「いっそうユダヤ的（plus juif）」となってしまうという逆説的な論理を浮き彫りにするためである。たとえば、一つの社会のマジョリティを占める宗教ないし民族に属する者であれば、自身の宗教的帰属を表す特徴を隠そうとはしないはずであり、これに対し、改名や自己嫌悪、社会への同化などにより自らの特質をなすものを必死で隠そうとする行為そのものがマイノリティの（この場合はユダヤ人）の本質をなすとされる場合がある。「私はユダヤ人ではない」、「ほとんどユダヤ性をもたない」と主張しようとすればするほど、「私はユダヤ人である」ということになるのだ。ここには、伝統や戒律などの「ユダヤ人」を形成するさまざまな帰属に「根ざす」ような「特殊主義」的な性格と、（たとえばマラーノ、ディアスポラといった形象が惹起するように）特定の土地や規定から解放されている「普遍主義」的ないし世界市民的性格のどちらもが、「本来的ユダヤ人」の規定となりうる、という事態に通じるものがある。デリダは本書で「最後のユダヤ人」という表現を用いることで、「ユダヤ人であること」が含むこうした逆説を浮き彫りにして、その「アポリア」をあますところなく示そうとしていると言えるだろう。

もちろん、こうした逆説的な論理を指摘したのはデリダがはじめてではない。「普遍性」を自称する西洋近代におけるヨーロッパのユダヤ人の統合と排除の歴史は、「ユダヤ人の自己嫌悪」（テオドール・レッシング）や「非ユダヤ的ユダヤ人」（アイザック・ドイッチャー）の系譜に多くの「最後＝最低のユダヤ人」を生み出してきた。ギュンター・アンダースも、自らを「最後のユダヤ人」と規定している［Anders 1978］。あるいは、哲学史の文脈においても、八〇年代以降のデリダ自身がたどり直しているユダヤ系ドイツ人思想家の系譜も、デリダの議論にとって無縁ではない。新カント派を代表する哲学者ヘルマン・コーエンは、第一次世界大戦に際し、ユダヤ系ドイツ人はドイツへの忠誠を尽くすべきだと述べた「最後」の同化ユダヤ人哲学者と言ってもよいかもしれない。そのコーエンと入れ替わるかたちで、フランツ・ローゼンツヴァイクは、まさしく「キプールの日〔大いなる赦しの日〕」において、キリスト教への改宗を試みたところにある種の天啓を受けて、「改悛」を伴いユダヤへの「回帰《テシュヴァー》」を果たしたのだった。聖書の現代語訳を試みたローゼンツヴァイクとブーバーには「対話」への信頼があったのかもしれないが、しかし、二〇年代以降のヨーロッパのユダヤ人にとっては、第一次世界大戦時にまでは見られたヨーロッパ人とユダヤ人との「共棲（symbiose）」ないし「対話」という展望は、二〇年代にパレスチナへの「回帰《テシュヴァー》」を果たすゲルショム・ショーレムに言わせれば「神話」にすぎなかっただろう。「共棲」の瓦解後に、多くのユダヤ系ドイツ人の思想家らは離散の地で、とはいえハンナ・アーレントのように「母語」を手放すことなく自らの思想を育む者もいた。

アブラハム的三角形

デリダ自身の「ユダヤ性」を見定めるために、デリダを以上のようなドイツのユダヤ人哲学者たちの系譜の「最後」に位置づけることも十分可能だろうし、あるいは、ベルクソン、シモーヌ・ヴェイユやレヴィナスといった「フランス的ユダヤ人」の潮流のもとにその名を刻むこともできるかもしれない。そうした系譜を適切に描くことは今後の作業として残されているだろうが、さしあたりあえてデリダの特異性として注目しうるのは、デリダ自身の「フランス領アルジェリア生まれのユダヤ人」という規定であろう。『他者の単一言語使用』における長い注で、デリダは、ローゼンツヴァイク、アーレント、レヴィナスという、世代も活躍した国も異なる三人の思想家を登場させているが〔Derrida 1996, 91-114／一六七—九三〕、ドイツ的であれフランス的であれいずれも「ヨーロッパ」的なユダヤ人の系譜を、地中海の対岸のアルジェリアから眺めている姿が想像できるかもしれない。『最後のユダヤ人』の表現を用いれば、「ユダヤ－カトリック－プロテスタントというアブラハム的三角形のうちに、イスラム－イブラヒム的なものの不在を指摘する」アルジェリアのユダヤ人の姿だ［Derrida 2014, 22／一八―九］。この観点では、二〇〇三年五月、その死の前年にパリのアラブ世界研究所で開かれた「アルジェリアとフランス」の「文明の対話」を主題としたシンポジウムに登壇したデリダが、「今日私は、アルジェリア人としてお話したい」と述べたことはあらためて振り返るべきだろう。「アルジェリアのユダヤ人」として生まれ、フランス国籍を得つつも、一九四〇年のヴィシー政権によって市民権を奪われた「赤貧のユダヤ人」は、「アルジェリアのフランス人に対してよりも、むしろ当時のアルジェリア人のうちに、より強い連帯感を見出して」いたという［Cherif, 53／四二］。「ヨーロッパ的、西洋的、いわゆるギリシア＝ヨーロッパ的な哲学的思想」に対するその「脱構築」に、アルジェリアという「異郷への参照」はまったく無関係ではなかったとも述べている［Cherif, 55-56／四五］。自身の「ユダヤ＝フランス＝マグレブの系統」はすべてを明らかにするわけではないが、こうした系統への参照なしには「私は何も説明できない」とすらデリダは述べている。こうした立ち位置からすると、レヴィナスが位置づけられる「ユダヤ性」のきわめてヨーロッパ的な磁場は、それ自体として自明のものではなかったのだ。先述のように、デリダ以降の世代のフランスの「ユダヤ人知識人」の多くは、エジプト生まれのベニー・レヴィにしても、チュニジア生まれのシュムエル・トリガノにしても、レヴィナスのようなフランス的共和主義への賛同を隠さない「フランス的ユダヤ人」の世代とはやはり一線を画していることは否めない。ここにも「アフリカ」の問題が関わっているかもしれない。

もちろん、『最後のユダヤ人』の議論がすべてこうした「ユダヤ人問題」との関係で論じられるべきわけではない。同書で展開されている議論を、とりわけ九〇年代にデリダが哲学的に展開した議論との関連で捉えることも十分可能である。第一の講演「告白する、不可能なものを」は、『赦すこと』や『信と知』をはじめ、とりわけ「赦し」をめぐるデリダのこの時期の一連のテクストと時期的にも内容的にも密接な関係をもっている。また、とりわけ、第二の講演「アブラハム、他者」と、『死を与える』になされたアブラハムのイサク奉献をめぐるキルケゴール（およびレヴィナス）についての議論との関係はいうまでもないだろう。さらに、「和解」の問題もまた、『信と知』などで注目される「赦し」の「世界化」の文脈との関連において、九〇年代のデリダの関心の一つにあったものである。「和解」の問題に関してさらに付言すれば、『最後のユダヤ人』の問題系は、冷戦崩壊を受けた「歴史の終わり」という言説に対して、デリダが『マルクスの亡霊たち』等で行なっている脱構築的読解の延長線上にも位置づけうる。というのも、少なくともヘーゲル的な「歴史の終わり」がある種の「和解」を伴うものであるとして、そうしたヘーゲル的な歴史に対置されるものの一つに（ヘーゲル自身においてであれサルトルにおいてであれ、あるいは別のかたちでローゼンツヴァイクやレヴィナスにおいてであれ）、ユダヤ的な歴史（の不在）の問題があるからだ。この観点からすると、デリダが自らの一連の「和解」の問題系に対し同書において「テシュヴァー」というヘブライ語の概念を挿入したことはきわめて示唆に富む。だが、デリダ自身はこの「テシュヴァー」をどのように受け入れたのか。

聞きまちがえられた「我ここに」

「テシュヴァー」という語は、「赦し」と同時に、「改悛」、自らの罪を「告白」し「悔い改め」ること、さらには自分自身への、こう言ってよければ「本来的」な自分自身への「回帰」も表す言葉である。文脈によっては、ユダヤ教から離れつつあった者が、悔い改め、赦しを受け、こうして元来のユダヤ教へと「回帰」するという意味でこの「テシュヴァー」が用いられることもある。「告白する――不可能なものを」においてデリダは、無条件的赦しと条件的赦しの関係を「アポリア」だとしつつ、ヘルマン・コーエンからベンヤミンを経てレヴィナスにいたる文脈をなぞりながら、この「ユダヤ的な赦し」の問題に言及しているのである［Derrida 2014, 53／五四］。注目すべきは、この「赦しのアポリア」が、さらに「告白のアポリア」とでも呼びうるものに結びつけられ、そこからさらに、自分自身についての告白に結びつけられていることだ。「告白するとは、赦すことが赦しえないものを赦すことであるのと同様に、告白不可能なものを告白することである。不可能なことを行なうことである」と述べた後、明白にレヴィナス的な語彙を用い、そのような「ジレンマ」を他者へと告げることが「私が免れることのできない唯一の責任」であり、引き受けざるをえない「選び」であると述べるにいたる［Derrda 2014, 57f／五八-九］。「私が」とは、すなわちデリダその人のことである。

デリダは、このように、「最後のユダヤ人」としての自らの「アイデンティティ」に関し、ユダヤ的な「赦し」＝「改悛」＝「回帰」の問題系に言及するわけだが、「私」の同一性＝アイデンティティはどのように確保されるのか。この「私」は「ユダヤ人としての」私なのか。デリダはつねに、この「私」が同じ一つのものとされることそれ自体に対し、確定不可能性を読み取っていたように思われる。言い換えると、ここでもまた、「誓約違反＝偽証」の可能性がつねに亡霊のようにつきまとっているのである。

とりわけ『最後のユダヤ人』に収められたもう一つのテクスト「アブラハム、他者」におけるカフカの「アブラハム」への参照はこの点で興味深い。カフカのこの短編には、教室にて教師が自分を呼んだわけではないのに、間違って応答してしまうという逸話がある。これを踏まえてデリダは次のように述べている。いささか長くなるが以下の引用はきわめて重要である。

あたかも、「一つ以上」という系列的な多数性が、アブラハムという名に直接に書き込まれているかのようなのです。〔…〕「しかしもう一人のアブラハムが」。このもう一人の他なるアブラハムのほうも、選びの呼びかけないし試練に応答する準備ができていたのですが、しかし呼びかけられたのが自分自身かどうかに確信がもてませんでした。他の者ではなく自分、自分自身なのかということにです。選ばれし者は他の者ではなく自分だということに確信がもてなかった。彼が恐れていたのは、聞きまちがえて、呼びかけられてもいないのに、自分自身が指名されたわけでもないのに、「はい」、「我ここに」と応答してしまい、物笑いの種になることでした。あるいはまた、たとえば出来の悪い生徒がいて、教師は別の生徒と彼とを区別して、実際にはクラスの一等を選び讃えようとしていただけなのに、カフカが記しているように、教室の奥で自分の固有名が聞こえたと思いなしてしまったのと同様、他の者に宛てられた呼びかけに大急ぎで応答しようとしてしまうことでした。[Derrida 2014, 70f／七〇―一]

ここではカフカの短編が直接の参照項だが、主体性に関わるレヴィナスの議論が念頭にあることはまちがいない。レヴィナスにおいて、「主体」とは、「呼びかけ」られたことに対し「我ここに」と応答する「選ばれた」者のことであった。だがデリダはここに、「聞きまちがい」の可能性を指摘する。本当は私が呼びかけられたのではないにもかかわらず、私が選ばれたのではないにもかかわらず、「はい」「我ここに」と応答してしまう可能性である。ここにはレヴィナスに対する恐るべき問いが潜んでいるだろう。すなわち、レヴィナス的主体（応答、選びの主体）は、そもそもこのまちがい可能性を前提にしているのではないか。しかも、前提にしつつ、「私」が「我ここに」と応答することで、この可能性を隠蔽しているのではないか。

もちろん、レヴィナスの議論はこうした可能性をつねに念頭においていたと考えることができる。『存在の彼方へ』によれば、「我ここに（me voici）」とは、そもそも「主体」＝「主語」としての「私（Je）」を前提とするのではなく、呼びかけられた対格としての「私（me）」を起点とするものであり、呼びかけに応答するということ自体が「主体性」を構成するという議論である。

この場合、聞きまちがい、応答しまちがいは、こうした主体論の妥当性をむしろ補強しうる。すなわち、ここでは発話内容ではなく、発話行為それ自体が重要であって、また、この主体論はランダムに（誰にでも、普遍的に）当てはまりうるからだ。だから、正しい応答相手などは最初から前提とされていない。誰であれ、自らへの呼びかけを聞き取り、応答することこそが、自らの主体性を構成することになる。

けれども、とりわけユダヤ性に関わる観点からすると、こうしたランダムさはどこまで妥当なのだろうか。「ユダヤ的存在」においてすでに、レヴィナスは、とりわけ「選び」「創造」「父子関係」といった主題を「ユダヤ的存在」という概念のもとで練り上げていた。「ユダヤ的存在」の該当箇所を引用しておこう。

近代科学の観念論的な基礎は、結局、起源を自由へと置き換えることに存している。つまり、現在へと置き換えること、そして、時間やその連続性を断ち切り、中断させ、無から、言い換えれば自己から到来するその仕方へと置き換えることに存している。だが、キリスト教もまた、現在を起点にした実存である。〔…〕ユダヤ的実存は、過去という特権的な瞬間を参照し、存在におけるその絶対的な位置はその系譜=父子関係〔filialité〕によって保証されている。[EJ 57f／一八五-一八六]

一つの事実が絶対的に受動的なしかたで出来上がるのは、それが創造されたものである場合のみである。戒律や掟の命法にも延長される創造の命法は、全面的な受動性を樹立する。[EJ 62／一八八]

このような事実が可能なのは、自らの事実性を無効にするような選択をするという権能を有していることをはるかに越えて、自らが選択されている、言い換えれば選ばれている〔élu〕場合だけである。[EJ 62／一八八]

「ユダヤ的存在」「ユダヤ的実存」という語はその後用いられなくなるにせよ、「系譜性＝父子関係」「創造」「選び」といった主題は、レヴィナス哲学の核心に残り続けるものである。本書が追ってきたレヴィナスの「ユダヤ的テクスト」においては、こうした主体がいっそうはっきりと「イスラエル」であると明示されていたわけだ。

だとすると、デリダの聞きまちがい、応答しまちがい（あるいは取り替え子）の指摘の裏には、「暴力と形而上学」（「われわれはユダヤ人だろうか、ギリシア人だろうか」）以降、一貫してレヴィナスに問い続けてきたものがあるのではないか。

レヴィナスは、その「哲学的」テクストにおいては、確かに他者から発せられた声に対し、耳をそば立て、それに対して応答すること、こうした「他者」の声がほかならぬ自らに宛てられたものとして応答することこそが主体を構築すると述べていた。デリダが問題にしているのは、こうした声への応答こそが「主体」を形成するということよりはむしろ、もしかするとこうした声が自らに宛てられたものではないかもしれないこと、「主体」は応答しまちがいによって構築されているのかもしれないという原理的な可能性である。この角度からするならば、レヴィナスがこうした「主体性」を「ユダヤ的」と形容したとしても、それはけっして現実の「ユダヤ人」に対して要請される規範として機能するのではなく、「ユダヤ人」であろうとなかろうと誰にとってもランダムに当てはまることが可能な存在論的な概念として機能することになるだろう。だとすると、「我ここに」という応答可能性をその主体性の原理とするとしても、やはりそこにはつねに「聞きまちがい」の可能性が残り続けるのではないか。

デリダ自身はといえば、上述の「最後のユダヤ人（le dernier des Juifs）」というあだ名を自身につけ、それについて、次のような逆説的なあり方を描きだしている。

もっとも少なくユダヤ的である者、もっともユダヤ人にふさわしくない者、本来的なユダヤ人の称号に値する者のなかで最低〔最後〕の者であり、同時に、そうであるがゆえに、場所との、局地的なもの、家族的なもの、共同的なもの、民族的なもの等々からの、根こぎ的で普遍主義的な断絶の力ゆえに、万人のなかでもっともユダヤ的な者であり、さまざまな世代からなる遺産を引き受けることを定められた最後かつ唯一の者〔…〕。［Derrida 2014, 88／九四］

偽装をすることで、自らがユダヤ人であることを拒否すればするほど自らのユダヤ性が浮き彫りになるということは、かつてハンナ・アーレントがラーヘル・ファルンハーゲンに認めたアポリアであったのだが［渡名喜 二〇一二：渡名喜 二〇二四、第二章］、デリダが自らに認めるのは、そのような「パーリアとしてのユダヤ人」というよりは、「不可能性」の論理によって構造化された「最後のユダヤ人」としての自らの姿であったと言えよう。すなわち、自らにおける「ユダヤ性」を問題にし、「テシュヴァー」の問題を立てることで、そのような「告白」、「回帰」ないし「赦し」がそれ自体として「不可能」なものにとどまることがたえず浮き彫りになるということである。「私はユダヤ人である」という自己同一化がつねに聞きまちがいや偽証の可能性に晒され、宙吊りにされ、内部から破られる。そうした事態だ。デリダはこうした問いを自分自身に向けたわけだが、この問いをレヴィナスにも差し向けるべきだろうか。

しぶしぶ共に生きること

最後に、「いかに共に生きるか」を主題とするシンポジウムで発表された第一の講演「告白する——不可能なもの」における「共に生きる」ことの問題系に触れておかねばならない。このテーマは、現代社会における「共に生きること——「共生」、「共棲」や「コンヴィヴィアリティ」——の問題を考えるにあたってもいくつもの手がかりを与えるものであることは論をまたない。一九九三年のオスロ合意以降のイスラエルとパレスチナの和平交渉が九五年のラビン首相の暗殺等により暗礁に乗り上げつつも、まだ二〇〇〇年にはじまる第二次インティファーダにて決裂を迎えるまえの一九九八年に、しかも仏語圏のユダヤ人知識人たちの前で行なわれたこの講演で、デリダはもちろん、イスラエルとパレスチナとのあいだの共生の困難に触れることも、そして大部分のイスラエル政府の対応を批判することも辞さない。しかし、第一の講演を貫くのは、そうした困難な状況のなかに理想的な共生のあり方を解くという安易な提言ではない。そうではなく、「まさしく共に生きなければならない（il faut bien vivre ensemble）」というフランス語の表現が、「よく共に生きるべきである」という理想と同時に、「しぶしぶ共に生きざるをえない」という現状認識の双方を示しうるという「アポリア」の指摘である。デリダが挙げているのは、法律や政治制度の必要性とその限界、赦しの条件性と無条件性、近い他者と遠い他者（近い身内や近くの敵、携帯電話やインターネットなどでいっそう近くに感じられる遠くの隣人等々）、「生」そのものの射程（「共に生きる」相手に、死者、動物、さらには技術が含まれるか）の四点であるが、複雑に入り組んだそれぞれの論点から、さらなる議論を展開することも可能であろう。たとえば、人間たちが「よく」共生するためには、動物という別の「生」物をどこまで犠牲にできるのかという問題は、これもまた晩年のデリダの中心的関心の一つであった動物論につながっている。あるいは、「生」と対置される、機械や技術などの人工物との共生ももちろんデリダの技術論の関心と重なる。こうした問題が、移民、外国人、隣国との「共生」はもちろん、クローン、人工知能、あるいは原子力といった技術との「共生」という展望が現実化してきている今日の社会にとっても喫緊の課題であることは言うまでもない。

いずれにしても、「よく共に生きなければならない」と「しぶしぶ共に生きざるをえない」のダブルバインドについてのデリダの指摘は、ジュディス・バトラーが『分かれ道』の冒頭で提起した「意図していない近接性および選んでいない共棲」とかなりの程度共鳴している。そして、この「困難な共生」というべき問題こそ、レヴィナスの「ユダヤ性」をめぐる議論に最終的に突きつけられるだろう。

振り返ってまとめるならば、レヴィナスが「イスラエル」（ここでは道徳的主体性としての）に託したのは、「父」の「創造」に基づき「選ばれ」た者として、「他者」（単数であれば複数であれ）に応答するという責任を担うという役割であった。レヴィナスにおいて、この「他者」への応答責任が問われるのは、それがあらゆる人間に課せられる倫理的ないし道徳的な責務だということではなく、むしろ「イスラエル」こそがそれを引き受けなければならないということだった。そのなかでレヴィナスが提示したのは、現行のイスラエル国家を正当化するような哲学的ないし神学的理論ではまったくなく、〈「正義の社会」を求める倫理的要請としてのイスラエル〉という見方だったはずだ。

だが、そのとき、「正義の社会」おいて応答されるべき「他者」とは誰か。そしてまた、そのとき応答すべき「私」とは誰か――あるいは自分が応答すべきだと要請されていると思い込んでいるかもしれない「私」とは誰か――。どのようにして「よく共に生きる」のか。そして、もしこの〈「正義の社会」を求める倫理的要請としてのイスラエル〉の名を語る「私」が、「正義」の名のもとに他者の生を危険に曝すならば。もちろんこれらの問いに、容易な答えは出ない。だが、「戦争に対してなされた正しい戦争において、この正義そのもののゆえに、不断におののき――震撼すること――」というよく引かれる『存在の彼方へ』末尾の一節について考えるためにも［AE 283／四一三］、そして〈いまだない〉「共生」について考えるためにも［HN 10／三］、「ユダヤ性」をめぐるレヴィナスのテクストは稀有な参照項であり続けるだろう。

おわりに

本書は、レヴィナスがユダヤ思想ないしユダヤ教をテーマに公刊した著作群を対象とし、できるかぎりその全容に目配せすることで、またそれを時代的背景と照らし合わせて読み解いていくことで、レヴィナスの「ユダヤ性」なるものがどのようなものだったか、どのような変遷をたどっているのかを見てきた。

結局のところ、そこから浮かび上がるレヴィナスの「ユダヤ性」とは、即座の、一義的な理解を拒むかのような複合的なものであったと言わざるをえない。それはなんらかの確固たる信条や思想によって形成されたものというより、レヴィナスの置かれた社会的・政治的な文脈、交流関係、またレヴィナス自身の思想の展開といった複数の要素を通じて、そのつど形を変え、新たな面を示すものであった。この点では、それは可塑的なものであったと言ってもよいだろう。だがそれは、その都度姿を変えるカメレオンのようなものであったわけではない。いくつかのターニングポイントを経て生成されていったものである。

第I部第1章「初期レヴィナスにおけるユダヤ性のありか」では、初期のレヴィナスにおけるユダヤ教ないしユダヤ思想への関心を検討した。レヴィナスの生まれたリトアニアは独特のユダヤ思想を生んだところであったが、レヴィナスは最初からユダヤ教に関心があったわけではない。当初ほとんどみずからの「ユダヤ性」に固執せず、「ヨーロッパ」に向かわんとしていたレヴィナスにとって、一九三〇年代のナチスの台頭は大きな転換点となった。そして同時期に職を得たフランスの世界イスラエリット連盟、およびその付属施設で自身が校長を務めた東方イスラエリット師範学校での経験が、理念的にもかなりレヴィナスに影響を与えたことはまちがいない。レヴィナスはここで、「特殊主義的普遍主義」という考えのもとで、フランス風の「共和主義」および「ライシテ」と、「ユダヤ教育」との両立という独特の方向へと進むことになる。独特というのは、フランス風の「共和主義」に賛同したユダヤ人は多くいたが、その場合、自らの「ユダヤ性」へのこだわりが薄くなることが往々にしてあった。世界イスラエリット連盟総裁を務めた法学者ルネ・カッサンなどがその典型だろう［cf. Kleinberg 2021, 68, 193f］。「特殊主義」の側においては、もともとユダヤ教の教育を受けてきたわけでないレヴィナスにとって、シュシャーニとの出会いは決定的だった。それがレヴィナス自身のタルムードの読み方、そして教え方を形成していくことになるからだ。

第Ⅱ部「『困難な自由』の企て――ユダヤ性のゆらぎと変容」では、一九六三年に公刊されたレヴィナスのユダヤ思想に関する第一の主著『困難な自由』を取り上げた。同著は、戦後レヴィナスがユダヤ思想に関して書き溜めた論考をまとめたものであるが、とはいえここに読み取ることができるのは、「ユダヤ性」に関する確固たる姿勢というより、同書が――この只中に――亀裂や躍動のダイナミズムを含有していることだ。

そこにはまず、第Ⅰ部第2章「アウシュヴィッツの後」にディアスポラのかたちでフランスにとどまるユダヤ人に向けて、「悲壮さ」を超えて、自らのユダヤ性を能動的に獲得していくことを鼓舞するレヴィナスの姿を認めることができる。しかもここには、むしろユダヤ人の迫害のなかでキリスト教的な霊性に新たな社会の基盤を見ようとしたシモーヌ・ヴェイユの向こうを張るかたちで、「ショア」に関するキリスト教の責任をあえて糾弾し、キリスト教的な発想を頑なに拒否しようとする姿勢も見られる。ここでは、こうしたキリスト教思想への反発のなかで、「成年の宗教」という鍵語とともに、「応答責任」を担う「選ばれた」主体としての「イスラエル」という見方が提示されていた。しかし、この「応答責任」の主体は、後年のような「あらゆる受動性よりも受動的な」あり方ではなく、「社会正義」を担う能動性が要請されていたのである。

このような主体概念が後に変容していくことについては、後期レヴィナスの哲学的な著作を検討する必要があろう。『困難な自由』の内部において示されるのは、キリスト教に対するこうした「論争」が徐々に緩和され、「開かれ」た姿勢が示されるようになることだ。ここには一九五〇年代後半以降の、実際のキリスト教思想との接触や「ユダヤ－キリスト教友好会」への参加などの要因も確かにあっただろう。

ただし、第Ⅲ部で述べたように、二〇一五年にはじめて公刊されたジュール・イザークとの書簡や、第二ヴァチカン公会議での『われわれの時代に』をめぐるレヴィナスの反応は、こうした「開かれ」が一筋縄ではいかなかったことを示してもいる。レヴィナスはそこで、かつてのキリスト教に対する自らの頑なな態度からの変容を告白しつつも、イザークらの現実的な路線に逆らってでも、キリスト教の向こうを張ることのできるような「肯定的で生き生きとした意義」をユダヤ思想に求めることを提案していた。「タルムード講話」に結実するレヴィナスの営為は、単なる伝統への回帰というよりは、「古風な注釈の見かけ上の素朴さの裏に隠されている」その思想の現代的な意義を掘り起こすことだったはずだ。

他方で、こうしたキリスト教西洋に対するユダヤ的「主体性」の立ち位置という問題は、『困難な自由』やそれ以降のタルムード講話のなかでさまざまな仕方で描かれる「イスラエル」という語とも関わっている。レヴィナスにおける「イスラエル」は、基本的には、特定の民族集団や国家を指すものではなく、「選び」をもとにトーラーの学びを経て他者への応答責任を負う主体を指している。だが、そのレヴィナスも一九四八年のイスラエル国家の創設に無関心でいられなかった。

ただし、レヴィナスのイスラエル国家をめぐる対応は、「シオニズム」という語をどのように理解しようとも、通常この語が指すものではどうしても捉えきれない錯綜をもっている。イスラエル建国時に友人ブランショに宛てた手紙が物語るように、むしろこの歴史的な出来事においてレヴィナスは言葉を失ったかのようだった。いずれにしても実際にイスラエルを訪問した後も——そして後のタルムード講話においても——、レヴィナスにとって「イスラエル」という「土地」の追求、それへの固執は、つねに退けられる。「土地」ではなく「言葉」、とりわけトーラーの「学び」こそがむしろ「イスラエル」に課せられるというのだ。ここではやはり、イスラエル国家の評価に先立って、ディアスポラの環境におけるユダヤ教の伝統の継承こそがレヴィナスの課題であったと言わざるをえない。

もちろん『困難な自由』には明示的に「政治的シオニズム」の見解とも見える主張がなされる。本書では、そうした主張がどのような論拠に支えられているかをそれなりに丹念に検証したつもりである。そこに示されているのは、思想の言葉による現行のイスラエル国家の正当化や政治的シオニズムへの参画であるよりは、「特殊主義的普遍主義」という展望に基づいた、独特のメシアニズム観だったろう。それは、具体的には、〈「正義の社会」を求める倫理的要請としてのイスラエル〉というかたちをとる。この要請は、「正義」をいまだ完成していないものとみなすがゆえに、「正義」を僭称する国家や社会に対する批判というかたちもとりうるだろう。

「諸国民の時」にあって、「歴史」の舞台に関わりそれと「協働」しつつも、そこから「退引」し、その「外部」に留まるという立ち位置——「世界の政治的歴史とは別に存在するという主張」——これこそが、「特殊主義的普遍主義」の「特殊」の部分を、さらに「正義の社会」に対して要請を発する「倫理」の部分を、そして、「国家において国家を超えて」いくための推進力を示すものといえるだろう。「魂と意識におけるイスラエル——すなわちトーラーの学びにおけるイスラエル——は、すでに諸国民の世界全体とのつながりのなかにいる」[HN 11／四]と言うときの「つながり」こそ、レヴィナスのメシアニズム観の中核をなしていたように思われる。別の仕方で言えば、「ユダヤ教「と」キリスト教」というレヴィナスの小論のタイトルが示す「と」という連結だ。

この関心は、「聖書とギリシア」、「イェルサレムとアテネ」と言われるように、「ユダヤ教的なもの」と「西洋的なものとの「共生」をめぐるものであったと言い直すことができるだろう。そこで第Ⅳ部「困難な「共生」」ではまず、レヴィナスの「共生」思想が色濃く現れる「ライシテとイスラエルの思想」という論文を取り上げた。ただし、これを取り上げる意図は、単にレヴィナスにおける共生論を確認することだけにあるのではない。後にレヴィナスに対して繰り出される批判のうちの重要なもののいくつかは、まさにこの「共生」論をターゲットにしているからだ。一方では、レヴィナスに続く世代からは、シオンの地への「回帰」の要請とともに、この「と」を取り去るべきとの批判がなされる（ベニー・レヴィ）。他方では、この「共生」の相手となる「他者」は誰かも問題となる（バトラー）。さらにまたこの「共生」において他者に応答し他者を歓待するとされていた「選ばれ」た「私」とは誰かも問われなければならないだろう（デリダ）。本書では示唆するだけにとどまったが、レヴィナスの――「ユダヤ性」ならぬ――「ヨーロッパ性」については、あらためて検討する必要があるだろう。

こうした一連の議論を通じて示されるのは、レヴィナスにおける「ユダヤ性」をめぐる思想がどのような内容および軌跡をもっているかだけでなく、それを特徴づける時代的・地理的な限界であった。すなわち、ユダヤ的テクストに定位するかぎりにおいて、それはユダヤ人として、第二次世界大戦以降にヨーロッパに生きるユダヤ人を第一の読者として想定していたことは明らかのように思われる。それゆえに、異なる世代、あるいは異なる出自の「ユダヤ人」にとって、レヴィナスの「ユダヤ性」が違和感をもって受け止められたということはありうる。しかし、こうしたユダヤ教の「特殊」なテクストを対話相手としつつ、あくまで現代という時代におけるその「普遍」化可能性に拘り、「共生」に向けた展望を描き出そうとするその態度は、「共生」をめぐって今なお考えあぐねている今日の社会にとって、「いまだない」これからの「共生」のあり方を考える際にも、振り返るべき独特で堅固な見方を示すもののように思われる。

あとがき

レヴィナスをはじめ、筆者がこれまで関心を寄せてきた思想家は、はからずも多くがユダヤ人であった。ユダヤ系思想家を研究対象としようと明確に意識したことはなかったが、デリダ、アーレント、ヴェイユなど、興味をそそられた思想家は結果的にユダヤ系が多かった。彼らのテクストのなかに見え隠れする、「西洋」の只中で「西洋」に対する居心地の悪さを示すような態度に、知らず知らずのうちに引き寄せられていたのかもしれない。その背後に控える「ユダヤ思想」という、日本ではなかなか手がかりを得ることのできない知の集積に怖いもの見たさのような好奇心を抱いていたのかもしれない。

レヴィナスを研究しようと思ったときには、できればそのような深みには近寄らないほうがとは思っていたのだが、研究を進めるにつれて、どうしても避けて通るわけにはいかないことを体感するようになった。幸い、留学先のフランスでは、とりわけ一九八〇年代以降、哲学の領域でユダヤ思想に関する研究が飛躍的に増え、それらに触れる機会を得たことが大きかった。それ以来、レヴィナスの「哲学」と並行して、その「ユダヤ性」についても細々とした関心を寄せてきた。本書はその成果をまとめたものである。多くは書き下ろしであるが、すでに他所で公刊したことがあるものについては、そのほとんどが原型をとどめていないが、初出の情報を記しておく。

第Ⅱ部第２章　シモーヌ・ヴェイユに抗するエマニュエル・レヴィナス
「エマニュエル・レヴィナス 反シモーヌ・ヴェイユ？レヴィナスにおけるヴェイユの影」『シモーヌ・ヴェイユと来るべき倫理 明治大学主催シモーヌ・ヴェイユ生誕１００年記念シンポジウム論集』、二〇一〇年
第Ⅲ部第１章 「仏語圏ユダヤ人知識人会議」とは何か
「「仏語圏ユダヤ人知識人会議」をめぐって――現代フランスにおける「ユダヤ性」の活力と隘路」『レゾナンス』第七号、二〇一一年
第Ⅲ部第２章　レヴィナスのタルムード講話
一部『レヴィナス読本』（著作解題『タルムード新五講話』『新タルムード講話』）に基づく
第Ⅳ部第１章　ユダヤ的「ライシテ」？
"Emmanuel Levinas et le problème de la judéité en France contemporaine",『フランス語フランス文学研究』一〇二号、二〇一三年
第Ⅳ部第２章　ポスト・レヴィナシアンのレヴィナス批判
一部「エマニュエル・レヴィナスのメンデルスゾーン論 レヴィナスにおける「ユダヤ性」についての一考察」（『レゾナンス』第六号、二〇〇九年）に基づく
第Ⅳ部第３章　バトラーのレヴィナス論をめぐって
「レヴィナスにおける〈東方〉についての極端な思考――ジュディス・バトラーからの批判に対して」、杉村靖彦・渡名喜庸哲・長坂真澄編『個と普遍――レヴィナス哲学の新たな広がり』法政大学出版局、二〇二二年
第Ⅳ部第４章　デリダとレヴィナス
一部「デリダ『最後のユダヤ人』によせて」（『未来』二〇一七年冬号）に基づく

ところで前著『レヴィナスの企て』末尾付近にて、私は「『全体性と無限』にいたるレヴィナスの企てがどのように変化したのか、それはそもそも「転回」だったのかについては次書に委ねることにしよう」と述べた（四五七頁）。

ただし、本書はここで「次書」と言われるものではない。実は、もともと本書第Ⅱ部は、『レヴィナスの企て』の一部をなすものとして構想されていた。本書第Ⅱ部で取り上げた『困難な自由』は、『全体性と無限』と同じ時期に書かれたものであり、『全体性と無限』にいたる「レヴィナスの企て」の一つの軸をなしていると考えていたためだ。だが、前著に組み込むとかなりのボリュームになり、論点も散漫となる。それゆえ、『困難な自由』について書かれた章は『レヴィナスの企て』からは除外することにした。

他方で、本書第Ⅳ部に入れられる各論についてはそれぞれ独立したかたちで書いていたため、『困難な自由』についての分析（本書第Ⅱ部）の前後を補うかたちで、第Ⅰ部では初期、第Ⅲ部では七〇年代以降の「ユダヤ的テクスト」に関する考察を置いた。こうすることでむしろ、レヴィナスの「ユダヤ性」なるものを全体的に展望することができると思われたためである。

それゆえレヴィナスの『全体性と無限』以降の「転回」についてはさらなる「次書」に持ちこさざるをえない。とはいえ、本書を先に出すことで、持ち越された課題も明白になってきたように思われる。

本書では、あくまでレヴィナス「ユダヤ的テクスト」の分析を主眼においていたため、「哲学的テクスト」のほうの考察にはあまり踏み込めなかった。本書の冒頭で述べたように、仮に（デリダが正しく指摘するように）レヴィナスの「ギリシア的なもの」と「ユダヤ的なもの」との区別はそれ自体自明なものではなく相互に錯綜したものであったとしても、本書としてはまずもって、レヴィナスの「ユダヤ的なもの」の姿をそれ自体として示す必要があると考えていたためだ。ただし、あくまでもレヴィナス自身のテクストを分析対象としたため、いわゆる「ユダヤ思想史」における その位置づけについては十分な考察を行なうことはできなかった。

本書で示したことにどれほどの意義があるかは読者の判断に委ねるほかない。ただ、どうしても触れておかざるをえないのは、かねてより進行しつつ二〇二三年一〇月からあらためて拡大したイスラエル国家によるパレスチナへの迫害的行為である。この出来事は、レヴィナスに関わる（とりわけヨーロッパの）多くの研究者にも分断や不信を招くことになってしまった。他方で、こうした情勢を受けて日本でもSNS上などで「他者の倫理を説くレヴィナスはパレスチナ人の迫害を肯定するシオニストだった」といった意見が散見された。レヴィナスのテクストからは、こうした理解はかなり一面的なものと言わざるをえない。本書は直接こうした問題を対象にしているわけではないが、本書で述べたことがレヴィナスの思想はもとより現在まで続く「イスラエル」をめぐる複雑をきわめる状況を理解するための一助になっていればと願う次第である。

他方で、多くの先達の導きがなければ本書をまとめることはできなかった。

筆者がパリ第七大学に提出した博士論文の審査にはレヴィナスの哲学はもとよりユダヤ思想に詳しいカトリーヌ・シャリエ氏、ジェラール・ベンスーサン氏に加わってもらったが、彼らの研究から得たものはきわめて多い。また、パリ第七大学にて言わば副指導教員の立場から助言いただいていたマルティーヌ・レイボヴィッシ氏（邦訳に『ハンナ・アーレント――ユダヤ女』（法政大学出版局、二〇〇八年）がある）には、「世俗的ユダヤ教」なるものがいかなるものかを教えていただいた。

日本においては、ユダヤ思想に関しては、ドイツについては多くの研究の蓄積があるが、フランスに関しては研究に相対的に乏しかったのが実態である。そのなかでも、合田正人氏、菅野賢治氏の先駆的で浩瀚なお仕事からは多くのことを教わった。また、私のような門外漢がユダヤ思想に関するものを論じてもよいと（聞きまちがいかもしれないが）後押ししてくれた京都ユダヤ思想学会の諸氏、とりわけ手嶋勲矢氏、伊藤玄吾氏、後藤正英氏、小野文生氏には厚くお礼を申し上げたい。

また、もう二〇年ほど前になるが、東京大学大学院の大学院時代に増田一夫先生および高橋哲哉先生の授業で『困難な自由』や『アデュー』を輪読したことは、本書の動機の一つになっている。せめて学恩に報いることができていればと思う。

立教大学大学院文学研究科の大学院生の長田慶大さん、橋本侑樹さんにもゲラの下読みなどお手伝いいただいた。なお、本書の出版は立教大学出版助成による。関係各位には記して感謝申し上げたい。

前著『レヴィナスの企て』に引き続き、本書もまた勁草書房編集部の関戸詳子さんに編集をしていただいた。助成との兼ね合いでかなりタイトな編集スケジュールになってしまったが、いつもぎりぎりで穴の多い原稿を丁寧に読んで下さり、さまざまなご提案をいただいた。本書が少しでも読みやすいものになっていれば、関戸さんのおかげである。ありがとうございました。

二〇二四年一二月

渡名喜　庸哲

注

はじめに

（1）『哲学雑誌』第一二一巻七九三号「レヴィナス――ヘブライズムとヘレニズム」（二〇〇六年）；京都ユダヤ思想学会「レヴィナス哲学とユダヤ思想」特集号（二〇一五年）。

（2）単行本のかたちの重要なものを挙げるだけでも、少なくとも以下があるだろう。Ajzenstat〔2001〕; Cohen-Levinas et S. Trigano〔2002〕; Moyn〔2005〕; Hansel〔2007〕; Meir〔2008〕; Hansel〔2009〕; Fagenblat〔2010〕; Banon〔2022〕.

（3）Handelman〔1991〕; Chalier〔2002〕; Bouretz〔2003〕.

（4）Stone〔1998〕; Goldwyn〔2015〕; Herzog〔2020〕.

（5）Pinto〔2010〕; Hammerschlag〔2010〕.

（6）Friedlander〔1990〕.

（7）この点で本書と関心を同じくしているのは Kleinberg〔2021〕だろう。

第I部

（1）レヴィナスとロシア文化の関係については Dennes〔2000〕を参照。

（2）The Bureau of Jewish Social Research, "Statistics of Jews", in *The American Jewish Year Book*, vol. 23, 1922.

（3）レヴィナスはとりわけ七〇年代以降、自らの著作の再版等への序文のほかに、他の著者による著作にいくつもの序文を書いている。そこには、ステファヌ・モーゼスのローゼンツヴァイク論〔Mosès 1982〕、カトリーヌ・シャリエの聖書における女性をめぐる著書〔Chalier 2007〕、ダヴィッド・バノンのミドラッシュ論〔Banon 1987〕など、弟子筋にあたる著者の著作のために書かれたものがあるが、もう一つの傾向として、マルティン・ブーバーの『ユートピアと社会主義』仏訳への序文（一九七七年）、モーゼス・メンデルスゾーンの『イェルサレム』仏訳への序文（一九八二年）、マイモニデスの『戒律の書』仏訳への序文（一九八七年）など、ユダヤ思想の重要著作への序文がある。ラビ・ハイームへの序文が後者のグループに位置づけられるのは明らかだろう。

（4）cf. Tillich［1959］.

（5）Cf. *L'Univers israélite*, le 3 avril 1936.

（6）ゴットリーブが一九五四年に亡くなった際にレヴィナスが『世界イスラエリット連盟手帖』に寄せた追悼文を参照［Levinas 1954, 1-2］。

（7）以下の記述については、とりわけ渡辺［一九九四］、渡辺［一九九八］、菅野［二〇一六］を参照されたい。

（8）レンヌにおけるレヴィナスについてはGuitton［2015］を参照。

（9）この点についてはHammerschlag［2012］も参照。

（10）この点に関しては、戦後すぐにレヴィナスが公刊した論考「ユダヤ的実存」をめぐるわれわれの分析も参照［渡名喜 二〇二一、第Ⅱ部］。

（11）そもそも神学の領域でホロコーストが主題化されるのも、一九六〇年代以降のいわゆる「ホロコースト神学」以降であった［渡名喜 二〇二四ｂ］。

（12）『ショアの哲学』というタイトルを冠するDumarque［2014］でもほとんどレヴィナスの名前が挙げられることはない。

（13）パリ学派については、Trigano［1997］, Banon［2017］, Nordmann［2017］を参照。

（14）ネエルの功績については、Banon［2011］, Lemler［2017］を参照。

（15）こうしたネエルの立場については、とりわけKapla［2015］を参照。

（16）Cf. *Revue des Etudes Juives*, Paris, juillet-décembre 1950.

（17）レヴィナスとヴァイダのスタイルの差異については、ヴァイダの弟子にあたるモーリス＝リュバン・アユーンのレヴィナス論［Hayoun 2018］が参考になる。

（18）ラシー講義については、マルカ［120 sq／一四九頁以下］。

（19）世界イスラエリット連盟については主にLeven［1920］, Kaspi［2010］を参照。

（20）以下の記述は、前注の資料に加え、有田［二〇〇〇］、菅野［二〇一六］も参照。

（21）一八六〇年の「あらゆるイスラエリットへの声明（Appel à tous les israélites）」［Kaspi 2010, 461-462］。

（22）これについては、Kaspi［2010, 465］を参照。

（23）*L'Alliance israélite universelle. Publié à l'occasion du* 25e *anniversaire de sa fondation*, Alliance israélite universelle, 1885, p. 12.

（24） Circulaire du 1er juin 1896 « Sur la direction morale à donner à l'enseignement », in *Instructions générales pour les professeurs*, Paris, 1903, p. 96.

（25） 東方イスラエリット師範学校についてはNavon［1989］を参照。

（26） Cf. "Great Insights on the Mysterious Genius R. Hillel Perlmann: M. Chouchani, a Student of R. Abraham Isaac Kook" [in Hebrew], *'Or hadash* 15 (2011): 6-17. なお、二〇二一年にシュシャーニの直筆の五〇冊に及ぶノートがローゼンバーグによりイスラエル国立図書館に寄贈される。このノートは、トーラー、タルムード、ユダヤ教の戒律、ラビ派の文献、哲学、カバラー、倫理思想、ハシディズムなどの主題をカバーしているほか、数学や物理学に関するものもある［cf. Nevo 2021］。

（27） ここからの記述は、Szwarc［2022］, Szwarc［2023］に基づく。

第Ⅱ部

（1）『エヴィダンス』は、アメリカユダヤ人委員会（American Jewish Committee）が一九四九年にフランスで創刊した雑誌である。同団体はもともとロシアにおけるユダヤ人迫害に対し、人権の名のもとユダヤ人を救済するために一九〇六年に設立された団体である。『エヴィダンス』創刊号によれば、同雑誌は、特定の利害関係を代表するのではなく、大戦後のフランスにおいても同様に「人権」の観点から各個人が抱く「明証」的な考えの交流の場として創刊された。創刊号冒頭には世界人権宣言が掲載され、同宣言の起草者である法学者のルネ・カッサン（世界イスラエリット連盟総裁でもある）の巻頭文が続いている。

（2） 渡名喜［二〇二一、第Ⅲ部第2章］を参照。

（3） レヴィナスがルドルフ・オットーを読んでいたことは、『われわれのあいだ』より明らかである［EN 56／六五］。

（4） この小論の解釈については、Bienenstock［2009, chap. VIII］も参照。

（5） とりわけ『全体性と無限』の次のような箇所はこの点で重要だろう。「レトリック」の暴力性を説明する箇所でレヴィナスは、「不活性なものに行使される暴力は暴力ではないだろう。〔暴力は〕自由に対し、つまりまさしく自由として、壊されることのないはずのものに行使される」と述べている［TI 67／一四］。

（6） レヴィナスの「暴力」については、渡名喜［二〇二一、第Ⅳ部第1章］も参照。

（7） レヴィナスの「顔」と聖書におけるそれとの近さについては、竹内［二〇一五］を参照。

（8）「熱狂は結局のところ、神によって憑依されることだ。ユダヤ人が望むのは憑依されることではなく、応答責任をもつことである」

[DL 83／七二]。だが、先取りして指摘しておくべきは、レヴィナス思想のいわゆる「転回」はまさしくこの「憑依＝所有（possession）」の評価をめぐってもいるということだ。『存在の彼方へ』において、「我ここに」の「主体」が、「剝奪（dépossession）」によって特徴づけられることは周知の通りだが、実のところ、その主体は、「他者によって憑依され」てもいる。「間断なく差し出されたこの戒律には、「我ここに」としか応答できない。ここでは、「私」という代名詞は対格であり、あらゆる語尾変化に先立って語尾変化させられており、他者に憑依＝所有されており、病んでおり、同一である」[AE 180f／三二三]。

（9）ヴェイユにおける「反ユダヤ教主義」については、渡名喜［二〇二四b］も参照。

（10）「シモーヌ・ヴェイユの反聖書的情熱はイスラエルの民（israélites）を傷つけ、悩ませもした。彼らに語らなければならない」[DL 189／一七八]。

（11）したがって、レヴィナスの「根づき」批判が、シモーヌ・ヴェイユの「根づき」概念を正しく捉えているかどうかについては議論の余地がある。とりわけ以下を参照。Gabellieri [2002, 42]; Gabellieri [2003, 38 sq].

（12）おそらくこの角度から、きわめて似たタイトルをもつ両者の論文「ヒトラー主義の哲学についての諸考察」と「ヒトラー主義の起源についての諸考察」とを並べて読む必要があろう。

（13）ただし、いわば「キリスト教的ユダヤ人思想家」としてベルクソンとヴェイユの名を挙げる身振りに、マルティン・ブーバーの影響を探ることも可能かもしれない。Cf. Buber [1982].

（14）レヴィナス自身は引用先を明記していないが、当時公刊されていたヴェイユのテキストではたとえば以下において同じ表現が見られる。Cf. Weil [1950, 68／八一; 1966, 131／一二二; 1988, 44／六七].

（15）Cf. Rabi [1978]. このテーマ系に関するヴェイユ研究における研究史の概要は Courtine-Denamy [2004, 394／二四七—八] を参照。

（16）「非活動的活動」については、とりわけ Vetö [1971, chap. 7] を参照。

（17）Cf. [NP 52／六五]; [NP 151／七二]; [DMT 182／二一一]. なお、後者に付された編者の注は引用元を *Attente de Dieu*, Paris, Gallimard, 1950, p. 205 としているが、正しくは *La connaissance surnaturelle*, Paris, Gallimard, 1950, p. 205 である。

（18）レヴィナスはこう言って注でヴェイユを引用する。

（19）ジュール・イザークについては、さらに菅野［二〇一六、下二二〇-六］を参照。

（20）エドモン・フレッグについては、三浦［二〇〇五］、三浦［二〇〇七］を参照。

（21）レヴィナスとローゼンツヴァイクの関係については、とりわけ Richard A. Cohen [1994], Gibbs [1992], Nordmann [2008] を参照。

（22）逸話として、レヴィナスによる以下の証言だけ挙げておこう。「私はレイモン・アロンが一九六七年に語った「もしイスラエルが負けたら、私にとっては一切がこれまでのようではなくなるだろう」という言葉を思い出します。私がアメリカに旅行した際、ハンナ・アーレントに会いました。彼女は、アイヒマン事件以来、シオニズムに対し非常に留保付きの態度をとっていました。レイモン・アロンが話題に上ったので、私は彼女に「ご存知のように、レイモン・アロンは一五〇%フランス人でしたが、一九六七年にはこう言ったのですよ」と言いました。ハンナ・アーレントは私にこう答えました。「私もそう言いますよ」」[Levinas 1987, 16f]。

（23）レヴィナスの「イスラエル」の問題の全体的な検討については、藤岡［二〇一四、三四三―七二］。

（24）ただし、『困難な自由』のレヴィナスにおいて「時代錯誤（anachronisme）」という言葉はけっして否定的な意味のみをもつわけではない。「根底的な意味」での「時代錯誤」は、「自らの時代との非合致」として「ユダヤ教」それ自体の意義をも示すものである［cf. DL 297／二八三］。

（25）Emmanuel Levinas, « We need a culture », in *The Alliance Review*, no. 28, January, 1954. 現在は、そのフランス語の原文をPoizat［2011］で読むことができる。以下では後者から引用する。

（26）レヴィナスは、一九六一年の「ハイデガー、ガガーリン、われわれ」においても、アブラハムの植えたぎょりゅうの木に触れ、それを指すヘブライ語の文字がそれぞれ「食べ物（糧）、飲み物、住処」の三つを意味していると述べた後、こう続けている。「これら三つのものは、人間にとって必要なものであり、人間が人間に供するものである。土地はそのためにある。人間がその主であるのは、人間に仕えるためである」［DL 326／三一二］。レヴィナスがこの論考でハイデガーに向けている定住主義批判が、イスラエルでのヴィルネー博士の定住主義に向けられる疑義と同じ論拠に基づいていることは指摘しておいてよいだろう。

（27）« Débats », in Colloque d'intellectuels juifs de langue française, *La Conscience juive* [1er, 2e et 3e colloques], Paris, PUF, 1963, p. 286 sq.

（28）« Débats sur la conférence de M. Emmanuel Lévinas », in Colloque d'intellectuels juifs de langue française, *La Conscience juive*, *op. cit.*, p. 137 sq.

（29）このように歴史を注視する注視者の次元と行為者の次元が表裏になっていることは、先述の世界への帰属かつ退引という逆説に加えて、ハンナ・アーレントの判断力論と奇妙な符合を示しているように思われる。

第Ⅲ部

（1）レヴィナスの「タルムード講話」の概況については、マルカ［137 sq／第Ⅰ部第8章］を参照。

（2）レヴィナスのタルムード解釈については以下を参照。Kleinberg［2003］; Aronowitz［2012］; Banon［2022］; Lapidot［2022］.

（3）サロモン・マルカの伝記にその様子が再現されている［マルカ 120 sq／一四九以下］。またこれに参加していたカトリーヌ・シャリエの回想も参照［Chalier 1998］。

（4）Jacques Derrida, « Avouer – l'impossible », in Colloque d'intellectuels juifs de langue française, *Comment vivre ensemble?*［37e colloque］, Paris, Albin Michel, 2000.

（5）主たるものは以下適宜引用するが、ここで、二〇〇五年にフランス、高等研究実習院において、このテーマに関する博士論文が提出されたことを指摘しておこう。Sandrine Szwarc-Boucharel, *La vie culturelle juive en France après la Seconde Guerre Mondiale : le Colloque des intellectuels juifs de langue française (1957-2000)*, École pratique des hautes études, Section des Sciences religieuses-Sorbonne, mars 2005. これは関連文献のほか世界ユダヤ人会議の文書館などにおける関係者の書簡の調査、実際の参加者のインタヴューなどを踏まえた研究であり、その点では一定の資料的価値があるが、引用の仕方に問題がないわけではないことも付言しておきたい。

（6）一九三六年設立。ユダヤ人の国際組織。本部はニューヨーク。

（7）ただし、同名の会議がその後複数開催されることになる。なかでもフランス・ユダヤ組織代表評議会（CRIF）元副会長のアリエル・ゴルドマンを議長にし、ジョゼフ・コーエンやラファエル・ザグリ＝オルリらが中心となって、二〇一七年に会議は再開されたようだ。

（8）「準備委員会」の役割についてはSzwarc-Boucharel［2005, 111-132］を参照。

（9）この点は、初期の主要な参加者であった社会学者アルベール・メンミが後年証言するところである［Memmi 1997, 261］。六〇年代に学生だったステファン・モーゼスは、知識人会議を振り返って「きわめてブルジョワ的で順応主義的」なものだったと回顧している［Mosès 2008, 33］。

（10）Éliane Amado Lévy-Valensi, « Introduction au premier colloque. L'expression d'une inquiétude », in Colloque d'intellectuels juifs de langue française, *La Conscience juive*［1er, 2e et 3e colloques］, Paris, PUF, 1963, pp.1-2. 以下、知識人会議の議事録からの引用は注にて書誌情報を記す。

（11） Vladimir Jankélévitch, « L'espérance et la fin des temps », in Colloque d'intellectuels juifs de langue française, *La Conscience juive. Face à l'histoire : le pardon* [4e, 5e colloques], PUF, 1965, p. 20.

（12） André Neher, « Préface » à *La Conscience juive*, *op. cit.*, p. vi.

（13） Cf. Jean Halpérin, « Emmanuel Lévinas et les Colloques des intellectuels juifs de langue française », in Colloque d'intellectuels juifs de langue française, *Difficile justice. Dans la trace d'Emmanuel Lévinas* [36e colloque], Paris, Albin Michel, 1998.

（14） Cf. André Neher, « Allocution d'ouverture » [7e colloque], in Colloque d'intellectuels juifs de langue française, *Israël dans la conscience juive*, PUF, 1971, p. 7. 設立の経緯については、Neher [1978, 165] も参照。

（15） André Neher, « débat autour de l'exposé de Cl. Riveline », in Colloque d'intellectuels juifs de langue française, *Tentations et actions de la conscience juive* [8e colloque], Paris, PUF, 1964, p. 354.

（16） André Neher, « Préface », in *La Conscience juive*, *op. cit.*, p. v. Cf. Jean Halpérin, « débat autour de l'exposé d'A. Mandel », in *ibid.*, p. 106.

（17） A. Neher, *L'existence juive. Solitude et affrontements*, Paris, Seuil, 1962; E. Levinas, *Difficile liberté. Essais sur le judaïsme*, Paris, Albin Michel, 1963; *Éliane Amado Lévy-Valensi*, *La Racine et la source. Essais sur le judaïsme*, Paris, Zikarone, 1968.

（18） E. Fleg, « Sens de l'histoire juive » [1er colloque], in *La Conscience juive*, *op. cit.*, p. 12.

（19） *Ibid.*, p. 14.

（20） *Ibid.*, p. 15.

（21） V. Jankélévitch, « Le judaïsme, problème intérieur » [1er colloque], in *La conscience juive*, *op. cit.*, p. 58f.

（22） J. Wahl, « Discours de clôture » [2e colloque], in *La conscience juive*, *op. cit.*, p. 222 et 225.

（23） E. Amado Lévy-Valensi, « Introduction au deuxième colloque » [2e colloque], in *La Conscience juive*, *op. cit.*, p. 81.

（24） Wladimir Rabinovitch, 1906-1981. リトアニア生まれ。フランスの著述家。フランスのユダヤ・コミュニティではつねに論戦的な論陣を張り、とりわけいわゆる「ユダヤ・エスタブリッシュメント」に対しては厳しい批判を展開する。主著に『フランス・ユダヤ教を解剖する』（*Anatomie du judaïsme français*, Paris, Minuit, 1962）、『この地における一つの余計な民族』（*Un peuple de trop sur la terre*, Paris, Les Presses d'Aujourd'hui, 1979）。

（25） V. Jankélévitch, « Le discours de clôture » [3e colloque], in *La Conscience juive*, *op. cit.*, p. 436.

(26) A. Neher, « Préface », in *La Conscience juive. Face à l'histoire: le pardon*, *op. cit.*, p. v.

(27) E. Levinas, « Discours de clôture », in *ibid.*, p. 239.

(28) A. Neher, « Discours de clôture » ［5e colloque］, in *La Conscience juive. Face à l'histoire: le pardon*, *op. cit.*, p. 426.

(29) A. Neher, « Allocution d'ouverture » ［9e colloque］, in Colloque d'intellectuels juifs de langue française, *Israël dans la conscience juive*, PUF, 1971, p. 197f.

(30) 一九六七年七月三〇日のウラジーミル・ラビの準備委員会宛の書簡。以下に引用。S. Szawarc-Boucharel, *op. cit.*, p. 127.

(31) これは準備委員会に参加していたウラジーミル・ラビ自身が伝えるものである［cf. Rabi 1972, 73, Rabi 1979, 24f］。この論争については以下も参照［合田二〇〇〇、五〇六―一二］［藤岡二〇〇七］。

(32) 一九六七年一二月六日のアンドレ・マルケ（Andrée Marquet）のジャン・アルペラン宛の書簡。S. Szawarc-Boucharel［2005, 265］に引用。

(33) ジャン・アルペランの役割については Benoit et Lerousseau［2008］を参照。

(34) « La communauté juive dans la cité », projet communautaire du CRIF, le 25 janvier 1977. Coulon［2006, 116］に引用。

(35) Cf. Schwarzfuchs［1989］; Birnbaum［1992］.

(36) Cf. P. Simon-Nahum, 2002; *id.*, « "Penser le judaïsme" », art. cit.

(37) アニー・クリージェルについては、とりわけ Kriegel［1977］を参照。

(38) Cf. Morin［2006］; Badiou［2005］; Badiou et Hazan［2011］.

(39) この概念の意義に関しては Bensussan［2002］を参照。

(40) Akhtoun［2009］は、レヴィナスのこの講話に、ユダヤ人とイスラエルの土地との結びつきを「無条件」のものとしパレスチナ人の権利をまったく等閑視する宗教的シオニストの言説に対抗しうる「もう一つの選択肢」を読み取ろうとしている。

(41) 後に『カイエ・ド・レルヌ』のレヴィナス特集号に「タルムード講話――正義について」というタイトルで収められている。

(42) Colloque d'intellectuels juifs de langue française, *Communauté musulmane: données et débats. XVIIIe Colloque d'intellectuels juifs de langue française*, PUF, 1978.

(43) Murakami［2008］はこの観点からこの講演を『固有名』に収められたアグノン論との関係で論じる。

(44) 翻訳は以下に基づく。『第二バチカン公会議公文書〈改訂公式訳〉』カトリック中央協議会編、二〇一三年。

(45) « Vatican II et le judaïsme », texte de la Déclaration sur les Juifs qui a fait l'objet d'un vote indicatif du Concile suivi des Réflexions d'Emmanuel Levinas, in *L'amitié judéo-chrétienne de France*, no. 1, janvier-mars, 1965.

(46) « La Déclaration consiliaire sur les relations de l'Eglise avec les religions non chrétiennes », in *L'amitié judéo-chrétienne de France*, no. 4, novembre-décembre, 1965.

(47) ただしブレジスはこうした「偏流」を指摘しつつ、「ユダヤ教の伝統への弛まぬ忠誠」があったとする。この点についてはBanon［2022, 601 sq］も参照。

(48) « Un Dieu homme ? », in *Qui est Jésus-Christ ?*, Paris, Desclée de Brouwer, 1968.

(49) レヴィナスとカバラー思想との関係については、Mopsik［1991］を参照。

第Ⅳ部

(1) A. Audibert et al., *La laïcité*, Presses Universitaires de France, 1960.

(2) Cf. Schwarzschild［1962a］, Schwarzschild［1962b］, Novak［1983］, Lernler［2011］.

(3) 言及があるのは以下である。［TI 68／一一五］;［DMT, 229／二八二］.

(4) コーエンの生涯および思想については、とりわけBouretz［2003, chap. I］を参照。

(5) たとえば『レヴィナスと政治的なもの』の著者ケイギルもこれにはまったく言及していない［Caygill 2012］。例外として、Mies［2011］、若林［二〇二四］は注目に値する。

(6) 同書はシュムエル・トリガノやピエール・ヴィダル゠ナケらから事実誤認をはじめとするいくつも批判を受けたが、レヴィナス自身は基本的に好意的に受け取っている［ADV 78／一〇五］。ただしそこで、ベルナール゠アンリ・レヴィが「〈ギリシア〉に厳しすぎるのではないか」と漏らしているのは示唆的である。

(7) まさしくレヴィナスにおける「普遍性」をめぐるベニー・レヴィの解釈の問題については、Simhon［2005］を参照。ベニー・レヴィのレヴィナス解釈全般については以下も参照。Banon［2004］, Herzog［2006］.

(8) 「ユダヤ・ドイツ共生」の概念がつねに「問題をはらむ」ものであったことについては、トラヴェルソ［一九九六］を参照。

(9) トリガノがレヴィナスの「政治は後で」を反転させ、「政治が先に」を提示することも付記しておきたい［Trigano 2002］。

(10) 本書では詳述できないが、Morgan［2016］, Banon［2022］も参照。

(11) なお、一連の論争に基づき、シャウア自身が以下の著作で問題の要点をまとめ直している［Chaouat 2017］。

(12) レヴィナスの「ヨーロッパ中心主義」については Lar［1997］, McGettigan［2006］, Slabodsky［2009］, Drabinski［2011］, Moten［2018］を参照。

(13) これらノアの三人の息子たちについては、『神を待ちのぞむ』に収められた「ノアの三人の息子と地中海文明の歴史」というシモーヌ・ヴェイユの文章を参照されたい。

(14) ヴェイユにおける「力」の論理については、渡名喜［二〇一七］も参照。

(15) たとえば、増田［二〇〇七］、ベルクマン［二〇一五］、井筒［二〇一九］。

(16) J. Halpérin et N. Hansson (dir.), *Difficile justice: dans la trace d'Emmanuel Lévinas*, Albin Michel, 1999.

(17) Colloque d'intellectuels juifs de langue française, *Comment vivre ensemble ?: Actes du XXXVIIe Colloque des intellectuels juifs de langue française*, Paris, Albin Michel, 2000.

参考文献

レヴィナスの文献

略号を用いたもの

QR: *Quelques réflexions sur la philosophie de l'hitlérisme* [1934], Payot & Rivages, 1997.
「ヒトラー主義哲学に関する若干の考察」、『レヴィナス・コレクション』合田正人編訳、筑摩書房、一九九九年

EJ: *Être juif. Suivi d'une Lettre à Maurice Blanchot* [1947], Rivages, 2015.
「ユダヤ的存在」、『超越・外傷・神曲』内田樹・合田正人編訳、国文社、一九八六年

TI: *Totalité et infini. Essai sur l'extériorité*, [1961] coll. « Le Livre de poche », 1990.
『全体性と無限』藤岡俊博訳、講談社、二〇二〇年

DL: *Difficile liberté* [1963/1976], coll. « Le Livre de poche », 1984.
『困難な自由　増補版・定本全訳』合田正人監訳、三浦直希訳、法政大学出版局、二〇〇八年

QLT: *Quatre lectures talmudiques* [1968], Minuit, 2005.
『タルムード四講話〈新装版〉』内田樹訳、人文書院、二〇一五年

AE: *Autrement qu'être ou au-delà de l'essence* [1974], coll. « Le Livre de poche », 1990.
『存在の彼方へ』合田正人訳、講談社、一九九九年

SS: *Du sacré au saint*, Minuit, coll. « Critique », 1977.
『タルムード新五講話——神聖から聖潔へ〈新装版〉』内田樹訳、人文書院、二〇一五年

ADV: *L'Au-delà du verset: lectures et discours talmudiques*, Minuit, coll. « Critique », 1982.
『聖句の彼方　タルムード——読解と講演』合田正人訳、法政大学出版局、一九九六年

DQVI: *De Dieu qui vient à l'idée*, Vrin, 1982.

『観念に到来する神について』内田樹訳、国文社、一九九七年

EI: *Éthique et Infini. Dialogues d'Emmanuel Levinas et Philippe Nemo* [1982], coll. « Le Livre de poche », 1984.

『倫理と無限――フィリップ・ネモとの対話』西山雄二訳、講談社、二〇一〇年

HN: *À l'heure des nations*, Minuit, coll. « Critique », 1988.

『諸国民の時に』合田正人訳、法政大学出版局、一九九三年

DMT: *Dieu, la mort et le temps* [1993], coll. « Le Livre de poche », 1995.

『神・死・時間』合田正人訳、法政大学出版局、一九九四年

EN: *Entre nous: essais sur le penser-à-l'autre* [1991], coll. « Le Livre de poche », 1993.

『われわれのあいだで――「他者に向けて思考すること」をめぐる試論』合田正人・谷口博史訳、法政大学出版局、一九九三年

IH: *Les imprévus de l'histoire* [1994], coll. « Le Livre de poche », 1999.

『歴史の不測――付論 自由と命令・超越と高さ』ピエール・アヤ編、合田正人・谷口博史訳、法政大学出版局、一九九七年

NLT: *Nouvelles lectures talmudiques*, Minuit, coll. « Critique », 2005.

O1: *Œuvres complètes, tome 1. Carnets de captivité; suivi de Écrits sur la captivité et Notes philosophiques diverses*, Rodolphe Calin et Catherine Chalier (dir.), Grasset-IMEC, 2009.

『レヴィナス著作集1 捕囚手帳ほか未刊著作』ロドルフ・カラン、カトリーヌ・シャリエ監修、三浦直希・渡名喜庸哲・藤岡俊博訳、法政大学出版局、二〇一四年

O2: *Œuvres complètes, tome 2. Parole et silence et autres conférences inédites au Collège philosophique*, Rodolphe Calin et Catherine Chalier (dir.), Grasset-IMEC, 2009.

『レヴィナス著作集2 哲学コレージュ講演集』ロドルフ・カラン、カトリーヌ・シャリエ監修、藤岡俊博・渡名喜庸哲・三浦直希訳、法政大学出版局、二〇一六年

O3: *Œuvres complètes, tome 3. Eros, littérature et philosophie*, Jean-Luc Nancy et Danielle Cohen-Levinas (dir.), Grasset-IMEC, 2013.

『レヴィナス著作集3 エロス・文学・哲学』ジャン=リュック・ナンシー、ダニエル・コーエン=レヴィナス監修、渡名喜庸哲・三浦直希・藤岡俊博訳、法政大学出版局、二〇一八年

レヴィナス関連著作およびその略号

ポワリエ：François Poirié, *Emmanuel Lévinas* (*Qui êtes vous?*), Actes Sud, 1996.
　エマニュエル・レヴィナス、フランソワ・ポワリエ『暴力と聖性――レヴィナスは語る』内田樹訳、国文社、一九九一年

マルカ：Salomon Malka, *Emmanuel Lévinas, la vie et la trace*, Albin Michel, 2005
　サロモン・マルカ『評伝レヴィナス――生と痕跡』慶應義塾大学出版会、二〇一六年

Herne: C. Chalier et M. Abensour (dir.), *Cahier de l'Herne. Emmanuel Lévinas*, L'Herne, 1991.

レヴィナスのテクスト

Emmanuel Levinas, « L'actualité de Maïmonide », in *Paix et droit*, vol. 15, no. 4, 1935.

Emmanuel Levinas, « L'inspiration religieuse de l'Alliance », in *Paix et droit*, vol. 15, no. 10, 1935.

Emmanuel Levinas, « Une histoire de l'Ecole Normale Israelite Orientale », in *Paix et droit*, vol. 16, no. 3, 1936.

Emmanuel Levinas, « Fraterniser sans se convertir », in *Paix et droit*, vol. 16, no. 8, 1936.

Emmanuel Levinas, « Hugo Bergmann. – *La philosophie de Salomon Maïmon* (*en hébreu*) », in *Revue philosophique de la France et de l'étranger*, t. 122, 1936. [1936a]

Emmanuel Levinas, « Spinoza, philosophe médiéval », in *Revue des études juives*, 1937. [1937a]

Emmanuel Lévinas, « La signification de la pratique religieuse », in *L'Univers israélite*, le 21 mai 1937. [1937b]

Emmanuel Levinas, « Recension de Léon Chestov: *Kierkegaard et la philosophie existentielle* (*Vox clamantis in deserto*) », in *Revue des Etudes Juives*, no 1-2, juillet-décembre 1937. [1937c]

Emmanuel Lévinas, « L'essence spirituelle de l'antisémitisme (d'après Jacques Maritain) », in *Paix et droit*, vol. 18, no. 5, 1938.

Emmanuel Levinas, « A propos de la mort du Pie XI », in *Paix et droit*, vol. 19, no. 3, 1939.

Emmanuel Levinas, « La réouverture de l'École Normale Israélite Orientale » in *Les Cahiers de l'Alliance Israélite Universelle*, no. 11, 1946-1947.

Emmanuel Levinas, « Une enquête à l'École Normale sur la vie religieuse », in *Cahiers de l'Alliance Israélite Universelle*, no. 20-21, 1948. [1948a]

Emmanuel Levinas, « Lettre à Maurice Blanchot. Sur la création de l'État d'Israël » [1948], in *Être juif. Suivi d'une Lettre à Maurice Blanchot*, Payot-Rivage, 2015. [1948b]

Emmanuel Levinas, « Quand les mots reviennent de l'exil », in *Cahiers de l'Alliance Israélite Universelle*, no. 32, avril, 1949.

Emmanuel Levinas, « Noé Gottlieb », in *Cahiers de l'Alliance israélite universelle*, no. 82, 1954.

Emmanuel Levinas, « We need a culture », in *The Alliance Review*, no. 28, January, 1954.

Emmanuel Levinas, « L'École Normale Israélite Orientale », in *Les Cahiers de l'Alliance Israélite Universelle*, no. 110, 1957.

Emmanuel Levinas, « La Laïcité dans la pensée d'Israël », in *La Laïcité*, Centre de sciences politiques de l'Instit d'études juridiques de Nice, PUF, 1960.

Emmanuel Levinas, « L'École Normale Israélite Orientale: Perspectives d'avenir », in *Les droits de l'homme et l'éducation. Actes du Congrès du centenaire de l'AIU*, PUF, 1961.

Emmanuel Levinas, « Lettre d'E. Levinas à J. Isaac » [1961], in *Sens*, no. 401, 2015.

Emmanuel Levinas, « Note sur le sens des Amitiés Judéo-Chrétiennes » [1962], in *Sens*, no. 401, 2015.

Emmanuel Levinas, « Lettre d'E. Levinas à J. Isaac » [1963], in *Sens*, no. 401, 2015.

Emmanuel Levinas, « Discours de clôture », in Congrès juif mondial, *La conscience juive face à l'histoire: le pardon*, Paris, PUF, 1965.

Emmanuel Levinas, « Henri Nerson », in *Le Journal des Communautés*, mai 1980.

Emmanuel Levinas, « Israeël: éthique et politique », entretiens avec S. Malka (avec Alain Finkielkraut), in *Les Nouveaux Cahiers* 71, 1983.

Emmanuel Levinas, « De la prière sans demande. Note sur une modalité du judaïsme », in *Les Études philosophiques*, no. 2, 1984.

Emmanuel Levinas, « Emmanuel Levinas se souvient … », in *Les Nouveaux Cahiers*, no. 82, 1985.

Emmanuel Levinas, "Interview with Richard Kearney", in Richard A. Cohen (ed.), *Face to Face with Lévinas*, State University of New York Press, 1986.

Emmanuel Lévinas, « La mémoire d'un passé non révolu » (Entretiens avec Foulek Ringelheim), in *Revue de l'Université de Bruxelles*, no. 1/2, 1987.

Emmanuel Levinas, *L'Intrigue de l'infini*, Flammarion, 1994.

Emmanuel Levinas, « Visage et violence première (phénoménologie de l'éthique) », in A. Münster (dir.), *La différence comme non-indifférence. éthique et altérité chez Emmanuel Lévinas*, Kimé, 1995.
Emmanuel Lévinas, *Transcendance et intelligibilité. Suivi d'un entretien*, Labor et Fides, 1996.〔エマニュエル・レヴィナス『超越と知解可能性——哲学と宗教の対話』中山元訳、彩流社、一九九六年〕
エマニュエル・レヴィナス『レヴィナス・コレクション』合田正人訳、筑摩書房、一九九九年

その他の文献

Michel Abitbol, « La Cinquième République et l'accueil des Juifs d'Afrique du Nord », in J.-J. Becker et A. Wieviorka (dir.), *Les Juifs de France. De la Révolution française à nos jours*, Liana Levi, 1998.
Oona Ajzenstat, *Driven Back to the Text: The Premodern Sources of Levinas' Postmodernism*, Duquesne University Press 2001.
Yosef Akhitouv et Ronny Klein, « Terre promise - terre permise », in *Pardès*, vol. 46, no. 2, 2009.
Éliane Amado Lévy-Valensi, *La Racine et la source. Essais sur le judaïsme*, Zikarone, 1968.
Günther Anders, "Mein Judentum", in Hans Jürgen Schultz (hrsg.), *Mein Judentum*, Kreuz Verlag, 1978.
Ingrid L. Anderson, *Ethics and suffering since the Holocaust: making ethics "first philosophy" in Levinas, Wiesel and Rubenstein*, Routledge, 2019.
Thérèse-Martine Andrevon, « Les Juifs et la préparation du texte conciliaire *Nostra Aetate* », in *Nouvelle revue théologique*, vol. 135, no. 2, 2013.
Hannah Arendt, "We Refugees" [1943], in *The Jewish Writings*, Schocken, 2008.〔ハンナ・アーレント「われら難民」、『アイヒマン論争〈ユダヤ論集2〉』齋藤純一ほか訳、みすず書房、二〇一三年〕
Raymond Aron, *De Gaulle, Israël et les juifs*, Plon, 1968.
Raymond Aron, *Mémoires*, Robert Laffont, 1983.〔レーモン・アロン『レーモン・アロン回想録』三保元訳、みすず書房、全二巻、一九九九年〕
Raymond Aron, « Exposé », in Colloque d'intellectuels juifs de langue française, *Solitude d'Israël*, PUF, 1975.

Annette Aronowicz, "Jewish Education in the Thought of Emmanuel Levinas", in Y. Rich and M. Rosenak (eds.), *Abiding Challenges: Research Perspectives on Jewish Education*, Freund Publishing House, 1999.

Annette Aronowicz, "The State and the Jews: Reflections on Difficult Freedom", in *The Journal of Jewish Thought and Philosophy*, vol. 14, issue 1-2, 2006.

Annette Aronowicz, "Introducing "The Temptation of Temptation": Levinas and Europe", in *The Journal of Scriptural Reasoning*, vol. 11, no. 2, 2012.

Annette Aronowicz, "Translator's Introduction", in Emmanuel Levinas, *Nine Talmudic Readings*, Indiana University Press, 2019.

Léon Ashkénazi, *La parole et l'écrit, tome, 1: Penser la tradition juive aujourd'hui*, Albin Michel, 1999.

Léon Ashkénazi, *La parole et l'écrit, tome, 2: Penser la vie juive aujourd'hui*, Albin Michel, 2005.

Léon Ashkénazi, *Leçons sur la Torah*, Albin Michel, 2007.

A. Audibert et al., *La laïcité*, PUF, 1960.

Tomokazu Baba, « L'actualité de Maïmonide chez Jacob Gordin. Notes de lectures pour l'étude de la genèse de la vision de l'histoire de la philosophie occidentale chez le jeune Levinas », in *Hitotsubashi Review of arts and sciences*, no. 5, mars 2011.

Henri Bacry, « La Bible, le Talmud, la connaissance et la théorie du visage de Lévinas », in D. Cohen-Levinas et S. Trigano (éd.), *Emmanuel Lévinas, Philosophie et judaïsme*, In Press, 2002.

Alain Badiou, *Circonstances, 3. Portées du mot « juif »*, Éditions Léo Scheer, 2005.

Alain Badiou et Eric Hazan, *L'antisémitisme partout. Aujourd'hui en France*, La Fabrique éditions, 2011.

David Banon, *La lecture infinie: les voies de l'interprétation midrachique*, Seuil, 1987.

David Banon, « Levinas, penseur juif ou juif qui pense », in *Noesis*, no. 3, 2000.

David Banon, « Juif et Grec: Un regard critique sur le dernier livre de Benny Levy », in *L'Arche*, vols. 551-552, 2004.

David Banon (dir.), *Héritages d'André Neher*, Éditions de l'Éclat, 2011.

David Banon, *L'école de pensée juive de Paris: le judaïsme revisité sur les bords*, Presses universitaires de Strasbourg, 2017.

David Banon, *De l'être à la lettre: philosophie et judaïsme dans l'œuvre d'Emmanuel Levinas*, Hermann 2022.

Leora Batnitzky, *Leo Strauss and Emmanuel Levinas: philosophy and the politics of revelation*, Cambridge University Press, 2006.

Martine-Sophie Benoit et Andrée Lerousseau, « Les colloques des Intellectuels juifs de langue française et l'engagement de Jean Halpérin », in D. Delmaire et D. Pollefeyt (dir.), *La pensée juive contemporaine*, Parole et Silence, 2008.
Geoffrey Bennington, *Jacques Derrida* (avec Jacques Derrida, *Circonfession*), Seuil, 1991.
Gérard Bensussan, *Questions juives*, Osiris, 1988.
Gérard Bensussan (dir.), *La philosophie allemande dans la pensée juive*, PUF, 1997.
Gérard Bensussan, *Le Temps messianique. Temps historique et temps vécu*, Vrin, 2001.〔ジェラール・ベンスーサン『メシア的時間』渡名喜庸哲・藤岡俊博訳、法政大学出版局、二〇一八年〕
Gérard Bensussan, « Quand faire c'est dire. Naase venichma dans l'œuvre de Lévinas », in D. Cohen-Levinas et S. Trigano, *Emmanuel Lévinas. Philosophie et judaïsme*, In Press, 2002.
Gérard Bensussan, *Qu'est-ce que la philosophie juive ?*, Desclée de Brouwer, 2003.
Bettina Bergo, "How Many Messiahs, How Many Alephs? Levinas' Talmudic "Messianic Texts" in Three Numbers, and André Neher's Biblical Response", in *Levinas - Sabedoria para o Amanhã*, vol. 1, no. 25, 2022.
Michael Bernard-Donals, ""Difficult Freedom" Levinas, Language, and Politics", in *Diacritics*, vol. 35, no. 3, 2005.
Michael Bernard-Donals, *Forgetful memory: representation and remembrance in the wake of the Holocaust*, SUNY Press, 2009.
Christian Berner et Jean-Jacques Wunenburger (dir.), *Mythe et philosophie: les traditions bibliques*, PUF, 2002.
Myriam Bienenstock, *Cohen face à Rosenzweig. Débat sur la pensée allemande*, Vrin, 2009.
Pierre Birnbaum, *Les fous de la République. Histoire politique des Juifs d'État de Gambetta à Vichy*, Fayard, 1992.
Ami Bouganim, *Hermann Cohen. Le maître de Marbourg*, Éditions du Nadir, 2001.
Dominique Bourel, *Moses Mendelssohn. La naissance du judaïsme moderne*, Gallimard, 2004.
Pierre Bouretz, *Témoins du futur*, Gallimard, 2003.〔ピエール・ブーレッツ『20世紀ユダヤ思想家――来るべきものの証人たち』合田正人ほか訳、みすず書房、全三巻、二〇一一～二〇一三年〕
Muriel Briançon, « Le sens du projet lévinassien: une spiritualité athée universelle pour un nouveau paradigme ? », in *Philosophiques*, vol. 45, no. 2, 2018.
Maurice Blanchot, *L'entretien infini*, Gallimard, 1969.〔モーリス・ブランショ『終わりなき対話』湯浅博雄ほか訳、筑摩書房、全三巻、

二〇一六〜二〇一七年〕

Martin Buber, *Gottesfinsternis: Betrachtungen zur Beziehung zwischen Religion und Philosophie*, Manesse Verlag, 1953.〔マルティン・ブーバー「かくれた神」三谷好憲・山本誠作訳、みすず書房、一九六八年〕

Martin Buber, « La question secrète » [1951], in *Judaïsme*, Verdier, 1982.

Judith Butler, *Precarious Life: The Powers of Mourning and Violence*, Verso, 2004.〔ジュディス・バトラー『生のあやうさ——哀悼と暴力の政治学』本橋哲也訳、以文社、二〇〇七年〕

Judith Butler, *Parting ways. Jewishness and the Critique of Zionism*, Columbia University Press, 2012.〔ジュディス・バトラー『分かれ道——ユダヤ性とシオニズム批判』大橋洋一・岸まどか訳、青土社、二〇一九年〕

Judith Butler, « Levinas trahi? La réponse de Judith Butler », le 21 mars 2013, blog. Le Monde. fr.

Albert Camus, « "Enracinement" de Simone Weil » [1949], *Œuvres Complètes*, III, Gallimard, Bibliothèque de la Pléiade, 2008.

Philippe Capelle, « Cinquante ans de philosophie française aux colloques », in *Transversalités*, no. 122, 2012.

Philippe Capelle-Dumont et Danielle Cohen-Levinas, *Judaïsme et christianisme dans la philosophie contemporaine*, Cerf, 2021.

Jason Caro, "Levinas and the Palestinians", in *Philosophy and Social Criticism*, vol. 35, no. 6, 2009.

Howard Caygill, *Levinas and the political*, Routledge, 2002.

Catherine Chalier, *Judaïsme et altérité*, Lagrasse, Verdier, 1982.

Catherine Chalier, *Lévinas, l'utopie de l'humain*, Albin Michel, 1993.

Catherine Chalier, « Lévinas maître », in Emmanuel Lévinas, *philosophe et pédagogue*, Éditions du Nadir, 1998.

Catherine Chalier, *La trace de l'infini: Emmanuel Levinas et la source hébraïque*, Cerf, 2002.〔カトリーヌ・シャリエ『無限者の痕跡——エマニュエル・レヴィナスとヘブライ的源泉』佐藤香織訳、法政大学出版局、二〇二五年〕

Catherine Chalier, « Le serviteur souffrant. Isaïe 52, 13-15; 53, 1-12 », in C. Berner et J.-J. Wunenburger (éd.), *Mythe et philosophie: les traditions bibliques*, PUF, 2002.

Catherine Chalier, « "Dieu de notre coté". Emmanuel Levinas et R. Haïm de Volozin », in *The Journal of Jewish Thought and Philosophy*, vol. 14, 2006.

Catherine Chalier, *Figures du féminin, lecture d'Emmanuel Levinas* [1982], nouvelle éd., Des Femmes, 2007.

Bruno Chaouat, « Débat: Judith Butler ou Levinas trahi? », le 13 mars 2013, blog. Le Monde. fr.

Bruno Chaouat, *Is Theory good for the Jews?*, Liverpool University Press, 2017.

Denis Charbit, « "Les accomplissements imprévisibles du Retour…" L'alyah d'Éliane Amado-Lévy-Valensi, de Léon Askénazi, d'André Neher après la guerre des Six jours », in *Archives Juives*, vol. 41, 2008.

Bruno Charmet, « L'engagement d'Emmanuel Levinas au sein de l'Amitié Judéo-Chrétienne de France », in *Sens*, no. 401, 2015.

M. Chérif (éd.), *Derrida à Alger. Un regard sur le monde*, Actes Sud, 2008.〔ムスタファ・シェリフ『イスラームと西洋——ジャック・デリダとの出会い，対話』小幡谷友二訳，駿河台出版社，二〇〇七年〕

Hermann Cohen, *Der Begriff der Religion* in System der Philosophie, Töpelmann, 1915.

Hermann Cohen, *Religion de la Raison. Tirée des sources du Judaïsme*, PUF, 1994.

Richard A. Cohen, *Elevations: the height of the good in Rosenzweig and Levinas*, University of Chicago Press, 1994.

Joseph Cohen et Raphael Zagury-Orly (éd.), *Judéités, questions pour Jacques Derrida*, Galilée, 2003.

Danielle Cohen-Levinas (éd.), *Levinas et l'expérience de la captivité*, Éditions Lethielleux, 2011.

Danielle Cohen-Levinas et Shmuel Trigano (dir.), *Emmanuel Levinas, philosophie et judaïsme*, Editions in Press, 2002.

Danielle Cohen-Levinas et Bruno Clément (dir.), *Emmanuel Levinas et les territoires de la pensée*, PUF, 2007.

Colloque d'intellectuels juifs de langue française, *La Conscience juive* [1er, 2e et 3e colloques], Paris, PUF, 1963.

Colloque d'intellectuels juifs de langue française, *La Conscience juive. Face à l'histoire : le pardon* [4e, 5e colloques], PUF, 1965.

Colloque d'intellectuels juifs de langue française, *Israël dans la conscience juive : données et débats. VIIe et IXe Colloques d'Intellectuels juifs de langue française*, PUF, 1971.

Colloque d'intellectuels juifs de langue française, *Tentations et actions de la conscience juive* [8e colloque], Paris, PUF, 1964.

Colloque d'intellectuels juifs de langue française, *Communauté musulmane: données et débats. XVIIIe Colloque d'intellectuels juifs de langue française*, PUF, 1978.

Colloque d'intellectuels juifs de langue française, *Difficile justice. Dans la trace d'Emmanuel Lévinas. Actes du XXXVIe Colloque des intellectuels juifs de langue française*, Paris, Albin Michel, 1998.

Colloque d'intellectuels juifs de langue française, *Comment vivre ensemble?: Actes du XXXVVIIe Colloque des intellectuels juifs de* *langue française*, Paris, Albin Michel, 2000.

Laurence Coulon, « Comment être juif et français? Réflexions sur la recomposition identitaire des années 1945-1980 », in *Archives juives*, no. 39, 2006.

Sylvie Courtine-Denamy, *Trois femmes dans de sombres temps. Edith Stein, Hannah Arendt, Simone Weil* [1997], Le livre de poche, 2004.〔シルヴィ・クルティーヌ=ドゥナミ『暗い時代の三人の女性——エディット・シュタイン、ハンナ・アーレント、シモーヌ・ヴェイユ』庭田茂吉ほか訳、晃洋書房、二〇一〇年〕

Sylvie Courtine-Denamy, « A l'écoute de l'invisible », in Andris Breitling, Chris Bremmers, Arthur Cools (eds.), *Debating Levinas' Legacy*, Brill, 2015.〔シルヴィ・クルティーヌ=ドゥナミ「「汝像を作るなかれ」——見えないものを聞くレヴィナス」合田正人編『顔とその彼方　レヴィナス『全体性と無限』のプリズム』知泉書館、二〇一四年〕

Simon Critchley, « Introdunction », in Simon Critchley and Robert Bernasconi (eds.), *The Cambridge Companion to Levinas*, Cambridge University Press, 2002.

Marc de Launay « Hermann Cohen: de la pureté au pardon », in G. Bensussan (dir.), *La philosophie allemande dans la pensée juive*, PUF, 1997.

Marc de Launay, *Une reconstruction rationnelle du judaïsme. Sur Hermann Cohen (1942-1918)*, Labor et Fides, 2002.

Maryse Dennes, « Emmanuel Lévinas en France. La place de la Russie », in *Cahiers de l'émigration russe: Evrei Rossi - Immigranty Francii* (*Les juifs de Russie - Immigrants de France*), 2000.

Alexandre Derczanski, « Libres propos », in D. Cohen-Lévinas et S. Trigano (eds.), *Emmanuel Lévinas. Philosophie et judaïsme*, In Press, 2002.

Jacques Derrida, *L'écriture et la différence*, Seuil, 1967.〔ジャック・デリダ『エクリチュールと差異〈改訳版〉』谷口博史訳、法政大学出版局、二〇一三年〕

Jacques Derrida, « Un témoignage donné », in E. Weber (éd.), *Questions au judaïsme*, Desclée de Brouwer, 1996.

Jacques Derrida, *Le Monolinguisme de l'autre*, Galilée, 1996.〔ジャック・デリダ『他者の単一言語使用——あるいは起源の補綴』守中高明訳、岩波文庫、二〇二四年〕

Jacques Derrida, *Adieu. À Emmanuel Levinas*, Galilée, 1997.〔ジャック・デリダ『アデュー——エマニュエル・レヴィナスへ』藤本一

勇訳、岩波文庫、二〇二四年〕
Jacques Derrida, « Avouer – l'impossible », in *Comment vivre ensemble?*, Albin Michel, 2000.
Jacques Derrida, « Abraham, the Other », in B. Bergo et al. (ed.), *Judeities. Questions for Jacques Derrida*, Fordham University Press, 2007.
Jacques Derrida, *Les yeux de la langue*, Galilée, 2012.
Jacques Derrida, « Avowing -- The Impossible: 'Returns', Repentance, and Reconciliation », in E. Weber (ed.), *Living Together: Jacques Derrida's Communities of Violence and Peace*, Fordham University Press, 2012.
Jacques Derrida, *Le dernier des Juifs*, Galilée, 2014.〔ジャック・デリダ『最後のユダヤ人』渡名喜庸哲訳、未來社、二〇一六年〕
John R. Dupuche, "Nostra aetate – stages of creation, with a particular focus on paragraph no. 2 and the people involved in its development", in *Polonia Sacra*, vol. 18, no. 4, 2014.
John E. Drabinski, *Levinas and the Postcolonial*, Edinburgh University Press, 2011.
Robert Eaglestone, *The Holocaust and the Postmodern*, Oxford University Press, 2004.〔ロバート・イーグルストン『ホロコーストとポストモダン――歴史・文学・哲学はどう応答したか』田尻芳樹・太田晋訳、みすず書房、二〇一三年〕
Oona Eisenstadt, "The Problem of the Promise: Derrida on Levinas on the Cities of Refuge", in *CrossCurrents*, vol. 52, no. 4, University of North Carolina Press, 2003.
Oona Eisenstadt, "The State and the Jews: Reflections on Difficult Freedom", in *The Journal of Jewish Thought and Philosophy*, vol. 14, issue 1-2, 2006.
Oona Eisenstadt, "Levinas in the key of the political", in Asher and Gad Horowitz (ed.), *Difficult Justice*, University of Toronto Press, 2006.
Oona Eisenstadt, "Levinas's Jewish Writings", in Michael L. Morgan (ed.), *The Oxford Handbook of Levinas*, Oxford University Press, 2019.
Jacques Eladan, « Intellectuels périphériques et communauté structurée », in *Cahiers du CERIJ*, no. 8, 1999-2000.
Tamara Cohn Eskenazi, Gary A. Phillips, and David Jobling (ed.), *Levinas and biblical studies*, Society of Biblical Literature, 2003.
Emil Fackenheim, *La présence de Dieu dans l'histoire*, Verdier, 1980.

Emil Fackenheim et R. Jospe (éd.), *Jewish Philosophy and the Academy*, Associated University Press, 1996.

Marc Faessler, *L'Anarchie de Dieu. Dans les pas d'Emmanuel Levinas*, Hermann, 2021.

Michael Fagenblat, *A covenant of creatures: Levinas's philosophy of Judaism*, Stanford University Press, 2010.

Alain Finkielkraut, *Le Juif imaginaire*, Seuil, 1980.

Alain Finkielkraut et Benny Lévy, *Le Livre et les Livres. Entretiens sur la Laïcité*, Verdier, 2006.

Judith Friedlander, *Vilna on the Seine. Jewish intellectuals in France since 1968*, Yale University Press, 1990.

Emmanuel Gabellieri, « "Simone Weil contre la Bible"? Un dialogue avec E. Levinas », in C. Berner et J.-J. Wunenburger (éd.), *Mythe et philosophie: les traditions bibliques*, PUF, 2002.

Emmanuel Gabellieri, « Simone Weil entre le paganisme et la Bible: un dialogue herméneutique avec Ricœur, Lévinas, Schelling et Pascal », in *CSW*, mars 2003.

Robert Gibbs, *Correlations in Rosenzweig and Levinas*, Princeton University Press, 1992.

Jacob Gordin, « Actualité de Maïmonide », in *Cahiers juifs*, no. 10, juin-juillet 1934.

Jacob Gordin, *Écrits. Le renouveau de la pensée juive en France*, Albin Michel, 1995.

Elisabeth Goldwyn, *Reading between the lines: form and content in Levinas's Talmudic readings*, translated by Rachel Kessel, Duquesne University Press, 2015.

M. Grégoire, *Essai sur la régénération physique, morale et politique des Juifs*, Metz, 1789.

François Guesnet, "The Jews of Poland-Lithuania (1650–1815)", in *The Cambridge history of Judaism*, Cambridge University Press, 2017.

Georges Guitton, « Emmanuel Levinas, prisonnier de guerre à Rennes », in *Raison publique*, janvier-février 2015.

Jean Halpérin, « Emmanuel Lévinas et les Colloques des intellectuels juifs de langue française », in Colloque d'intellectuels juifs de langue française, *Difficile justice. Dans la trace d'Emmanuel Lévinas*, Albin Michel, 1998.

Sarah Hammerschlag, *The figural Jew: politics and identity in postwar French thought*, The University of Chicago Press, 2010.

Sarah Hammerschlag, "Letter to Maurice Blanchot on the Creation of the State of Israel", in *Critical Inquiry*, vol. 36, no. 4, 2010.

Sarah Hammerschlag, "'A splinter in the Flesh': Levinas and the Resignification of Jewish Suffering, 1928–1947", in *International Jour-*

nal of Philosophical Studies, vol. 20, no. 3, 2012.

Sarah Hammerschlag (ed.), *Modern French Jewish Thought: Writings on Religion and Politics*, Brandeis University Press, 2018.

Seán Hand, *Facing the other: the ethics of Emmanuel Lévinas*, Curzon, 1996.

Seán Hand, "Taking Liberties: Re-situating Difficile liberté", in *Modern Judaism*, 31, no. 1, 2011.

Susan Handelman, "The Philosopher, the Rabbi, and the Rhetorician", in *College English*, vol. 72, no. 6, July 2010.

Susan Handelman, *Fragments of redemption. Jewish thought and literary theory in Benjamin, Scholem, and Levinas*, Indiana University Press, 1991.〔スーザン・A・ハンデルマン『救済の解釈学――ベンヤミン、ショーレム、レヴィナス』合田正人・田中亜美訳、法政大学出版局、二〇〇五年〕

Joëlle Hansel (dir.), *Levinas à Jérusalem*, Klincksieck, 2007.

Joëlle Hansel (ed.), *Levinas in Jerusalem. phenomenology, ethics, politics, aesthetics*, Springer, 2009.

Jeffrey Hanson, "Levinas and Christianity", in Michael L. Morgan (ed.), *The Oxford Handbook of Levinas*, Oxford University Press, 2019.

Gilles Hanus, *L'un et l'universel. Lire Lévinas et Benny Lévy*, Verdier, 2007.

Gilles Hanus, *Échapper à la philosophie?: lecture de Lévinas*, Verdier, 2012.

Hannah E. Hashkes, *Rabbinic discourse as a system of knowledge: "the study of Torah is equal to them all"*, Brill, 2015.

Maurice-Ruben Hayoun, *Emmanuel Levinas, une introduction*, Pocket, 2018.

Annabel Herzog, « Benny Levy versus Emmanuel Levinas: on "Being Jewish"», in *Modern Judaism*, vol. 26, 2006.

Annabel Herzog, "Levinas and Derrida on Translation and Conversion", in *Prooftexts*, vol. 34, no. 2, 2014.

Annabel Herzog, "Levinas on the social. Guilt and the city", in *Theory, Culture & Sociology*, vol. 32, no. 4, 2015.

Annabel Herzog, "Levinas's Ethics, Politics, and Zionism", in Michael L. Morgan (ed.), *The Oxford Handbook of Levinas*, Oxford University Press, 2019.

Annabel Herzog, *Levinas's Politics. Justice, Mercy, Universality*, University of Pennsylvania Press, 2020.

Jules Isaac, « Lettre de J. Isaac à un destinataire inconnu » [1962], in *Sens*, no. 401, 2015.

Vladimir Jankélévitch, *Imprescriptible. Pardonner?: dans l'honneur et la dignité*, Seuil, 1986.

Hans Jonas, *Der Gottesbegriff nach Auschwitz: eine jüdische Stimme*, Suhrkamp, 1984.〔ハンス・ヨナス『アウシュヴィッツ以後の神』品川哲彦訳、法政大学出版局、二〇〇九年〕

Raphael Jospe (ed.), *Paradigms in Jewish philosophy*, Fairleigh Dickinson University Press, 1997.

Edward K. Kapla, « André Neher. A post-Shoah prophetic vocation », in Seán Hand, Steven T. Katz (eds.), *Post-Holocaust France and the Jews, 1945–1955*, New York University Press, 2015.

André Kaspi (dir.), *Histoire de l'Alliance israélite universelle de 1860 à nos jours*, Armand Colin, 2010.

Claire Elise Katz, *Levinas, Judaism, and the feminine: the silent footsteps of Rebecca*, Indiana University Press, 2003.

Martin Kavka, *Jewish messianism and the history of philosophy*, Cambridge University Press, 2004.

Martin Kavka, "Is There a Warrant for Levinas's Talmudic Readings?", in *The Journal of Jewish Thought and Philosophy*, vol. 14, issue 1–2, 2006.

Martin Kavka, "Religious Experience in Levinas and R. Hayyim of Volozhin", in *Philosophy Today*, vol. 50, no. 1, 2006.

Martin Kavka, "Levinas's Accounts of Messianism", in Michael L. Morgan (ed.), *The Oxford Handbook of Levinas*, Oxford University Press, 2019.

Richard Kearney, *Dialogues with contemporary continental thinkers: the phenomenological heritage: Paul Ricoeur, Emmanuel Levinas, Herbert Marcuse, Stanislas Breton, Jacques Derrida*, Manchester University Press , 1984.〔リチャード・カーニー『現象学のデフォルマシオン』毬藻充訳、現代企画室、一九八八年〕

Richard Kearney and James Taylor (ed.), *Hosting the stranger: between religions*, Continuum, 2011.

Ethan Kleinberg, "Levinas as a Reader of Jewish Texts: the Talmudic Commentaries", in Michael L. Morgan (ed.), *The Oxford handbook of Levinas*, Oxford University Press, 2019.

Ethan Kleinberg, *Emmanuel Levinas's Talmudic Turn. Philosophy and Jewish Thought*, Stanford University Press, 2021.

Annie Kriegel, *Les Juifs et le monde moderne*, Seuil, 1977.

Yves Labbé, « La réception théologique de la philosophie de Lévinas », in *Revue des Sciences Religieuses*, vol. 79, 2005.

Claude Lah, « Une réception non-européenne de Lévinas? », in *Les Cahiers philosophiques de Strasbourg*, no. 6, 1997.

Elad Lapidot, "Reading the Other? Levinas and the Hidden Tradition of Talmud", in Agata Bielik-Robson (ed.), *The Marrano Way. Be-*

tween Betrayal and Innovation, De Gruyter, 2022.

Gilbert Larochelle, « Liberté et justice chez Lévinas. L'expérience de l'impossible », in *Revue philosophique de Louvain*, t. 102, no. 4, 2004.

David Lemler, « Noachisme et philosophie: destin d'un thème talmudique de Maïmonide à Cohen en passant par Spinoza », in *Archives de Philosophie*, vol. 74, no. 4, 2011.

David Lemler, *André Neher. Figure des études juives françaises*, Hermann, 2017.

Marie-Anne Lescourret, *Emmanuel Levinas*, Flammarion, 1994.

Narcisse Leven, *Cinquante ans d'histoire. L'Alliance israélite universelle (1860–1910)*, Félix Alcan, 1920.

Benny Lévy, *Visage continu. La Penseé du Retour chez Emmanuel Lévinas*, Verdier, 1998.

Benny Lévy, *Le Meurtre du Pasteur. Critique de la Vision politique du Monde*, Grasset & Fasquelle, 2002.

Benny Lévy, *Lévinas: Dieu et la philosophie*, Verdier, 2009.

Benny Lévi, *La pensée du retour: après Rosenzweig et Levinas*, Verdier, 2020.

Bernard-Henri Lévy, *Le testament de Dieu*, Grasset, 1979.

Ze'ev Levy, "Hermann Cohen and Emmanuel Levinas", in Claire Elise Katz & Lara Trout (eds.), *Emmanuel Levinas. Critical Assesments*, vol. II, Routledge, 2005.

Jean-François Lyotard, *Logique de Levinas*, Verdier, 2015.〔ジャン＝フランソワ・リオタール『レヴィナスの論理』松葉類訳、法政大学出版局、二〇二四年〕

Salomon Malka, *Monsieur Chouchani. L'énigme d'un maître du XX*[e] *siècle*, JC Lattès, 1994.

Victor Malka, « Rendez-nous nos colloques d'antan », in *Information juive*, no. 25, mai 1983.

Jacques Maritain, *L'impossible antisémitisme*, Desclée de Brouwer, 1994.

Éric Marty, « Petite note sur Judith Butler et Emmanuel Levinas », in *Cités*, no. 63, 2015.

Andrew McGettigan, "The philosopher's fear of alterity: Levinas, Europe and humanities 'without Sacred History'", in *Radical Philosophy*, no. 140, 2006.

Ephraim Meir, "Les écrits professionnels et confessionnels d'Emmanuel Lévinas", in D. Cohen-Lévinas et S. Trigano (eds.), *Emmanuel*

Lévinas. Philosophie et judaïsme, In Press, 2002.

Ephraim Meir, *Levinas's Jewish thought: between Jerusalem and Athens*, Hebrew University Magnes Press, 2008.

Albert Memmi, « Témoignage », in *Pardès. Revue européenne d'études et de culture juives*, no. 23, 1997.

Moses Mendelssohn, *Jerusalem oder über religiöse Macht und Judentum* [1783], in *Moses Mendelssohn Gesammelte Schriften Jubiläumsausgabe*, Bd. 8, Stuttgart, F. Frommann, 1983.

Charles Mercier, « Intellectuels catholiques? Réflexions sur une éclipse », in *Mil neuf cent. Revue d'histoire intellectuelle*, no. 34, 2016.

Jacob E. Meskin, "Critique, tradition and the religious imagination: An essay on Levinas' Talmudic Readings", in *Judaism*, vol. 47/1, no. 185, 1998.

Jacob Meskin, "Toward a New Understanding of the Work of Emmanuel Levinas", in *Modern Judaism*, vol. 20, no. 1, Oxford University Press, 2000.

Françoise Mies, « Religions, laïcité et écritures saintes selon Emmanuel Lévinas. Réflexions pour notre temps », in *Nouvelle revue théologique*, vol. 133, 2011.

Yair Mintzke, "I, Ahasuerus: Monsieur Chouchani in Israel, 1952–56", in *Jewish Social Studies*, vol. 28, no. 1, 2023.

Charles Mopsik, « La pensée d'Emmanuel Levinas et la cabale », in C. Chalier et M. Abensour (dir.), *Cahiers de l'Herne. Emmanuel Lévinas*, L'Herne, 1991.

Edgar Morin, *Le monde moderne et la question juive*, Seuil, 2006.

Michael L. Morgan, *Lévinas's ethical politics*, Indiana University Press, 2016.

Stéphane Mosès, *Système et Révélation. La philosophie de Franz Rosenzweig*, Seuil, 1982.

Stéphane Mosès, *Un retour au judaïsme. Entretiens avec Victor Malka*, Seuil, 2008.

Fred Moten, *The universal machine*, Duke University Press, 2018.

Samuel Moyn, "Emmanuel Levinas's Talmudic Readings: Between Tradition and Invention", in *Prooftexts*, vol. 23, 2003.

Samuel Moyn, *Origins of the other: Emmanuel Levinas between revelation and ethics*, Cornell University Press, 2005.

Yasuhiko Murakami, « De la résurrection des morts selon Lévinas. L'éxégèse comme fondation de la psychothérapie », in Miguel Abensour et Anne Kupiec (dirs.), *Emmanuel Lévinas. La question du livre*, IMEC, 2008.

Gérard Nahon et Charles Touati (dir.), *Hommage à Georges Vajda. Études d'histoire et de pensée juives*, Peeters, 1980.

Richard Neher et André Neher, *Transcendance et immanence*, Lyon, Yechouroun, 1946.

André Neher, *L'existence juive. Solitude et affrontements*, Seuil, 1962.

André Neher, *Dans tes portes, Jérusalem*, Albin Michel, 1972.

André Neher, *Le dur bonheur d'être Juif*, entretien avec Victor Malka, Centurion, 1978.

Philippe Nemo, *Job et l'excès du mal*, Albin Michel, 1999.

Elad Nevo, "Mystery of one of Judaism's most enigmatic scholars solved", in *Israel Hayom*, October 24 2021.

Adam Zachary Newton, *The fence and the neighbor: Emmanuel Levinas, Yeshayahu Leibowitz, and Israel among the nations*, SUNY Press, 2001.

Pierre Nora, *Les Français d'Algérie*, édition revue et augmentée, Christian Bourgois, 2012.

Sophie Nordmann, « De la Haskala à l'école juive de Paris: les Lumières juives à l'épreuve de l'émancipation », in *Le Télémaque*, no. 52-2, 2017.

Sophie Nordmann, « De l'éthique à la religion de la raison: Hermann Cohen lecteur de Kant », in *Revue germanique internationale*, no. 9, 2009.

Sophie Nordmann, *Philosophie et judaïsme. H. Cohen, F. Rosenzweig, E. Lévinas*, PUF, 2008.

Sophie Nordmann, « Rationalité philosophique et pensée religieuse: Levinas et la possibilité d'une philosophie juive », in *Le Philosophoire*, no. 51, 2019.

David Novak, *The Image of the Non-Jew in Judaism: An Historical and Constructive Study of the Noahide Laws*, E. Mellen Press, 1983.

Gideon Ofrat, *The Jewish Derrida*, translated by Peretz Kidron, Syracuse University Press, 2001.

Orietta Ombrosi, « La traduction, ou la tentation de la tentation », in *Revue internationale de philosophie*, vol. 60, no. 235, 2006.

Orietta Ombrosi, *Le crépuscule de la raison: Benjamin, Adorno, Horkheimer et Levinas à l'épreuve de la catastrophe*, Hermann, 2008.

Marc-Alain Ouaknin, *Méditations érotiques: Essai sur Emmanuel Levinas*, Payot & Rivage, 1998.

Michael R. Paradiso-Michau (guest ed.), "Introduction", in *Levinas and Philosophy*, spec. issue of *The Journal of Scriptural Reasoning*, vol. 11, no. 2, 2012.

Aušra Pažėraitė, "Levinas' Heritage in Lithuania Rabbinic Thought", in *Athena*, no. 1, 2006.

David Peretz, *L'effori du mal. La philosophie religieuse d'Emmanuel Levinas*, L'Harmattan, 2020.

Louis Pinto, *La religion intellectuelle. Emmanuel Lévinas, Hermann Cohen, Jules Lachelier*, PUF, 2010.

Fred Poché, *Lévinas : chemin ou obstacle pour la théologie chrétienne. L'hospitalité des intelligences*, Cerf, 2005.

Jean-Claude Poizat, « Pensée politique, universalisme et judaïsme : le cas Emmanuel Lévinas. Une nouvelle morale politique pour notre temps ? », in *Raisons politiques*, no. 23, 2006.

Denis Poizat, « Présentation et lecture de *Il nous manque une culture. Réflexions sur l'enseignement hébraïque* d'Emmanuel Lévinas », in *Le Télémaque*, no. 20, 2011.

Michael Purcell, *Levinas and theology*, Cambridge University Press, 2006.

Hilary Putnam, *Jewish philosophy as a guide to life : Rosenzweig, Buber, Levinas, Wittgenstein*, Indiana University Press, 2008.〔ヒラリー・パトナム『導きとしてのユダヤ哲学――ローゼンツヴァイク、ブーバー、レヴィナス、ウィトゲンシュタイン』佐藤貴史訳、法政大学出版局、二〇一三年〕

Rabbi Hayyim de Volozhyn, *L'âme de la vie*, Verdier, 1986.

Wladimir Rabi, *Anatomie du judaïsme français*, Minuit, 1962.

Wladimir Rabi, « Les intellectuels juifs sont-ils des robots ? », in *Les Nouveaux Cahiers*, n. 29, été 1972.

Wladimir Rabi, « La conception weilienne de la création. Rencontre avec la Kabbale Juive », in G. Kahn (dir.), *Simone Weil, philosophe, historienne et mystique*, Aubier Montaigne, 1978.

Wladimir Rabi, *Un peuple de trop sur la terre*, Les Presses d'Aujourd'hui, 1979.

Jill Robbins, "An Inscribed Responsibility : Levinas's *Difficult Freedom*", in *MLN*, Vol. 106, No. 5, 1991.

Jill Robbins (ed.), *Is It Righteous to Be ? : Interviews with Emmanuel Levinas*, Stanford University Press, 2001.

Jacques Rolland, « Décréation et désintéressement : chez Simone Weil et Emmanuel Lévinas », in *Les nouveaux cahiers*, no. 89, 1987.

Jacques Rolland, « Quelques propositions certaines et incertaines », in D. Cohen-Lévinas et S. Trigano (eds.), *Emmanuel Lévinas. Philosophie et judaïsme*, In Press, 2002.

Louis Sala-Molins, *Le Code noir ou le Calvaire de Canaan*, Paris, PUF, 1987.〔ルイ・サラ＝モランス『黒人法典　フランス黒人奴隷制の

法的虚無』中村隆之・森元庸介訳、明石書店、二〇二四年）
Jean-Michel Salanskis, *Extermination, loi, Israël. Ethanalyse du fait juif*, Les Belles Lettres, 2003.
Jolanta Saldukaityte, "Emmanuel Levinas and Ethical Materialism", in *Religions*, vol. 12, no. 10, 2021.
Joseph Sayag, « La tournee de conferences de M. Emmanuel Levinas en Afrique du Nord », in *Information juive*, no. 62, janvier 1955.
Steven Shankman, *Other others : Levinas, literature, transcultural studies*, SUNY Press, 2010.
Dominique Schnapper, *Juifs et israélites*, Gallimard, 1980.
Dominique Schnapper, C. Bordes-Benayoun, F. Raphaël, *La condition juive en France*, PUF, 2009.
Gershom Scholem, „Wider den Mythos vom deutsch-jüdischen Gespräch", in *Judaica*, vol. II, Suhrkamp, 1970.
Steven S. Schwarzschild, "Do Noachites Have to Believe in Revelation?", in *The Jewish Quarterly Review*, vol. 52, no. 4, 1962.
Steven S. Schwarzschild, "Do Noachites Have to Believe in Revelation? (continued)" in *The Jewish Quarterly Review*, vol. 53, no. 1, 1962.
Simon Schwarzfuchs, *Du Juif à l'israélite. Histoire d'une mutation 1770–1870*, Fayard, 1989.
Ivan Segré, *La réaction philosémite. Ou la trahison des clercs*, Lignes, 2009.
Ari Simhon, « Levinas et l'universalisme. Premiers éléments pour une critique de la lecture de Benny Levy », in *Revue Philosophique de Louvain*, vol. 103, no. 4, 2005.
Perrine Simon-Nahum, « "Penser le judaïsme". Retour sur les Colloques des intellectuels juifs de langue française (1957–2000) », in *Archives juives*, no. 38, 2005.
Perrine Simon-Nahum, « Une "herméneutique de la parole". Emmanuel Lévinas et les Colloques des Intellectuels juifs », in D. Cohen-Lévinas et S. Trigano (eds.), *Emmanuel Lévinas. Philosophie et judaïsme*, In Press, 2002.
Santiago Slabodsky, *Emmanuel Levinas' Barbarisms. Adventures of Eastern Talmudic Counter-Narratives Heterodoxly Encounting the South*, thesis submitted for the Study of Religion, University of Toronto, 2009.
Michael Sohn, "Emmanuel Levinas and the new science of judaism", in *The Journal of Religious Ethics*, vol. 41, no. 4, 2013.
R. Clifton Spargo, *Vigilant memory : Emmanuel Levinas, the Holocaust, and the unjust death*, Johns Hopkins University Press, 2006.
Martin C. Srajek, *In the margins of deconstruction : Jewish conceptions of ethics in Emmanuel Levinas and Jacques Derrida*, Duquesne University Press, 2000.

Ira F. Stone, *Reading Levinas/reading Talmud: an introduction*, Jewish Publication Society, 1998.

Ira F. Stone, "What Is The Wisdom That Knows Everything? A Rabbinic Encounter with Levinas' Talmud", in *The Journal of Scriptural Reasoning*, vol. 11, no. 2, 2012.

Sandrine Szwarc-Boucharel, *La vie culturelle juive en France après la Seconde Guerre Mondiale: le Colloque des intellectuels juifs de langue française (1957-2000)*, École pratique des hautes études, Section des Sciences religieuses-Sorbonne, mars 2005.

Sandrine Szwarc, « Jean Halperin, figure de la vie intellectuelle juive francophone », in *Archives Juives*, vol. 46, no. 2, 2013.

Sandrine Szwarc, « Le Colloque des intellectuels juifs de langue française (1957-2004): La réconciliation de la pensée juive et de l'humanisme », in *Plurielles*, no. 19, 2015.

Sandrine Szwarc, « Les penseurs au Colloque des intellectuels juifs de langue française (1857-2007) à l'ombre de la Shoah », in *Revue d'histoire de la Shoah*, no. 207, octobre 2017.

Sandrine Szwarc, *Fascinant Chouchani*, Hermann, 2022.

Sandrine Szwarc, « La vérité sur le sionisme de M Chouchani », in *Adama*, no. 116, 2023.

Richard I. Sugarman, *Levinas and the Torah: a phenomenological approach*, SUNY Press, 2019.

Jacques Taminiaux, *La fille de Thrace et le penseur professionnel. Arendt et Heidegger*, Payot, 1992.

Yotetsu Tonaki, "Emmanuel Levinas et le problème de la laïcité. Place de la judéité en France contemporaine", 『フランス語フランス文学研究』（日本フランス語フランス文学会）一〇二号、二〇一三年。

Jean Toulat, *Juifs mes frères*, Guy Victor, 1962.

Céline Trautmann-Waller, « Jacob Gordin ou le judaïsme d'un philosophe européen. Saint-Pétersbourg-Berlin-Paris », in *Archives Juives*, vol. 46-2, 2013/2.

Enzo Traverso, *Les juifs et l'Allemagne: de la "symbiose judéo-allemande" à la mémoire d'Auschwitz*, Découverte, 1992.〔エンツォ・トラヴェルソ『ユダヤ人とドイツ』宇京頼三訳、法政大学出版局、一九九六年〕

Shmuel Trigano, *La nouvelle question juive* [1979], Gallimard, 2002.

Shmuel Trigano, *La demeure oubliée*, Gallimard, 1994.

Shmuel Trigano, « Levinas et le projet de la philosophie-juive », in *Rue Descartes*, no. 19, 1998.

Shmuel Trigano, *L'Ébranlement d'Israël*, Seuil, 2002.

Shmuel Trigano (éd.), *L'école de pensée juive de Paris*, *Pardès*, no. 23, 1997.

Shmuel Trigano (dir.), *L'Universel et la politique des identités*, Éditions de l'éclat, 2010.

Renée D.N. van Riessen, *Man as a place of God: Levinas' hermeneutics of kenosis*, Springer, 2007.

G. Vattimo and M. Marder (eds.), *Deconstructing Zionism: A Critique of Political Metaphysics*, Bloomsbury, 2014.

Miklos Vetö, *La métaphysique religieuse de Simone Weil*, Vrin, 1971.〔ミクロス・ヴェトー『シモーヌ・ヴェイユの哲学　その形而上学的転回』今村純子訳、慶應義塾大学出版会、二〇〇六年〕

Simone Weil, *La Connaissance surnaturelle*, Gallimard, 1950.〔シモーヌ・ヴェイユ『超自然的認識〈改装版〉』田辺保訳、勁草書房、二〇一四年〕

Simone Weil, *Attente de Dieu* [1950], Fayard, 1966.〔シモーヌ・ヴェイユ『神を待ちのぞむ』今村純子訳、河出書房新社、二〇二〇年〕

Simone Weil, *Le pesanteur et la grâce* [1948], Plon, 1988.〔シモーヌ・ヴェイユ『重力と恩寵』冨原眞弓訳、岩波文庫、二〇一七年〕

Simone Weil, « Lettre à un religieux » [1951], in *Œuvres*, Gallimard, 1999a.〔シモーヌ・ヴェーユ「ある修道者への手紙」『シモーヌ・ヴェーユ著作集4〈新装版〉』橋本一明・渡辺一民編、渡辺秀・大木健訳、春秋社、一九九八年〕

Simone Weil, « Lettre à Xavier Vallat » [1940], in *Oeuvres*, Gallimard, 1999b.

Simone Weil, *Cahiers (février 1942-juin 1942)*, *Œuvres completes*, tome VI, vol. 3, Gallimard, 2002.〔シモーヌ・ヴェーユ『カイエ』冨原眞弓訳、みすず書房、第三巻、一九九五年〕

Simone Weil, *L'enracinement* [1949], Gallimard, coll. « Folio essai », 2007.〔シモーヌ・ヴェイユ『根をもつこと（上）・（下）』冨原眞弓訳、岩波文庫、二〇一〇年〕

Simone Weil, *La personne et le sacré* [1942/43], Rivages, 2017.〔シモーヌ・ヴェイユ「人格と聖なるもの」『シモーヌ・ヴェイユ選集Ⅲ　後期論集：霊性・文明論』冨原眞弓訳、みすず書房、二〇一三年〕

Georges Weill, « Emancipation et humanisme. Le discours idéologique de l'Alliance israélite universelle au XIXe siècle », in *Les Nouveaux cahiers*, no. 52, 1978.

Annette Wieviorka, « Vers une communauté? Les Juifs en France depuis la guerre des Six-Jours », in J.-J. Becker et A. Wieviorka (dir.), *Les Juifs de France*, Liana Levy, 1998.

Christophe Woehrle, « De la captivité au travail forcé? Le cas des prisonniers de guerre juifs », in *Guerres mondiales et conflits contemporains: revue d'histoire*, no. 274, 2019.

Edith Wyschogrod, "Emmanuel Levinas and Hermann Cohen", in Claire Elise Katz & Lara Trout (eds.), *Emmanuel Levinas. Critical assessments*, vol. II, Routledge, 2005.

Shmuel Wygoda, « Le maître et son disciple: Chouchani et Levinas », in *Cahiers d'études. lévinassiennes*, vol. 1, 2002.

Shmuel Wygoda, "The moon and the goat: Levinas on Kenosis. A hidden Talmudic reading", in I. Kajon et al. (eds.), *Emmanuel Levinas: Prophetic Inspiration and Philosophy*, Firenze, Giuntina, 2008.

E. Young-Bruehl, *Hannah Arendt. For Love of the World*, Yale University Press, 2nd ed., 2004.〔エリザベス・ヤング=ブルーエル『ハンナ・アーレント　〈世界への愛〉の物語』大島かおり・矢野久美子・粂田文・橋爪大輝訳、みすず書房、二〇二一年〕

有田英也『ふたつのナショナリズム――ユダヤ系フランス人の「近代」』みすず書房、二〇〇〇年

石井雅巳「書評：Michael L. Morgan, *Levinas's Ethical Politics*, Bloomington: Indiana University Press, 2016」『レヴィナス研究』第一号、二〇一九年

市川裕『ユダヤ教の精神構造』東京大学出版会、二〇〇四年

市川裕ほか編『ユダヤ人と国民国家――「政教分離」を再考する』岩波書店、二〇〇八年

市川裕『ユダヤ教の歴史』山川出版社、二〇〇九年

市川裕『ユダヤ的叡智の系譜』東京大学出版会、二〇二二年

井筒俊彦「デリダのなかの「ユダヤ人」」、『意味の深みへ――東洋哲学の水位』岩波書店、二〇一九年

岩田靖夫『神の痕跡――ハイデガーとレヴィナス』岩波書店、一九九〇年

エリ・ヴィーゼル『死者の歌』村上光彦訳、晶文社、一九七〇年

内田樹『私家版・ユダヤ文化論』文春新書、二〇〇六年

菅野賢治「フランス・ユダヤ人の困惑――「ライシテ」への挑戦」、市川裕ほか編『ユダヤ人と国民国家――「政教分離」を再考する』所収、岩波書店、二〇〇八年

菅野賢治『フランス・ユダヤの歴史』上下、慶應義塾大学出版会、二〇一六年

合田正人『レヴィナス』ちくま学芸文庫、二〇〇〇年
合田正人『入門ユダヤ思想』ちくま新書、二〇一七年
後藤正英『不寛容と格闘する啓蒙哲学者の軌跡――モーゼス・メンデルスゾーンの思想と現代性』晃洋書房、二〇二四年
ポール・ジョンソン『ユダヤ人の歴史』石田友雄監修、徳間書店、上巻、一九九九年
竹内裕「エマニュエル・レヴィナスと聖書――〈顔〉〈わたしはここに〉〈隣人〉をめぐって」、『京都ユダヤ思想』四号、二〇一四年
渡名喜庸哲「人は己のユダヤ性から逃れられるか――一九三〇年代のハンナ・アレントにおけるユダヤ性の問題」、『ヨーロッパ研究』第一一号、二〇一二年
渡名喜庸哲「カタストロフ前夜のシモーヌ・ヴェイユ」、『別冊 水声通信』二〇一七年
渡名喜庸哲『レヴィナスの企て――『全体性と無限』と「人間」の多層性』勁草書房、二〇二一年
渡名喜庸哲『レヴィナス――顔の向こうに』青土社、二〇二四年［二〇二四a］
渡名喜庸哲「透徹した無関心――シモーヌ・ヴェイユと「反ユダヤ主義」」、別冊『環』第二九号、二〇二四年［二〇二四b］
J・W・ハイジック、「『キリスト教以外の諸宗教に対する教会の態度についての宣言』解説」、第二バチカン公会議文書公式訳改訂特別委員会監訳『第二バチカン公会議――公文書 改訂公式訳』カトリック中央協議会、二〇一三年
馬場智一「ユダヤ哲学から西欧哲学批判へ――ジャコブ・ゴルダンと初期レヴィナス」、『哲学』六三号、二〇一二年
馬場智一『倫理の他者――レヴィナスにおける異教概念』勁草書房、二〇一二年
早尾貴紀「シオニズムに対するレヴィナスとデリダの距離」、『Supplément』第三号、二〇二四年
藤岡俊博「場所と非場所――レヴィナス、イスラエル」、『年報 地域文化研究』第一一号、二〇〇七年
藤岡俊博『レヴィナスと「場所」の倫理』東京大学出版会、二〇一四年
ジゼル・ベルクマン「「最後のユダヤ人」――デリダ、ユダヤ教とアブラハム的なもの」佐藤香織訳、『人文学報』（首都大学東京）第五一一号、二〇一五年
増田一夫「エルゴ・ユダエウス・スム――「最後のユダヤ人」としてのデリダ」別冊『環』第一三号、二〇〇七年
増田一夫「フランスの「新しい反ユダヤ主義」と「ショアー」の遺産」、科研費研究成果報告書『アブラハム的伝統の臨界――三大一神教の哲学、神学、政治論とその外部の地域文化的研究』（研究代表者：大貫隆）、二〇〇九年
三浦直希「エドモン・フレッグと二十世紀フランスのユダヤルネッサンス（上）――ドレフェス事件と青年期」、『佛文論叢』一七号、二

〇〇五年
三浦直希「エドモン・フレッグと二十世紀フランスのユダヤルネッサンス（下）——普遍的メシアニズムの道」、『佛文論叢』一八号、二〇〇七年
丸山空大『フランツ・ローゼンツヴァイク——生と啓示の哲学』慶應義塾大学出版会、二〇一八年
若林和哉「レヴィナスのライシテ論と「イスラエル」——キリスト教批判の観点から」、『Supplément』第三号、二〇二四年
渡辺和行『ナチ占領下のフランス』講談社選書メチエ、一九九四年
渡辺和行『ホロコーストのフランス』人文書院、一九九八年

『哲学雑誌』第一二一巻七九三号「レヴィナス——ヘブライズムとヘレニズム」二〇〇六年
『京都ユダヤ思想』特集号「レヴィナス哲学とユダヤ思想」二〇一五年

事項索引

人名索引

著者略歴

1980年生。立教大学教授。フランス哲学、社会思想史。著書に、『レヴィナス　顔の向こうに』（青土社、2024年）、『現代フランス哲学』（筑摩書房、2023年）、『レヴィナスの企て　『全体性と無限』と「人間」の多層性』（勁草書房、2021年）など。訳書に、ジェラール・ベンスーサン『メシア的時間――歴史の時間と生きられた時間』（共訳、法政大学出版局、2018年）、ジャック・デリダ『最後のユダヤ人』（未來社、2016年）、『エマニュエル・レヴィナス著作集』（第1-3巻、共訳、法政大学出版局、2014-2018年）、『20世紀ユダヤ思想家』（第1-3巻、共訳、共訳、みすず書房、2011-2013年）など。

レヴィナスのユダヤ性

2025年2月20日　第1版第1刷発行

著　者　渡《と》名《な》喜《き》庸《よう》哲《てつ》

発行者　井　村　寿　人

発行所　株式会社　勁《けい》草《そう》書　房

112-0005 東京都文京区水道2-1-1　振替 00150-2-175253
（編集）電話 03-3815-5277／FAX 03-3814-6968
（営業）電話 03-3814-6861／FAX 03-3814-6854
精興社・牧製本

ISBN978-4-326-10349-2　Printed in Japan